2012年韩国高丽大学日本研究所资助项目

K O D A N S H A

阅读历史
读懂世界

壬辰倭乱

——四百年前的朝鲜战争

[韩] 崔官 著
金锦善 魏大海 译

中国社会科学出版社

SENSHOMETIER

图书在版编目（CIP）数据

壬辰倭乱：四百年前的朝鲜战争/（韩）崔官著；金锦善，魏大海译.
—北京：中国社会科学出版社，2013.8
ISBN 978-7-5161-2937-1

Ⅰ.①壬… Ⅱ.①崔… ②…金 ③魏… Ⅲ.①壬辰卫国战争
（1592～1598） Ⅳ.①K312.34

中国版本图书馆CIP数据核字(2013)第155549号

出 版 人　赵剑英
策划编辑　王　斌　程春雨
责任编辑　孙晓晗
责任校对　姚　颖
责任印制　王　超

出版发行　中国社会科学出版社
社　　址　北京鼓楼西大街甲158号（邮编 100720）
网　　址　http：//www.csspw.cn
　　　　　中文域名：中国社科网　010-64070619
发 行 部　010-84083685
门 市 部　010-84029450
经　　销　新华书店及其他书店

印刷装订　三河市君旺印装厂
版　　次　2013年8月第1版
印　　次　2013年8月第1次印刷

开　　本　710×1000　1 / 16
印　　张　14.25
插　　页　2
字　　数　248千字
定　　价　39.00元

凡购买中国社会科学出版社图书，如有质量问题请与本社联系调换
电话：010-64009791

中译本序

靳大成

韩国高丽大学崔官教授的汉译学术力著（原著名是《壬辰倭乱：从历史到文学——丰臣秀吉的朝鲜侵略战争》）将由中国社会科学出版社出版，我的心中一阵欣喜。这是早就该做的事情，现在正是填补了一个重要的历史文化综合研究空白。

西谚有云，“什么也没有学到，什么也没有忘掉”，讽刺那些不能正视经验、直面历史的笨伯。也许从根性上看，我们人类不分民族均有一种屡教难改的文化习性，不论是与他人还是不同部落、族群、种族、国家之间的交往，我们习惯于从主观出发，轻易相信自己愿意相信的东西——把自己希望如是的东西当成客观事实，而拒绝看真实的情况。历史的经验告诉我们，我们的文化习性中并非仅有善于学习的一面，而是同时存有趋于保守的倾向——过于自信，自以为是，喜欢用自己的尺度衡量他人，以自我中心的价值观评判他人。正因如此，人与人之间沟通和理解的困难或可能性，竟会成为康德哲学的主要论题之一，由此产生了无数哲人为之绞尽脑汁、不懈奋斗的伟大的形上学传统。从希望哲学到交往主体性理论，都在为解决这一困难而努力提出各种可能论证。历史上，在不同族群、种族、国家间，这种以自我利益为中心的认识论或文化习性，相互间的误解或错判对方的结果，往往会引发惨烈的战争，民族、国家都为此付出巨大的代价，历史完全改变了原来的进程，对后世的发展影响至深。这种痛苦的血的教训，史上比比皆是。然而时至21世纪的今天，我们究竟接受了多少教训，我们进步了没有呢？看看冷战结束后东北亚地区的局势，纠纷与冲突不断，就能明白，我们并不比古人聪明多少。真正能够直面历史并客观地看待对方，能够注意理解别人、邻居的感受，尊重并理解别人、邻居的不同想法、不同习惯、不同价值观，并不是容易做到的事情。不要说千百年来的历史，就是60多年前的那场战争，不是同样有人至今还回避历史真相？他们拒绝吸取历史教训，企图抹杀历史事实，竟全然不顾及别人、邻居的感受。他们从不打算承担应负的历史责任。

这种情况也存在于我们的历史叙述和学术研究中。仅就16世纪末这场三国历时七年多的战争来说吧，不仅三方各自的历史记述不同，三国当代学术界的相关研究也呈现了非常大的差异。十几年前，我在开始对这个历史课题做深入调查研究时，发现由于语言不同，历史传统不同，文化习性与政治意识形态不同，三国学界关于这场战争史的研究结论与表述也极为不同。1592年，日本丰臣秀吉政权发动了侵略朝鲜李氏王朝（目标指向明朝）的战争，历时七年多，直到1598年丰臣秀吉去世后，战争才得以结束。关于这场战争的命名，明朝人称为“万历三大征”之“东征”之役；李氏朝鲜称为“壬辰倭乱”、“丁酉再乱”；日本人称之为“文碌—庆长之役”，民间称为“秀吉的朝鲜之役”，“征韩伟略”等。到现在为止，三个当事国的学界，仍然没有充分必要的交流，亦不能达成认识的统一，仍然各自习用自己的历史概念来命名。这个现象最清楚不过地表明，对这个发生在420多年前的历史事件，要想做到各方立场的充分沟通和理解，形成共同的知识，绝不是一个简单的事情。制约人们在认识上难以达成某种程度共识或形成共同知识的原因，非常复杂。它不仅受制于语言、史料、研究条件等因素的影响，往往能最本质地反映出我们人类的文化根性和道德困境。一句话，国与国之间对同一历史事件的认知、评价、理解上的困难，有时恰恰不是或者说主要不是认识论问题，而首先或者说主要表现为历史观和伦理问题，表现为在认识论背后的文化根性与道德勇气。

本书恰好有一个生动的例子：壬辰倭乱结束120年之后，申维翰作为朝鲜通信使被派到日本。《海游录》中记录了一段他与雨森芳州的对话。雨森芳州在长崎学过汉语，也曾在釜山的倭馆学习朝鲜语。他是当时一位罕见的既通汉语、又会朝鲜语的日本人。受他老师木下顺庵推荐，雨森年轻时即在对马藩谋事。作为外交官，他也曾跟随朝鲜通信使到日本江户，陪伴申维翰旅行数月后，他们之间有过这样的对话。

雨森东（芳州）尝于江户客馆从容谓余曰：“吾有所怀，欲乘间言之。日本与贵国隔海为邻，信义相孚。敝邦人民皆知朝鲜国王与寡君敬礼通书，公私文簿间，必致崇极。而窃观贵国人所撰文集中语及敝邦者，必称倭贼蛮酋，丑蔑狼藉，有不忍言者（后略）”辞色甚不平，怒肠渐露。

余（申维翰）曰：“此自易知，顾贵国不谅耳。君所见我国文集，未知何人所著，然此皆壬辰乱后刊行之文也。平秀吉（丰臣秀吉）为我国通天之仇。宗社之耻辱，生灵之血肉，实万世所无之变。为我国臣民，谁不欲脔而食之。所以上荐绅，下厮隶，奴之贼之，语无顾藉。发于文章者，固当如此。至于今日，圣朝仁爱生民，关市（釜山东莱的倭馆）通货，且知日东（日本）山河，已无秀吉之遗类。故遣使修睦，国书相望，大小民庶咸仰德意，岂敢复提宿怨。”（引自本书第37—38页）

实不相瞒，读到这段文字我不禁哑然失笑，就我们与许多日本朋友交往的经历中，不是也会在许多场合遇见类似的情况吗？他们会对中国大陆影视、文学中的抗日题材以及艺术表现，表现出不同程度的疑问与不理解。这种时候，我会善意地提醒说，我们是否可以换一个角度和身份，比如从受害国的角度来思考一下问题，来体会一下邻居的感受？进一步，值得我们深思的是，我们必须认识到这一“认识”上的难题是普遍存在概莫能外的。我们在与不同的对象国打交道的时候，包括历史上与日本人、与朝鲜人交往时，虽然不是处于某种战争状态，而处于比如说传统的朝贡体制下，作为和平使者的正常文化交往中，在彼此的学习、认识、理解中，难道就没有我们需要注意亦须避免的文化中心论的影响吗？明、清两代与朝鲜王国如此友好亲密的外交关系中，“天朝”与周边朝贡体制下的小国的关系中，我们是否能敏感地体会到对方会有什么样的感受呢？作为文化宗主国的优越地位，会不会也让我们的先人们存在许多认识上的盲点而看不到事情的真相，体会不到邻居的感受呢？

当然，除了相互间认识上的文化、道德因素之外，也确实还有许多其他历史条件的限制，影响我们彼此很好地沟通与理解。事实上，虽是近邻，明、清两代与朝鲜的关系又可说是历史上的最好时期，但却仍然不能说我们真正、更多地了解对方，我们的认识仍受许多历史条件的限制。由于我们相互间存在着客观上的“无知”和“误解”，会造成彼此间许多错判，有时历史的车轮就是在这种误解下被引到了悲剧的岔口。

崔官教授的一个重大贡献正是极大地改善了我们对于这段历史的“无知”状态，读这本书就如同恶补了日、韩三个世纪中文化传播史的基础知识。他对于这场战争整体的“历史过程”部分并未花太多的笔墨，因为这些基本史实恰好三国学界都有比较清楚的了解，也是争议不大的部分。他浓墨重彩地直接进入了不同的历史当事人对相关事实的历史、文学描述，进而描述了保留在韩日两国文献中对有关历史的不同叙述。必须说明，我并不是说“历史事实”部分的研究已经不重要了。这个部分，虽说目前汉文史料为三国研究者所共见，但仍有大量工作需要展开。2002年，我在韩国水原国史馆的资料库，看到了韩国学界编纂出版的相关史料与研究，真可谓是汗牛充栋，应有尽有。十年来由于担任了“壬辰之役汉文献研究”的重点课题，我已六次去韩国和朝鲜，一次去日本做了大量调研。由于朝鲜半岛曾沦为日本殖民地，加之“二战”后的冷战结构等历史原因，当代韩国学界与日本学界的交往比中国更加充分，他们对日本方面的史料与研究成果的收集、整理也做得更加完备，因而能充分利用日本方面的史料与研究成果。本书的特点之一，也是优点之一，就是充分而深入地描述了韩、日两国历史上关于这场战争的种种事件、人物、传说、故事、母题、相互间的文化影响乃至一个文化符号在另一国的不同历史环境下相应的变异，如此这般产生的新的因素，影响了后人相关的想象与认知。比较而言，中国方面，不论是大陆还是台湾，相关研究明显不足。我们充分利用了汉文史料包括《李朝实录》，也涉及了日本方面的汉语文献，但对用韩文与日文记录的史料与研究成果却所知不多。甚至仅就汉文记录的韩国史料而言，也没有充分地利用，韩国方面编辑的许多史料，并没有被我们的研究者所寓目。除了语言障碍外，还有其他客观条件的限制，我们的相关历史研究与叙述的局限性是可想而知的。崔官教授的这部著作，弥补了中国研究方面的严重不足，让我们第一次看到了韩国和日本的相关研究成果，并提供了与我们完全不同的研究视角和研究风格。

崔官教授强调指出了这场三国间战争的国际意义。他分析了16世纪欧洲人东来的影响，在大航海时代西人东渐之始，包括火绳枪（“铁炮”）的出现如何促成了最后东亚的“地壳变动”。这种影响先是从日本发生——日本大名织田信长用经过了改造的火绳枪部队击败了战国时代强大的武田军团，最终成为完成日本统一的力量。而丰臣秀吉就是这个结果的促成者，由他直接发动了侵略朝鲜的战争。战争削弱了明朝，令之最终被满清所灭，改朝换代，同时也使丰臣集团的统治崩溃，德川家康取而代之。一种新式火器就这样从西洋飘洋过海来到日本，在各种历史合力的影响下，撬动了东亚的地壳变动，形成了新的历史格局。另一方面，通过战争，日本从朝鲜各地掠夺了大量的人口、书籍、活字印刷技术（朝鲜最先发明了金属活字印刷）、朝鲜的儒学者和陶工，极大影响了日本近代的思想史和陶瓷工艺建筑技术，这则是战争中文化影响的一个例子。世界史上通过战争中的人与物的流通，改变和影响了一个民族文化的情况相当普遍。相应的，参加明军援朝部队的兵员中，则包括了“暹罗、都蛮、小西天竺、六番得、楞国、苗子、西番、三塞、缅国、播州”（这是明人说法）的兵员，不仅明朝内部，周边地区各国均有人员参入，虽数量并不很多，却造就了一支真正的国际部队。阐明发生于中日韩三国间的重大事件的国际性质，非常重要。实际上这是从一个国际眼光来重新看待这个事件的历史意义。

对于中国读者来说，本书新鲜、有趣的地方在于书的后几部分。第一部有关战争史的叙述，大体上中国史料与研究水平与韩、日方面差不多。这不是本书的重点。本书侧重于战争的历史文化后果，特别是文化符号与文学形象在韩、日两国间的互动与交流，对于中国来说，这恰恰是过去研究中最为缺乏的部分，也是我们了解最少的部分，因而使本书的二、三、四、五部分的内容精彩纷呈，具有相当重要的意义。这里我举一个我感兴趣的例子。

司马辽太郎在他的历史小说中，描写了丰臣秀吉的一员猛将也是侵朝战争中的先锋之一“虎之助”（加藤清正），曾受过藤原惺窝的教诲，惺窝让他一读《论语》。事实上，藤原惺窝与朝鲜被俘学者姜沆的接触，直接促成了他从一个佛教学者转变成了日本儒学的重要开山。姜沆(1567—1618)与日本近代儒学创始人藤原惺窝(1561—1619)的相遇十分重要，可说是日本近世思想史上的重要事件。姜沆是朝鲜时代初期有名的学者姜希孟的第五代孙，师从成浑，深受朝鲜儒学代表人物李退溪、李栗谷影响，是一位开辟了儒学思想新境界的杰出学者。丁酉再乱时期即1597年9月，在全罗道灵光前的海上，姜沆被藤堂高虎的水军所掳，从大洲移至京都后，为医师吉田意安撰写的《历代名医略传》写过前言，而吉田意安又将姜沆介绍给了藤原惺窝。那时，藤原惺窝正处于佛教思想向儒教思想转换的过渡期。藤原惺窝在姜沆的协助下，学习了朝鲜的科举制度与春秋释奠（阴历2月和8月文庙祭祀以孔子为首的四圣、十哲、七十二贤的仪式）等儒教礼仪。另一方面还抄写四书五经等所谓“姜沆汇钞十七种”。当时的大学者藤原惺窩已被德川家康任用授课，他的性理学思想由其弟子林罗山等继承。经惺窝推荐，儒学家林罗山掌管了刚刚成立的江户幕府官学（教育、文书、法令、外交等），并在性理学的基础上，树立了江户幕府的政治理念，为幕府官学奠定了基础。林罗山大量收藏、嗜读掠自朝鲜的朝鲜版书籍。姜沆1600年在藤原惺窩、吉田素庵等人的帮助下回到朝鲜，留下了著名的日本扣留记《看羊录》。（见本书第50—51页）姜沆的《看羊录》详细记录了他在日本的生活细节、接触的人物及与日本文人大量的唱和之作。最有意思的是，其中记录了他与藤原惺窝交往的一个故事，藤原惺窝对丰臣政权表现了反对的态度，甚至当面说，如果唐军（明军）能够进攻日本本土，他们愿意引路攻打秀吉的战略阵地。说实话，我在《看羊录》中读到这个段落时，真是大吃一惊，我在想，如果说20世纪有一种叫做“国际主义”精神传统的话，那么早在16世纪，这个日本人的思想中表现出的国际意识，应该如何来评价呢？本书用许多历史细节呈现给我们非常有意思的历史景观，其丰富和复杂程度远远超出了我们的想象。在这里，作者条分缕析地梳理出两国间文本的相互影响关系，为我们打开了一扇历史认识的大门，让我们进一步看到历史事件对于后世文化的复杂影响。

读到崔官教授书中大量的文本梳理时，我想到国内可以与之比较的唯一学者是韦旭昇先生。到目前为止，韦先生是我们能看到的、唯一对这段历史做了文学文本研究的人。他的《抗倭演义〈壬辰录〉研究》和《抗倭演义〈壬辰录〉》（朝文本、汉文本）等，可谓绝唱，令人叹为观止，甚至到现在国内都还没有出现相关的、同水平同主题的研究。韦先生的工作在国内实属开山性质，不过与崔官教授的这本书相比较，它的局限也是明显的。崔官教授具有全面广泛掌握日、韩两国文献的便利条件，因此游刃有余地给我们展示了三个多世纪日韩两国文化交流中相互影响和变异的宏阔、美丽的画卷。

反观国内学界对于这段历史的研究，显然受到各种条件的限制而工夫没有做足。事实上，明史中有关这场战争的纪录就相当粗率，甚至有自相矛盾之处。由于明史是清朝人所编，对于当时三国的复杂关系已经缺少了切身感受，许多事件过程的记述也过于简略，甚至许多重要人物都没有列入明史列传中。由于清人不可能看到李朝实录等朝鲜王朝的不同史料，更没有机会获得日本方面的历史记录，所以许多历史事件的记录甚至是错误的。时过境迁，牵涉前朝命运的危机感不会被新朝所感受，加之是在“外邦”邻国的一场战争，凡此种种，清代几乎没有什么人去整理和研究这段历史。直到20世纪50年代初，由于有了抗美援朝战争，国内才有了几本小册子记述这个历史过程，但也没有人来认真地做收集、整理史料的工作。1990年，北京大学朝鲜文化研究所和中国社会科学院边疆史地研究中心出版了影印本《壬辰之役史料汇辑》，算是国内第一次出版了当事人记录这段历史的重要文献。其中收录了宋应昌的《经略复国要编》，诸葛元声的《两朝平壤录》，柳成龙（朝鲜）的《惩毖录》，川口长孺（日本）的《征韩伟略》（晚出），算是第一次“汇集”了三国史料。但这个汇辑明显存在着收录范围过于狭窄的问题，不要说没有收入许多朝鲜时代的汉文史料，就连明人钱世桢的《征东实纪》也未收入。而我们国内比较系统的有分量的研究就更少见。值得一提的是，原苏州师范学院柳树人（朝鲜族）先生曾有一部遗著《壬辰抗倭战争》，80年代由延边历史研究所内部出版，编入《延边历史研究》第二辑。这是国内最早的一部系统、完整、全面研究壬辰战争的历史学著作，从此书最后的文献附录中，也能看出柳树人先生多年来的积累，的确下了很大工夫。其中参考120种朝鲜古籍（王室官方史录、私人笔记、文集，文献、碑文等），90多种日本古籍，可以说是代表了当时国内这段历史研究的最高水平。此外，90年代中国大陆的军事史研究中，亦有几部史著涉及壬辰战争，其中由中国军事科学院所编写的中国军事史明代卷，算是比较详细地从军事角度对这场战争作了描述。与五六十年代的著述相比，它利用了日本战记及台湾编辑的一些史料，因此在叙述战争历史过程和细节方面，有了相当的进展，但只限于军事史方面（应该指出，在材料的来源方面显然利用了台湾三军大学1972年出版的《中国历代战争史》第14册）。在台湾，有李光涛、郑梁生等先生做的工作，包括史料的整理，收集了除中国史料外的李朝史料和部分日本史料，并且有了李光涛先生的《朝鲜“壬辰倭祸”研究》这样的专著出版，标志着台湾史学界在此专题研究上达到的水准。李著的优点是充分利用了朝鲜李朝的汉文史料，纠正了明史与日本外记中的许多错误。综观全书，李先生的研究立场和历史叙述角度非常鲜明，同时受语言的限制，也未能充分地利用日本和韩国的研究成果。

正是由于上述情况，崔官教授的这部著作对于我国读者来说是一个福音。他系统、全面、别开生面的研究，带领我们进入了一个“陌生”的领域，进入了朝鲜、日本历史文化相互影响的观念史、器物史、传说与文学文本的衍化史，填补了一大块历史空白，丰富了我们对这场战争的历史认识，并且能够帮助我们更深刻地认识和理解近代以来的朝鲜史和日本史的种种问题。这个工作虽然来得太迟了，但实在是大有必要。我随手举两个例子，王国维在他的论史诗二十首中曾涉及了这段历史，但由于缺少史料，他诗中错以为碧蹄馆之战本来能够擒住丰臣秀吉。而台湾著名作家林佩芬在她的历史小说《努尔哈赤》中描写到这段历史时（当时努尔哈赤曾向明朝请缨愿意出兵入朝），完全弄错了基本史实，甚至闹出了大笑话。由此可见我们国内对于这段历史的模糊不清的认识影响有多么严重。而本书的出版会极大地改善这种状况，带动相应的历史研究和历史知识的普及、出版工作，实在是太有必要了。

崔官教授的著作文笔流畅，娓娓道来。他非常善于讲故事，使这部内容丰富的学术著作具有很强的可读性，叙述深入浅出，具有文学魅力。我相信，这些优点一定会吸引热心的读者。这当然也反映出译者、校者的辛劳和良苦用心。

我希望通过此书的出版，推动和迎来一个“东域”研究和出版的热潮。我曾在文章中提出过所谓“东域学”的概念。从历史上看，中国大陆和东部地区国家的关系，其历史影响要大于西域。从隋唐到明清，东部历史关系的变动影响到中国大陆中央王朝的安危倾覆远过于西域。中国大陆与朝鲜半岛及日本两千多年来的历史关系，包括近代以来的历史关系，都需要做大量的研究和介绍。而有关壬辰战争历史的汉语文献，比如《李舜臣日记》、赵庆男《乱中杂录》等朝鲜时代的汉文献，亦应尽快推动在国内整理出版。历史上一衣带水，三国间的相互影响你来我往，你中有我，我中有你。在今天这个时代，更应建立在一种正确的并为三国人民所认可和共享的历史认识的基点之上。本书在中国的出版就是一个很好的契机，它不仅有利于推动我们国内学界对这段历史研究的进一步深入，而且在我们彼此认识、了解、理解对方的民间交往上，也会产生良好的作用。

善邻乃国之宝也，这个古训言犹在耳，而相互间的深入沟通与理解，是作善邻的重要基础。我对崔官教授的著作在我国的出版表示衷心的祝贺，同时也借此机会表达一点内心的欣喜之情。是为序。

清明节于海淀百家廊

目　录

第二部 战争、记忆、想象力

第三部 英雄、反英雄——以晋州城攻防战为中心

第四部　战争、国家、和平

引言

16世纪末，在欧洲大航海时代的背景下，西方势力逐渐渗透到整个亚洲地区，这时发生了轰动东亚世界的一大历史性事件——丰臣秀吉发动的朝鲜侵略战争。朝鲜、中国、日本自不必说，整个东亚及部分欧洲国家也直接或间接地被卷入了此次战争。壬辰倭乱是东亚三国尤其是韩日两国历史、社会、文化发生转变的决定性分水岭，壬辰倭乱对东亚社会的冲击和影响前所未有。

现在，日本将始自1592年的第一次侵略战争称做“文禄战役”，始自1597年的第二次侵略战争称做“庆长战役”， 两次战争合称为“文禄、庆长战役”或“出兵朝鲜”。但在此类称谓之前，这场战争在日本一度被称为“秀吉（太阁）的朝鲜征伐”、“侵略大陆”、“高丽阵”、“朝鲜阵”、“征伐三韩”、“征韩役”、“朝鲜役”等。日本对于同一历史事件竟有如此多样的称谓，意味着什么呢？这说明日本对此次战争的认识和评价随着时代和意识的变化而变化，同时说明日本社会各阶层对于此事件的立场与观点也有差异。中国则将这场战争称做“万历朝鲜战争”、“万历东征”、“抗倭援朝”、“壬辰倭乱”；朝鲜称做“壬辰祖国战争”；韩国将日本的第一次侵略战争称做“壬辰倭乱”，第二次侵略战争称做“丁酉再乱”，合称则是“壬辰、丁酉倭乱”或“壬辰倭乱”。东亚各国对同一事件的不同称谓，表明中、韩、日三国对壬辰倭乱的历史认识各有不同，这种不同的认识一直持续到现在。

本书将丰臣秀吉对朝鲜的侵略称做“壬辰倭乱”，目的并非在于统一称谓，而是在面对中国大陆、朝鲜半岛、日本列岛之长期的关系史时，以亚洲人的立场和文化、文学的角度，重新认识世界历史发展进程中的这一重大的历史性事件，进而介绍日本至今尚未明确阐释的壬辰倭乱的事件真相，以及使读者了解韩、日两国涉及此事件时的一些相关情况。

战争必有敌对方，战争终须打败对手，战争越激烈越能给对方留下深刻的印象。400多年前，血染朝鲜半岛的壬辰倭乱并非终结于随性而发的战争，而是进一步造成了国家间的对立局面。壬辰倭乱中产生的战争英雄形象以及各敌对国之间造成的相互印象，在各国不同的时代背景下不断获得重新的定位，进而以各种形式反映到文学创作中。你死我活的战斗，无数的死伤者，明朝的援军，被挟持到日本的俘虏以及投降于朝鲜的降倭，在这种极端形式下人力、物力的交流中，出现了与之有关的文学作品，且逐步地趋于成熟。这些文学作品，必然直观地包含了特定社会的文化观、战争观以及对于敌对国的认知等。进而言之，壬辰倭乱中形成的诸多类似因素在此后的东亚历史进程中不断地传承和蔓延，至今留存于韩、日两国乃至整个东亚地区的记忆中。因此，关于壬辰倭乱的研究颇具现实意义。

为明确与壬辰倭乱相关的文学作品的文学特征，须借助超越特定国家或特定题材的比较文学或比较文化研究。目前的现状却是，壬辰倭乱的历史、文学关联性研究尤其是韩、日两国或中、韩、日三国的正式的比较研究几近阙如。鉴于此，本书不仅追寻了壬辰倭乱的历史踪迹，也从比较文学、比较文化的角度，考察了此历史事件衍生出来的文学作品和文艺作品，以求探明这些作品的来龙去脉及其特点。本书的研究涉及两个角度——历史、文学、文化的复合型研究以及各国家之间的比较性研究。

本书由以下四部构成。在第一部“中韩日的冲突——壬辰倭乱”中，提供了解读壬辰倭乱的新观点，即以韩日两国的文献为基础，整理了壬辰倭乱的历史脉络。在考察了壬辰倭乱之后，讨论此事件在历史、社会、文化、思想等多方面造成的影响。在第二部“战争、记忆、想象力”中，亦以韩日两国为中心，从包容性和共时性的角度整理、介绍了与壬辰倭乱有关的文学作品。第三部“英雄、反英雄——以晋州城攻防战为中心”，则探究了东亚语境下英雄的本质与概念问题，文中先以晋州城攻防战为范例，透彻分析了壬辰倭乱的原委及特征，进而考察了战役中朝日两国文化意识中的英雄传承。值得一提的是，本书还介绍了在韩国深受尊重的义妓论介和与论介有关的日本将帅毛谷村六助。当然，书中同时也涉及了郑成功。在第四部的“战争、国家、和平”中，阐释了芥川龙之介的历史观以及日本对壬辰倭乱中朝鲜头号英雄李舜臣将军的评价和民众关乎战争的认识。本书对中国方面的描述较少，也期待中国的相关学者不吝赐教，予以补充。

当今随着全球化的深入发展，世界的中心正逐渐向中、韩、日所在的东亚地区转移。比起中、韩、日之间的相互认知，中、韩、日三国更加重视的是对美国和欧洲国家的认知与了解。尽管如此，增进与加深邻近的东亚各国之间的相互了解，已逐步成为中、韩、日三国的普遍共识。对邻近国家的了解将是全球化时代各国人民必备的基本常识，而了解中、韩、日三国关系史的关键性事件正是壬辰倭乱。我们必须站在当代史观的立场上，通过了解日本近世以后发动的深刻影响韩、日两国关系且一度震撼了中、韩、日三国关系格局的壬辰倭乱，进一步展开有关的新研究。对于生活在当今21世纪的我们，此乃义不容辞的责任。

真诚希望本书能对中国读者了解韩、日两国历史，理解东亚各国间的相关情况有所裨益。

最后需要说明，此译著的最初版本是笔者留学日本期间出版的《文禄、庆长战役(壬辰、丁酉倭乱)》(日本讲谈社1993版)，返回韩国后出版了韩文修订版《日本和壬辰倭乱》(韩国高丽大学出版社2003版)。本书有幸在中国出版中文译本，纯属东亚人文学者间的文化缘分，谨向承担本书翻译的金锦善老师、中国社会科学院魏大海教授和拨冗撰写译序的中国社会科学院靳大成教授表示诚挚的谢意。同时，衷心感谢出版拙著中文译本的中国社会科学出版社。

崔官

2012年8月8日 识于首尔

第一部

中韩日的冲突——壬辰倭乱

第一章　世界史上的重大事件——壬辰倭乱

第二章　壬辰倭乱的展开

第三章　壬辰倭乱的影响

第一章　世界史上的重大事件——壬辰倭乱

第一节　在大航海时代的背景下

从15世纪到16世纪，以欧洲为起点，世界开始发生巨大的变化。1488年迪亚士(Diaz/Dias, Bartolomeu)[①]抵达好望角，1492年哥伦布(Columbus, Christopher)登陆西印度诸岛，1522年麦哲伦(Magellan, Ferdinand)环游世界一周。欧洲人活跃的海外探险和扩张给世界带来了巨大冲击，也与安居各地的诸民族产生了巨大的文化摩擦。欧洲世界以强大的军事优势为基础，强制推进了殖民地化和基督教传播的进程。

早在大航海时代，欧洲人的世界扩张便与印度航线的发现密切相关，亚洲地区更是不能例外。当时的亚洲还没有对欧洲开放，但自葡萄牙人开辟了新航路之后，亚洲开始因欧洲势力的渗透发生变化。葡萄牙人快速涌入亚洲，1498年达·伽马(Gama, Vasco da) 发现印度航线之后，于1510年占领了印度的果阿(Goa)，1517年抵达中国广东，1537年入居中国澳门，1543年入居日本列岛南部的种子岛，仅用了半个多世纪，葡萄牙人就在亚洲各地建起了他们的根据地。顺应着大

---

① 巴尔托洛梅乌·缪·迪亚士（Bartholmeu Dias，约1450—1500），葡萄牙著名的航海家，于1488年春天最早探险至非洲最南端好望角的莫塞尔湾，为后来另一位葡萄牙航海探险家达·伽马开辟通往印度的新航线奠定了基础。

航海时代西势东渐[①]的潮流，西方势力经由印度猛烈地涌进东亚。葡萄牙人在东亚地区的活动与在其他地区的活动不同，主要体现在贸易和以耶稣会为主的传教士的活动上。另外，西班牙人也于1565年占领了菲律宾，在东亚建立了根据地。欧洲各国力量的强弱影响到它们在东亚竞争中的主控权。起初是葡萄牙，然后是西班牙，没过多久又变成了荷兰，紧接着是英国和法国。就这样，主控东亚的欧洲势力不断发生着变化。

上文阐述的是西方世界对东方世界单方面的影响，这种殖民化行为带来的影响，令亚洲的形势于16世纪末发生了变化，丰臣秀吉统一日本，而后趁势侵略朝鲜，明军作为朝鲜的援军参战，朝鲜、明朝和日本——这东亚三国倾尽国力进行了长达7年的战争。这场战争在韩国称做“壬辰倭乱”，在日本称做“文禄、庆长之战”或“朝鲜役”，在中国则称之为“万历东征”或“抗倭援朝”。这一连串不同的战争称谓指称的是同一场战争。

从当时以中国为中心的东亚格局看，朝鲜是中国的邻国，日本与中国隔海相望，位于东亚的东端即外廓。外廓国(日本)对中心国(中国)基本的文化态度是认同和兼容，但是日本并不甘心这种以中国为中心的东亚格局长此以往地存续下去。中心国（中国）与其周边国（朝鲜）则已习惯于安居在这样稳定的国际秩序中，并不想发生任何改变。不同的文化心理在面对新的外部文明时，其反差显而易见，中国和朝鲜面对外部文明的态度是无视或反应相对的迟钝，日本的态度却相当敏感。16世纪后半期日本不仅认可弗朗西斯科•赛维尔（Francisco Xavier）[②]传教士的传教活动，还积极学习并汲取了西洋文明。当时传入日本的火绳枪（日语称铁炮）——在后来的日本战国时期——在日本政局的改变中发挥了决定性作用。火绳枪属点火枪，点火发射需要时间，遇上大雨就不能使用，所以一开始与其说是新型武器，不如说是一件神奇的礼物。火绳枪后经织田信长(1534—1582)开发，正式用于战争之中。织田信长以最新武器火绳枪武装的部

① 即西方势力渐渐东移，为区分于19世纪末西方帝国主义正式的大规模西势东渐，故也将之称做“第一次西势东渐”。

② 西班牙语：Francisco de Xavier或Francisco de Gassu y Javier（1506－1552），出生于西班牙的天主教传教士。受葡萄牙王乔安三世的派遣先到印度的果阿，后于1549年年初抵日本传授天主教，在日本闻名遐迩，被称做天主教会的圣人。

队打前锋，战胜了其他的战国武将，短期内结束了日本的战国时代。[①]织田信长一举跃升为日本新的统治者，但在京都本能寺，织田信长却因明智光秀(1528—1582)的背叛而被杀。之后丰臣秀吉(1537—1598)打败了明智光秀，为织田信长报了仇，并继承了他的伟业，统一了全日本。丰臣秀吉在统一过程中建立了强硬的统治体制。完成统一之后，丰臣秀吉便以火绳枪部队为前锋，发动了侵略朝鲜的战争。当时，日本火绳枪部队的战斗力可以说已经达到了世界级的水平。众所周知，战争初期丰臣秀吉的目标是要征服中国。然而，最终却无力攻击中国，即使在朝鲜也没有占到一寸土地，战争以秀吉的死亡而告终。战争让日本在东亚人民心中留下了深刻的负面印象。可以说，欧洲和东亚的接触直接导致了试图建立亚洲新格局的日本对亚洲大陆的侵略，这在东亚历史上是前所未有的。壬辰倭乱是大航海时代发生的一大事件，它成为近世以后中、韩、日三国关系的一个新起点。

当时，丰臣秀吉梦想统治中国，借以打破以中国为中心的东亚秩序，建立以日本为中心的东亚新格局——推行所谓“日本型华夷意识”。虽说位于东亚之边缘，日本却积极汲取西方先进文明，很快崛起为新的势力。可以说，日本型华夷意识的推行就是彰显日本新势力的举措。需要强调的是，当时的日本正处于四分五裂的状态之中，但之后日本积极利用外部世界的刺激，形成了强大的统一政权。这个统一政权使用了西欧的新式武器进攻亚洲大陆，企图改变既定存在的东亚格局。由这个观点回顾东亚历史，16世纪后半期壬辰倭乱的展开过程，再现于19世纪后半叶西方势力的东方扩张中。19世纪的中国和朝鲜，对世界变化的反应仍旧是迟钝的。日本的幕府讨伐军却利用西欧的新式武器推翻了江户幕府，建立了强大的天皇制集权国家。明治政府建立后不久即发动了侵略朝鲜的战争，这一模式和壬辰倭乱如出一辙。

历史在相似的轨迹中运行，只有了解此般循环反复的历史，我们才可能开创新的世界。

① 织田信长灵活利用火绳枪，在军事上占了很大优势，打败了当时号称无敌的武田骑兵团。

第二节 东亚的地壳变动

从战争的结局来看，壬辰倭乱并没有带来任何领土上的变化，也没有明确的胜利者，战争也不是以签订某种和平条约而告终的。但是，这场战争却毫无疑问地引起了东亚格局的新变动。秀吉的挑战，使之前以中国明朝为中心的东亚旧秩序转变而为17世纪的东亚新秩序体制。

众所周知，明朝是1368年在中国本土驱逐了蒙古(元)势力后建立的汉民族国家政权。15世纪初，郑和的数次远征向世界炫耀了中国的强大国威，兴盛的明朝作为东亚的宗主国是不容置疑的。但明朝强大的国力在进入16世纪后开始逐渐衰退。北方受塔塔尔(Tatar)的侵扰，南方沿海地区则倭寇横行，国力一度衰弱到连南京都难保的程度。与北虏南倭经年不绝的艰苦战争，使国家的财政每况愈下。张居正的改革(1573—1582)取得了一些成果，但已开始衰退的国力却无法完全地恢复。1583年，满洲努尔哈赤（Nurhachi)发动起义并扩展满洲势力，那正是朝鲜遭受日本侵略的时期。1392年朝鲜王朝成立以后，朝鲜和明朝的“事大关系”[①]持续了200年，朝鲜是明朝的忠实友邦。

明朝基于唇亡齿寒的考虑，为援助朝鲜派遣了20万大军，随之带来沉重的军事负担。战争中明朝不仅失去了数万名士兵，还耗费了庞大的物力、财力。中国记载壬辰倭乱时况的《两朝平攘录》中，记录了1597—1598年“丁酉再乱”期间支付白银800万两、赠送军粮数十万石。明朝本来国运衰退，加上这场与日本的战争，国力消耗殆尽，从此无法抵挡新兴的满族势力。1616年满立后金，利用李自成起义攻下北京，中国从此开始了清朝统治的政权。壬辰倭乱正是加速明朝灭亡的一大事件。

① 在前近代东亚国际社会中，邻近中国的国家为缓和相互间政治、军事上的紧张关系以求得共存，实行“事大交邻”的外交政策。国力弱于中国的国家向中国朝贡，中国册封该国的统治者，维持友好关系，这种关系称做“事大关系”。中国的周边国家之间以事大、册封关系为前提，维持了“交邻关系”。朝鲜王朝与明朝建立了“事大关系”，与日本、女真建立了“交邻关系”。

另一方面，日本也为侵略朝鲜动用了庞大的物资和兵力。战国时代[①]结束后，日本民众高兴了没几天，不料等待他们的又是“漫无止境的兵役”。整个日本被卷入侵略战争，国内经济混乱，各地缺少务农者，农田荒废凋敝现象严重。出兵朝鲜的30万人中死伤者达10万人，兵力损失极大。日本一开始就没有明确的出兵目的，最终也没有达成任何目的。丰臣秀吉死后，日本便草草撤军。秀吉政权平定了日本全国，建立了强大的统治体制，但这仅限于秀吉活着的时候。朝鲜战争失败后，继承人是未满6岁的秀赖。

最后，日本国内的时局却有利于壬辰倭乱期间未往朝鲜派兵而保存了实力的德川家康。1600年，拥戴德川家康的东军和维持丰臣秀赖政权的石田三成的西军，在关原展开了一场激烈异常的战斗。关原之战东军获胜，丰臣政权彻底瓦解，1603年江户幕府建立，日本开始了德川时代。丰臣秀吉侵略朝鲜的战争，不仅给他民族带来了巨大的灾难，也给日本本国的百姓带来了不可磨灭的伤痛，最后连自己一手建立的政权也毁于一旦。

从后世的角度看，这场侵略战争虽给日本的百姓带来了莫大的痛苦，兵力损失也极为惨重，但从朝鲜掠夺的物资、人力资源却能弥补日方的全部损失。如从朝鲜掠夺了活字、书籍，将朝鲜的儒学者、陶工挟持回日本，从而使近世日本[②]的印刷出版、儒学和陶瓷文化等得到长足的发展。

总之，壬辰倭乱在中国促使了明朝到清朝的王朝更迭，在日本促使了从丰臣政权到德川幕府的政权转变，江户幕府从此脱离了以中国为中心的东亚秩序体制，建立了严守禁海令(近世时期中、韩、日东亚三国禁止海外出入的一种锁国政策)的近世国家。从这一历史变化中，亦可窥见

万历帝

① 应仁战乱（1467）以后，15世纪下半叶日本开始出现群雄割据的混乱状态并持续了100多年。

② 指德川家康的江户幕府即德川幕府统治的江户时期，从1603年江户幕府成立到1868年明治维新，共计265年。

壬辰倭乱的巨大影响力。

那么，作为战争主战场的朝鲜发生了哪些变化呢?

战争使朝鲜满目疮痍。朝鲜王朝建立200年来，崇尚和平，发展儒教文化，但在战争中变成了废墟。战乱后，大米产量不到战前的30%。战乱前全国的耕地面积达150多万结(1结约为1公顷)，而在战后第三年的1601年，据调查耕地面积仅有30万结，这无疑证明了朝鲜遭受了严重灾难，生产量下降到战乱前的1/5。很多人被杀戮或饿死，人口急剧减少。在这样的战乱状况下，朝鲜内部又发生了叛乱。不过谋反叛乱一经发生即被镇压下去，没有发展到威胁朝鲜王朝根基的地步，镇压叛乱的过程反而起到了加强朝鲜王朝的作用。朝鲜王朝渡过了最大的危机，一直延续至1910年。最终却为日本所吞并。一个王朝完整地维续500余年，这在历史上亦属罕见。

朝鲜在收拾战争残局、恢复社会秩序中，依靠的是谨守“三纲五伦”的性理学。为了稳定统治秩序，一方面要惩罚叛逆者，另一方面要对忠、孝、烈等儒教伦理规范的模范实行奖励。在引自中国的《三纲行实图》基础上，通过收集朝鲜人忠、孝、烈等典范事迹刊行的《东国新续三纲行实图》，乃是朝鲜作为儒教国家，为重建社会秩序和施行国民再教育选定的一个方案。如前所述，朝鲜尽全力维持着国内的稳定，努力增强国防力量并重建国家秩序，但是此时，却同时受到北方满族势力扩张的威胁。朝鲜重视与明朝建立的友谊，对新兴势力清朝持有敌意，结果在1637年，朝鲜遭到满族的大规模入侵——朝鲜称之为丙子胡乱，国家再度蒙难。然而，事实上朝鲜与满族政权间并没有发生真正的战争，终以朝鲜国王下跪、投降而告终。朝鲜感激壬辰倭乱时期明朝向朝鲜派遣了援军的“再造之恩”，虽对打败明朝的清朝内心抵触，却不得不加入新的国际关系中——将宗主国由明朝转换为清朝。

总之，在中国、日本的政权交替和满族兴起的背后，无法忽略的一大重要事件便是壬辰倭乱。丰臣秀吉打乱了以往的东亚秩序，使之发生了根本性的变化。在此意义上，我们能够以近世为出发点，从东亚的新的国际关系中了解壬辰倭乱。

第三节 诸多外籍士兵组成的明朝军队

那么，壬辰倭乱仅仅是东亚中、韩、日三国间的战争吗？答案是否定的。作为例证之一，明军里也有他国士兵参战。在朝鲜王朝留下的规模庞大的官方国史《朝鲜王朝实录》之《宣祖实录》中，记录了宣祖二十六年(1593) [①]四月十日，时任兵曹判书 [②]的李恒福在造访明朝副总管刘綎部队后，向宣祖国王报告结果。报告中有如下内容：

> 出示取用各样军器。又令取率暹罗、都蛮、小西天竺、六番得、楞国、苗子、西番、三塞、缅国、播州、镗钯等。按顺人列，立于左右。次次各呈其技。终日阅视。
>
> 《宣祖实录》宣祖二十六年四月十日

上文中“暹罗”指泰国，“都蛮”为中国的西藏，“小西天竺”即印度，“缅国”乃缅甸，“播州”是中国的贵州。由此可知，明朝军队包括很多来自他国且身怀绝技的士兵。此外，关于他国士兵的史料还有宣祖二十六年四月四日的记录，记录说：“礼曹判书尹根寿，来自义州。（中略）上曰：‘刘綎亦南人耶?’根寿曰：‘山西人也。泗川、贵州之兵及暹罗国人皆来。’”类似的记录还有很多，说明战乱发生不到一年的时间里，亚洲很

《征倭纪功图卷》 编入到明朝支援军的苗族士兵们在露梁海战中展开了白刃战

① 明万历二十一年，日本文禄二年。

② 朝鲜王朝时代把六曹（吏、户、礼、兵、刑、工）的长官称做判书。兵曹判书是指军事方面的总管，正二品官职。

多国家和地区的士兵业已隶属明军，还可以知道明朝事先已要求这些国家和地区派兵。此计划于战争开始5个月后的九月三日，以明朝皇帝的诏书形式传到朝鲜。

> 朕令专遣文武大臣二员，统率辽阳各镇精兵十万，往助讨贼。与该国兵马前后来攻。务期剿灭残凶。（中略）复勅东南边海诸镇，并宣谕琉球、暹罗等国，集兵数十万，同征日本，直捣巢穴。
>
> 《宣祖实录》宣祖二十五年九月三日

元世祖执政时期，元朝曾两次攻打日本，结果都以失败告终，进攻日本实属不易，①因此明朝计划动员琉球(冲绳)、暹罗(泰国)数十万兵力进攻日本。遣派明朝的陈奏使②回国后报告，泰国使臣已到明国，朝鲜朝廷却持怀疑态度，将信将疑。但在危机之初，国际联军确给朝鲜带来了希望和勇气。③在明朝的动员令下，实际远征朝鲜的他国士兵数量有限，但可以肯定的是，他们确实参加了战争。

这里尤值得一提的是关于葡萄牙人的记录。以下是1598年丁酉再乱时期，宣祖催促明朝游击④彭信古南下与日本人战斗时的对话：

> 上曰：“大人（明游击彭信古）在京乎南下乎？”游击曰：“过一月后欲为南下矣。”且曰带来异面神兵，使之进见。上曰：“何地之人而何技能为耶？”游击曰：“自湖广（湖南湖北两省）极南，波郎国人也。渡三海方抵湖广也。距朝鲜十五万余里也。其人善鸟铳（火绳枪）及诸武艺。”
>
> 《宣祖实录》宣祖三十一年五月二十六日

---

① 元朝1274年第一次攻打日本及1281年第二次攻打日本，均因遭遇强大台风而失败，元朝第三次进攻日本的计划还未实现便告终。这一时期的台风在日本称做“神风”，日本自此有了天神佑护的“神国意识”。第二次世界大战时期日本的自杀部队也叫“神风敢死队”。

② 陈奏使：朝鲜时代，临时派往明朝报告朝鲜境况的外交使臣。

③ 李铉淙：《壬辰倭乱和东南亚人的来援》，《亚洲公论》1975年第2期。

④ 游击：将军级别或临时担任将军要职的将军，但有别于正规部队的将军。壬辰倭乱时期，明朝兵部尚书石星任命沈惟敬为游击将军。当时在朝鲜，除沈之外另有数位明朝游击将军。

这里的“波郎国”显然是“葡萄牙”的中文标记。在朝鲜的写法，有“佛郎国”或者“佛郎机国”，皆为“葡萄牙”。对朝鲜来说，来自远方的西洋人非常稀奇。上面的记录之后，还有关于葡萄牙士兵的说明。

一名海鬼。黄瞳漆面，四支手足，一身皆黑。须发卷卷，短曲如黑羊毛，而顶则秃胱。一匹（织物长度、相当于四丈）黄绢盘结如蟠桃状，而着之头上。能潜于海下，可戟贼船。且数日能在水底，解食水族。中原人亦罕见也。

《宣祖实录》宣祖三十一年五月二十六日

由此可以看出外国士兵的绝技让朝鲜人大为惊异。葡萄牙人除具备火绳枪的技术之外，还拥有海上的卓越能力。他们有潜入海里在敌船上凿洞的本领，被称之为海鬼；另有海鬼刀术精湛的记录。两天之后，葡萄牙兵(海鬼)在宣祖面前演示了武功，宣祖赐予一两白银。

那么，谓为海鬼的葡萄牙人从何而来呢？1557年葡萄牙军队已扎营澳门，或许是从那里派遣来的？或许是活动于中国南部沿海地域从事贸易(或海盗)者，也有可能是付了钱的雇佣兵。对此，至今未能确定。当时的葡萄牙雇佣兵，只要给了报酬，就可以站在任何一方加入战斗。他们在16世纪印度尼西亚诸王国之间的战争中，也曾发挥了重要的作用。在此要特别说明的是，这有时甚至造成了葡萄牙人之间的争斗。①

无论是以什么样的方式，葡萄牙兵参战在朝鲜的正式文书里早有明确的记载。遗憾的是明朝和日本至今也没有找到相关记载。中国的《明神宗实录》和《两朝平攘录》等，都没有提及前述他国士兵。据明朝的记载，这些士兵是在地方兵里选出或征发的。丁酉再乱时期的记载里写道：“征发浙(浙江)、江(江西)、川(四川)、广(广东)地区的士兵救援朝鲜。”②

---

① [美]G.B.サンソン：《西欧世界与日本》（上）， 金井円、芳贺徹、平川祐弘等译，日本筑摩丛书1987年版。参考第5章。

② 诸葛元声：《两朝平攘录》，《壬辰之役史料汇辑》(下)，日本全国图书馆文献缩微复制中心1990年版，第106页。

另外，在日葡萄牙人的活动以别样的形式出现。当时的耶稣会传教士路易斯·弗洛伊斯（Luis Frois ）1563年到日本，1597年去世，他滞留日本期间写出的《日本史》(葡萄牙语:*Historia de Iapam*)详细记载了很多关于壬辰倭乱的内容。他没有亲自到过朝鲜，但从吉利支丹大名(日本战国时期信仰基督教的大名[①])和士兵那里得到了详细的情报。还有一位传教士成了日本军的随军神父，可以说是顶级情报员，他就是壬辰倭乱翌年（1593）应小西行长之邀来到朝鲜的耶稣会(Jesuit)神父塞司佩代斯（Cespedes, Gregorio de)。他是西班牙马德里市长之子，也是第一个踏入朝鲜的传教士。他在由朝鲜寄出的书信[②]中明确写道，在朝鲜活动范围有限，主要是在熊川(朝鲜南部沿海村庄)的小西军阵营中，他在那里滞留了一年半时间，主要从事慰问士兵和传教活动。他寄自朝鲜的信件，目前发现的仅有前4封。但是可以推测，他应该写了更多的报告。战争中，葡萄牙人以不同的形式参与双方交战，获取情报的可能性非常之大。

总之，进一步理清壬辰倭乱时其他国家的相关动态及多国籍明军的特征，可重新定位壬辰倭乱在世界史中的地位。

---

① 大名是日本封建时期对领主的称呼。

② 弗洛伊斯：《1594年耶稣会日本每年例行报告书》，《フロイス 日本史 1-12》（《弗洛伊斯 日本史 1-12》），松田毅一、川崎桃太译，日本中央公论社1977—1980年版，第二册第40章和第44章。

第二章　壬辰倭乱的展开

第一节　战争爆发之前

1　战乱之前的朝日两国

作为邻国，朝日两国从上古时代就建立了深厚的历史关系。凡言及日本的弥生、古坟、飞鸟、白凤、天平等古代文化时，多少都会涉及来自朝鲜半岛的文化传播和朝鲜半岛的移民。[①]弥生时代，水稻农业技术、青铜器和铁器文化通过朝鲜半岛传播至日本。甚至可以做出推测，“渡来人”和“本地人”结合而为日本人。在之后的高句丽(公元前37—668)、百济(公元前18—660)、新罗(公元前57—935)三国时代，日本大和朝廷与中国各王朝乃至朝鲜半岛的交往更加频繁。大和朝廷与统一的新罗国 (676—935)、高句丽遗民和靺鞨族联合建立的渤海国(628—926)分别建立了紧密的外交关系。高丽时代(918—1392)的后期，虽经历了长期奋战，高丽还是被蒙古人建立的元朝打败，在元朝的统治下，高丽也被动参与到侵攻日本的战争中（1274，1281）。除此之外，朝日两国间尚未发生过全面的对决。高丽时代末期以后，朝鲜半岛沿海地区深受倭寇之扰。但两国善邻友好的历史是悠久的。

① 日本把来自朝鲜半岛的移民和来自中国的移民统称为“渡来人”。

1392年起，朝鲜秉持的是“事大交邻”[①]的外交政策。朝鲜王朝成立后，与室町幕府(1336—1573)保持着十分紧密的交邻关系。朝鲜朝廷与日本建交的目的是为了制约倭寇，维持朝鲜半岛南部的稳定。日本的目的则是为了与朝鲜进行《高丽大藏经》、大米、木棉、高丽人参等文化和贸易的交流。在壬辰倭乱发生前的200年期间里，朝鲜朝廷以拜访、通信、征聘等方式频繁地向日本派遣使节团。朝鲜把日本对马岛的宗家当做朝鲜地方官，包括派往对马岛宗家的敬差官，[②]共派遣了62次使节团。这个数字同时也说明了当时室町幕府、大内家、对马岛宗家等也曾频繁派遣使节团至朝鲜。

但这样的使节团派遣，大部分集中在15世纪。1467年应仁战乱(围绕室町将军的继承人问题发生的内乱)以后，日本进入战国时代，失去了能够代表日本与朝鲜进行交涉的政权。此后，朝日两国以1510年三浦倭乱[③]为转折点，关系开始疏远。

在以明朝为中心的东亚国家关系中，朝鲜在儒教官僚体制下一直太平无事，朝鲜社会是以文人为主的文治社会。相反，日本各地群雄割据的战国时代却延续了很长时间，日本的战国时代最终以织田信长(1534—1582)的上台落下帷幕。在织田信长征服日本各地的过程中，羽柴秀吉(丰臣秀吉年轻时的名字)成为武将充分展现了自己的能力。在1582年的本能寺之变[④]中，织田信长被杀。丰臣秀吉自此有了一统日本的梦想。在展开于山崎的首领复仇战中，丰臣秀吉打败了明智光秀，又在贱岳之战中消灭了织田信长的核心武装力量柴田胜家，名副其实地成为织田信长的继承人——新的霸主。随后，丰臣秀吉平定了四国、北陆、九州、奥州等地，1590年几乎完成了日本的全国统一。自此，丰臣秀吉成为日本实质上的统治者。他以最下等兵足轻之子的身份直线上升，1585年升至关白，翌年受赐丰臣姓氏，成为内阁最高职位的太政大臣。1591年他让出关白职位，自称为太阁。这样，日本绝对统治者丰臣秀吉的意志即成为无人能够抗拒的最高命令。

---

① 朝鲜王朝的主要对外政策，对中国是“事大”、对日本和女真是“交邻”。

② 临时派到地方的官职称谓。

③ 居住在朝鲜南部釜山浦、乃而浦、盐浦的日本人在对马岛宗家的援助下发起的暴乱。

④ 明智光秀于京都本能寺背叛并杀害自己的首领织田信长。

2 丰臣秀吉的野心

1592年(文禄元年)正月五日，丰臣秀吉向各武将下达出战朝鲜的命令，并组编了出战朝鲜的部队。日本由此步入了侵略他国的历史时期。被侵略的对象，首先是邻近的文治国家朝鲜。

丰臣秀吉的这种侵略野心到底产生自何时，目前尚无法确认，据参谋本部编写的《日本战史　朝鲜役》中记载：信长对秀吉说，1577年（天正五年）若秀吉能够平定日本的中国地区（指现在的鸟取县、岛根县、冈山县、广岛县、山口县5县），就把那个地区配分予秀吉；秀吉回答说，“(前略) 请把日本的中国地区分给这里的人们。臣愿领命征伐九州地区，并用那些兵力打败朝鲜，席卷明朝400余州，将这些地区划入皇国之版图”。①这里的真伪无法确认，却可看做秀吉对于首领的一片忠心。当时的秀吉不过是织田信长手下的一名武将，但在秀吉统治体系的建立过程中，侵略外国的意图已逐渐形成，1585年7月11日丰臣秀吉以就任关白职位为契机，开始具体推进所谓的“侵攻中国”计划。就任关白职位后的1585年9月3日，家臣一柳末安下说：“日本本国的事我当尽力去做，至于明朝有关的事，还有什么要吩咐的吗？”②这是迄今传下的有关丰臣秀吉的最早记录。第二年秀吉向耶稣会传教士和对马岛的宗义调、毛利辉元、安国寺惠琼、黑田孝高等武将发出命令，做好了侵略朝鲜和明朝的准备。

1587年5月，在秀吉征服九州之时，柳川调信代替对马岛的宗义调向秀吉投降，一直不肯承认秀吉的九州强者的岛津义久也终于投降。秀吉非常高兴，他在给夫人的信中写了以下的内容：

> 快船通知：让壹岐、对马岛等地向我派出人质归降，同时让朝鲜入朝议事，如朝鲜不派人，翌年将予以惩治，吾死之前将令中国臣服。
>
> 《妙满寺文书》③

① 参谋本部：《日本战史 朝鲜战争 本编》，日本偕行社1924年版，第10—11页。

② 岩沢愿彦：《秀吉の唐入りに関する文献》，日本《日本历史》1962年第163号。

③ 北岛万次：《朝鲜日记.高丽日记》，日本そしえて1982年版，第22页。

从信中我们可以想象秀吉写出此豪言壮语时得意扬扬的面孔。同时令人吃惊的是，秀吉一直把朝鲜看做日本的一个属国。秀吉这种自以为是的对外意识不仅指向朝鲜，在写给琉球(冲绳)、西班牙占领的菲律宾(吕宋岛)、葡萄牙占领的印度尼西亚和台湾高山国等地的招降信函中，也体现了此般短浅狂妄的认识。从内容上看，丰臣秀吉在处理不同民族、文化、语言的交涉关系时，给对方的选择是极端的——屈服还是战争？这的确表露了日本战国时代霸王式的思维方式——力量代表一切，也可以说是不懂得尊重国际社会秩序和他国利益的、无知者的要挟。

另一方面，16世纪的明王朝和朝鲜王朝皆已过了王朝鼎盛期，国力开始衰退。不仅在朝鲜，在中国的沿海地区也时常发生倭寇滋事骚扰事件。仅仅是数百人发动的“宁波之乱”，[①]就已把南京闹得翻天覆地。

3 战乱前的交涉

朝鲜使节团的派遣

丰臣秀吉的朝鲜交涉应该说是要挟外交，通过对马岛的宗家来施行。宗家意欲归顺秀吉。最初秀吉并不清楚朝鲜和对马岛的关系，命宗家令朝鲜国王京都朝见。对马岛和朝鲜距离很近，肉眼即可相望。对马岛在经济和生活诸方面依赖于朝鲜。对马岛山势高，没有耕地，很久以前就依靠朝鲜运来的大米和生活用品维持生活。朝鲜也把对马岛的宗家看做朝鲜的藩臣，在朝鲜通信使的记录中也有相关记载。对夹在日本和朝鲜之间的对马岛来说，调遣朝鲜通信使已是难上加难，更不用说令朝鲜国王进京了。

即使这样，宗家也无法抗拒新任统治者的命令，左右为难，无奈中以家臣柚谷康广[②]扮日本国使臣，把要求朝鲜国王“朝见”一说换成“派遣通信使”，

① 宁波之乱：1523年（明朝嘉靖二年）由日本人发起的宁波争贡事件，也称明州之乱或宗设之乱，由大内氏派的宗设等放火烧掉细川氏派的遣明船引起。明朝宋素卿支援细川氏，后败逃至绍兴城，大内氏追杀宋素卿，给中国当地居民造成很大损害。

② 《惩毖录》等朝鲜的记录中称橘康广。

邀请朝鲜派遣使者赴京都。但是，柚谷康广带去的文书中写道，“现今天下已握于朕之手中”，如此傲慢的言辞及柚谷康广傲慢的态度无疑使朝鲜朝廷反感，最终柚谷康广只拿到回信就返回了日本。据《惩毖录》记载，柚谷康广一无所获，归国后秀吉大发雷霆处死了他。在宗义智继承宗义调成为对马岛新的藩主后，1589年6月，宗义智以富于朝鲜外交经验的博多（又叫福冈）圣福寺住持景辙玄苏（1537—1611）[①]为正使，自为副使，带领家臣柳川调信和小西行长选派的博多商人岛井宗室等来到朝鲜。当时，宗义智与小西行长的女儿玛利亚已成婚，成为小西行长的女婿，所以他如实禀报了有关朝鲜的情况。[②]

接到秀吉严令的宗义智滞留在朝鲜首都汉城(1394年以来的朝鲜首都几度更名，也曾称做汉阳、京城，现为首尔，本书中统称为“汉城”)。一面积极执行朝鲜号令，遣返在日朝鲜叛民[③]等，一面则极力要求朝方派遣赴日通信使。最后朝鲜朝廷也认识到了解日本国内动向的必要性，便于1590年3月决定派遣以黄允吉为正使、金诚一为副使的使节团赴日。当时，宗义智进献朝鲜孔雀、火绳枪和刀等。孔雀被放生至京畿道南阳的孤岛，火绳枪放进了兵器制造官府军器寺的仓库。孔雀被抛弃，只保管了枪支，仿佛象征着屠杀时代的到来。当时，日本已制造出数万支火绳枪，火绳枪部队已成为中心战斗力；朝鲜第一次见到火绳枪，且根本不知火绳枪的重要性和使用方法，只是胡乱放在了仓库里。

朝日两国的国书

黄允吉、金诚一带领的使节团到达京都，却因秀吉外出，只能在大德寺坐等数月。1590年11月7日，使节团终于在京都聚乐第[④]向秀吉转呈了国书。同年，德川家康派来实为人质的继承人，秀吉顺利平定了小田原、奥州，成为名副其

① 与柳川调信一起与朝鲜进行外交交涉的中心人物。

② 柳成龙：《惩毖录》第一卷，日本东京大学所藏本。

③ 在日朝鲜叛民：在朝鲜犯罪之后逃到日本的朝鲜人。

④ 聚乐第是安土桃山时代末期丰臣秀吉于京都内野（平安京大内里遗址东北，今京都市上京区）兴建的城郭兼邸第，但前后仅存八年。聚乐由来，见于秀吉御伽众大村由己的《天正记》中之《聚乐第行幸记》：“聚天下长生不老之乐。”此外别无出典。历史学者一般相信这是秀吉的造语。聚乐第于天正十四年二月动工，次年九月完成。

实的日本唯一的最高统治者。他将朝鲜使节团的访日看做朝鲜降日。那么，当时黄允吉交给秀吉的朝鲜国王的国书内容是怎样的呢？且看全文。

朝鲜国王李昖、奉书

日本国王　殿下

春候和煦，动静佳胜，远传大王一统六十余州，虽欲速讲信修睦，以敦邻好，恐道路烟海（晦？），有淹滞之忧欤，是以多年思而止矣。今令与贵价，遣黄允吉、金诚一、许筬之三使以致贺辞。自今以后，邻好出于他上幸甚，仍不腆土宜，录在别幅，庶几笑留，余顺序珍啬，不宣。

万历十八年三月　日

朝鲜国王李昖

《续善邻国宝记》[①]

在此短短的国书中出现了两次“邻好”。所谓“邻好”，就是朝鲜对日本的基本方针。但秀吉的态度却正好相反，他让朝鲜在投降屈服和战争中选择其一，秀吉无视友好邻邦的使节，像是对待属国一般。以下是秀吉给朝鲜使节的国书全文。

丰臣秀吉像（高台寺所藏）

日本国关白秀吉、奉书

朝鲜国王　阁下

雁书熏读，卷再三，抑本朝虽为六十余州，比年诸国分离，乱国纲废。世礼（乱？）而不听朝政，故豫不胜感激。三四年之间，伐叛臣讨贼徒，及异域远岛，悉归掌握，窃按，予事迹鄙陋小臣也。虽

① 《续善邻国宝记》，《改定史籍集览》第21册，日本史籍集览研究会1968年版，第116—117页。

然豫当于托胎之时，慈母梦日轮入怀中，相士曰，日光之所及，无不照临。壮年必八表闻仁风，四海蒙威名者，其何疑乎。依有此奇异，作敌心者，自然摧灭，战则无不胜，攻则无不取，既天下大治，抚育百姓，怜悯孤独，故民富财足，土贡万倍千古矣。本朝开辟以来，朝廷盛事，洛阳壮观，莫如此日也。夫人生于世，虽历长生，古来不满百年焉。郁郁久居此乎，不屑国家隔山海之远，一超直入大明国。易吾朝之风俗于四百余州，施帝都政化于亿万斯年者，在方寸中。贵国先驱而入朝，依有远虑无近忧乎。远邦小岛，在海中者，后进者不可作许容也。豫入大明之日，将士卒临军，则弥可修邻盟也。豫愿无他，只显佳名于三国而已，方物如目录领纳，珍重。保啬。不宣。

天正十八年仲冬日　　　　日本国关白秀吉

《续善邻国宝记》[①]

此函与其说是国书，不如说是恐吓书。说自己统一了日本，自己是太阳之子，自己所做所为皆替天行道。“进攻明朝，朝鲜要当急先锋。”这就是丰臣秀吉对朝鲜“邻好”的答复。可以说，在一直以明朝为中心的东亚旧秩序中，他通过这封国书表达了要以日本为东亚中心的野心。但在明朝和朝鲜来看，这根本是无法接受的，只不过是秀吉的痴心妄想而已。丰臣秀吉认为，朝鲜和日本的各诸侯国地位相当。但朝鲜一直认为日本是自己的友好邻邦。因此，日本和朝鲜的外交往来一开始就注定是一场悲剧。

宗家的动态

对马岛和朝鲜的关系很特殊，所以对马岛为前述外交政策也是坐立不安，积极采取了各种应对的措施。1591年3月，朝鲜使节团回国之后，宗家派玄苏、柳川调信等人向朝鲜禀报日本出兵的消息，将丰臣秀吉命朝鲜作征明先锋的“征明向导”谎称为“假道入明”——进

对马岛岛主宗义智

① 《续善邻国宝记》，《改定史籍集览》第21册，日本史籍集览研究会1968年版，第117—118页。

攻明朝时假道朝鲜。对此，朝鲜一概表示强烈的反对。

贵国（日本）友邦国也。大明君父也。今若许贵国便路，则是知有友邦，而不知有君父也。于人为不祥，于德为衍义。匹夫且耻为之，况堂堂礼仪之邦乎。

《朝鲜通交大纪》[①]

当时的朝鲜重视朱子学的“大义名分论”，对朝鲜来说，背叛君父明朝是不能想象的事情。朝鲜国王史无前例地授嘉善大夫(正品二位)之爵予柳川信调，国王宣祖接见柳川调信时说：“古无此例，而尔自前往来，颇效恭顺，故特加礼待之。”此次玄苏、柳川调信去汉城，是沿着两条路上京，他们探索的路线日后为日军所利用。日本室町时代使节团经过釜山到汉城的三条路线，成了日后日军进攻朝鲜的路线。因此壬辰倭乱结束、朝日重新建交时，朝鲜朝廷严禁日本使节团上京。

6月，宗义智亲自来到釜山浦，进行最后的交涉并警告朝方，但却没有得到朝方的任何回应。宗家遂向秀吉献上朝鲜的地图，成了侵略朝鲜的领路人。当时釜山浦的倭馆是日本人在朝鲜滞留的唯一居留地。后来，滞留倭馆的日本人依次回国，整个倭馆空无一人。朝鲜半岛和日本列岛战云弥漫，战争一触即发。

4 朝鲜的防备

正使黄允吉在日本备受侮辱，十个月后的1591年正月返回釜山，即向朝鲜朝廷做了紧急报告：“定有兵乱灾祸。”因此，朝廷向朝鲜各道[②]都下达了防备的命令。

3月，朝廷围绕使节团的报告掀起了一场争论。针对日本侵略的可能性，副使金诚一曰：“臣则不见如许情形。允吉张皇论奏，摇动人心，甚乖事宜。”……黄允吉言：“其目光烁烁，似是胆智人也。” 金诚一曰：“其目如鼠，不足畏

① 田中健夫校订：《朝鲜通交大纪》，日本名著出版社1978年版，第127页。《宣祖修正实录》记载了玄苏的“征明向导”论。

② 道：朝鲜的行政区，等同于中国的省级行政区。

也。”[①]朝廷的意见形成了对立的两个派别。争论之下，朝鲜未及采取任何有效的防备措施，只顾着甲论乙驳的纸上谈兵。

就在日本即将进攻朝鲜的紧要关头，朝鲜朝廷内部却罔顾国家、国民之利益，进行着党派之争，加剧了舆论的分化和内部的分裂。更加严重的是，国防意识更加松懈。宣祖原本轻视武官，听了金诚一的报告后，索性取消了已经下达的防备令。朝鲜历史上维持长久的和平实属罕见，因此当时的统治势力已习惯于这种和平。惨不忍睹的是，这次对政治局势的误判导致了严重后果。随后在日趋紧迫的事态变化中，朝廷认为不能像以前那样只是观望。对马岛发来的报告和警告以及日方不寻常的动态，也令朝方开始担心，但对日本的侵略却仍是半信半疑。为了以防万一，朝方开始匆忙地着手备战，向庆尚道、全罗道、忠清道派遣了拥有防备能力的巡查使勘察防御的状况，且在釜山、东莱、晋州等地任命了新的地方官，火药的数量不多，也已分发给了各个地方。同时，在日军侵略可能性较大的庆尚道各地修建了城池，命令增建兵营。但松懈的社会环境致使以上举措无法取得结果。武器装备、兵力动员以及指挥体制、官府的纪律、执政者的判断力等，所有的这些防备措施都呈现薄弱。在此以长枪为例说明：为了示威，朝兵持长枪列队。日本派到朝鲜的使者柚谷康广在侧视朝兵队列后讽刺地说：“汝辈枪杆太短矣。”[②] 就像柚谷康广嘲笑的那样，朝鲜长枪的长度不足日本长枪的一半，刀的长度也很短，关于火绳枪之类武器更是一无所知。在这样的背景下，1591年2月经柳成龙推荐，李舜臣受命为全罗左道水军提督。后来，李舜臣在壬辰倭乱中成为挽救朝鲜的名将。

另外，日本使节团带来的国书中写道：“一超直入大明国，易吾朝之风俗于四百余州。”朝鲜朝廷对其真伪反复议论之后，决定向明朝报告，此报告对翌年明朝派遣援军起到了重要作用。

综上所述，朝方并未认真做好战争的准备，朝方一边揣测着战争的可能性，一边享受着朝鲜王朝自成立以来持续了200多年的最后的太平日子。

---

① 《宣祖修正实录》，宣祖二十四年。当时的朝鲜朝廷分“东人”派和“西人”派。黄允吉属“西人”派，金诚一和柳成龙属“东人”派。

② 柳成龙：《惩毖录》第1卷，日本东京大学所藏本。

5 日军的组成

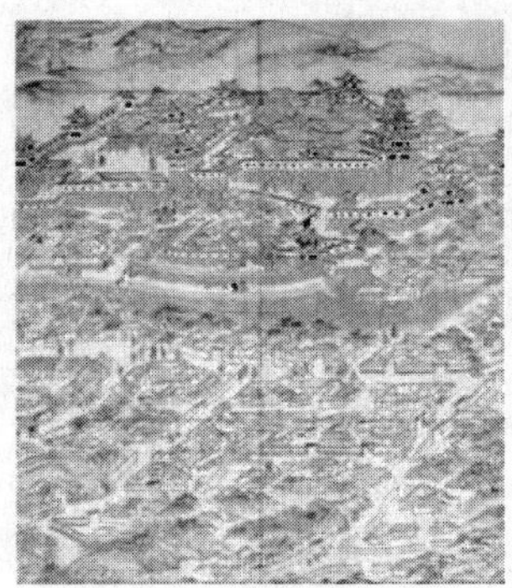
肥前名护屋城图屏风（日本佐贺县立博物馆所藏）

丰臣秀吉在实现了日本统一之后，随着其势力与权力的绝对化，更是无法停止其侵略外国的脚步。平定九州前，秀吉对朝鲜的侵略准备和外交交涉已在稳步地向前推进。1586年，秀吉向几个武将流露出攻打朝鲜的意图，要求他们尽忠。九州平定后，秀吉将丰前(福冈县东部)的中津分给了黑田长政，镇压肥后(熊本县)叛乱后，又把此地分成两个部分，分别送给了加藤清正和小西行长，且把直属亲信武将集中安排在攻打朝鲜的要塞——九州和四国地区。临战一年前的1591年，整个日本卷入全面进攻朝鲜的准备状态。同年正月秀吉命令各地准备造船和训练船员，3月发布朝鲜兵役规则，在全国进行了户口调查，以先前的检地(日本全国耕地实际测量调查)和武器回收为依据，8月公布彻底实施兵农分离的身份控制令。同时公布了“侵略朝鲜方案”。为了所谓的“侵攻大陆”，秀吉命黑田长政、小西行长和加藤清正在名护屋筑城。10月筑城正式开工。正在进行中的大佛殿工程也被终止，将人力、物力全部投入到兵船建造上。

对秀吉个人来讲，1591年是不幸的一年。弟弟羽柴秀长突然去世，亲信茶道大师千利休受命剖腹，爱子鹤松也不幸早逝。或许是为了忘却悲伤，他频频下令急速步入战争准备。秀次是丰臣秀吉的侄子，也是养子，12月秀吉把关白的职位让给秀次，自己成为太阁，把所有的精力全部投入到战争之中。

1592年(文禄元年)正月五日，秀吉命令各军团逾28万人出战，3月13日确定首战部队，编好阵营。概要如下：

派往高丽人员之事宜

第一军团　小西行长、宗义智、松浦镇信、有马晴信等
　　　　　合计一万八千七百人

第二军团　加藤清正、锅岛直茂等　合计两万两千八百人

第三军团　黑田长政、大友吉统　合计一万一千人

第四军团　岛津义弘、毛利吉城等　合计一万四千人

第五军团　蜂须贺家政、生驹亲正、福岛正则、户田胜隆、长宗我部元亲等　合计两万五千一百人

第六军团　小早川隆景、立花宗茂等　合计一万五千七百人

第七军团　毛利辉元　合计三万人

第八军团　宇喜多秀家　合计一万人，并驻扎对马岛

第九军团　羽柴秀胜、细川忠兴　合计一万一千五百人，并驻扎壹岐

总计十五万八千八百人

《毛利家文书》[①]

秀吉的养子宇喜多秀家年仅20岁，秀吉封之为在朝日军总指挥，派其出兵朝鲜。其余12万士兵留在名护屋待命。3月26日，太阁秀吉由京都进驻名护屋，仿佛在向街旁的国人炫耀其华丽的大军。秀吉把日本内政托付给侄子关白秀次，将所有精力投入到朝鲜战争上。秀吉的军队经历过日本战国时代的千锤百炼，数量上也远远超过朝鲜军队，加之还有新式武器——火绳枪。日军接到秀吉严令，开始进攻朝鲜。与日本相比，此时朝鲜全国正规的精兵仅有几千，其中大部分还陶醉在太平之世的梦幻中。

第二节　壬辰倭乱

1　首战

壬辰倭乱首战是小西行长势如破竹的北进。当时丰臣秀吉赐白马予小西行长，命之为先锋将。

---

① 参谋本部：《毛利家文书》，《日本战史 朝鲜战争 本编》，日本偕行社1924年版，第14—18页。

小西行长抵达东大门（《绘本太阁记》收录）

1592年4月13日下午5点，第一军团小西行长、宗义智的军团（以下称小西军）共18700人，乘坐700余艘兵船侵入釜山浦。14日，两国之间最初的攻防战在釜山镇城进行，朝鲜守城将领郑拨奋战至死，城被攻克。15日在东莱城的战斗中，府使宋象贤尽忠战亡。从此小西军再未遭遇任何有组织的朝方军队抵抗。小西军经梁山、密阳、大邱，又在尚州打败了巡边使李镒的军队，10天后攻克闻庆。在天险要塞鸟岭，因朝军没有防备，日军未经战斗就顺利经过。朝鲜朝廷和民间对都巡边使申砬的敢死队寄托厚望，结果28日，日军在忠清道忠州几乎全部消灭了申砬的敢死队。国王宣祖在汉城听到申砬将军“忠州挞川之战”战亡的报告后，立刻逃往开城，然后又逃到了平壤。

另一方面，4月18日加藤清正、锅岛直茂等第二军团(以下称加藤军)比小西军晚些时登陆釜山浦，沿东路急速北上。加藤军举着秀吉赐予的南无妙法莲花经旗，经彦阳、庆州、安东、丹阳，4月29日在忠州与小西军汇合。小西军和加藤军分路进攻汉城，竞争的结果是5月3日小西军率先战抵汉城。战乱开始，仅20天汉城便遭到了日军的践踏蹂躏。当时从釜山到汉城，日军以每天平均20公里的速度进军，并非日军的战斗力卓越超常，而是当时朝鲜的国防能力实属不堪。

5月16日秀吉接到攻克汉城的消息后大喜。两天后向关白秀次通告了统治日本、朝鲜、明朝三国的“25组照会”方针。照会中写道：羽柴秀胜或宇喜多秀家留在朝鲜；秀次为明朝关白，[①]分封他北京周围100多个地方；天皇移居北京，准备天皇出行之必需的物品等。[②]秀吉还设想，自己则居于中日贸易的主要港口宁波，最后他还夸下海口——征服天竺（印度，丰臣秀吉不了解国际形势，以为只要征服中国，征服印度就只是瞬间之事）。[③]

日军占领汉城之后，各军团割占了朝鲜八道即所谓的“八道国割”。其中小

① 令外官——律令中未经设立但名目上代表天皇施政的官职。

② 参谋本部：《前田所藏文书》，《日本战史 朝鲜战争 本编》，日本偕行社1924年版，第33—37页。

③ 牧野信之助：《越前若狭古文书选》，日本三秀社1933年版。

西行长率领的第一军团割占平安道，加藤清正率领的第二军团割占咸镜道，黑田长政率领的第三军团割占黄海道，毛利吉城率领的第四军团割占江原道，福岛正则率领的第五军团割占忠清道，小早川隆景率领的第六军团割占全罗道，毛利辉元率领的第七军团割占庆尚道，宇喜多秀家率领的第八军团割占京畿道。各军团武将开始在各分割地区作战。

釜山镇殉节图（韩国陆军士官学校博物馆所藏）

小西军向平安道进攻，在临津江战斗中打败朝军，5月29日进攻开城，6月15日进攻平壤城。加藤军则进攻咸镜道，7月23日在会宁抓到朝鲜王子临海君和顺和君。他们是为了召集勤王军而被派到咸镜道，结果却成了日军的俘虏。加藤军一鼓作气打过豆满江，攻进兀良哈。[①]战乱开始后不到三个月，除了平壤以北和以全罗道为中心的朝鲜西部地区外，从咸镜道、釜山到汉城、平壤的重要据点都被日本人所控制。

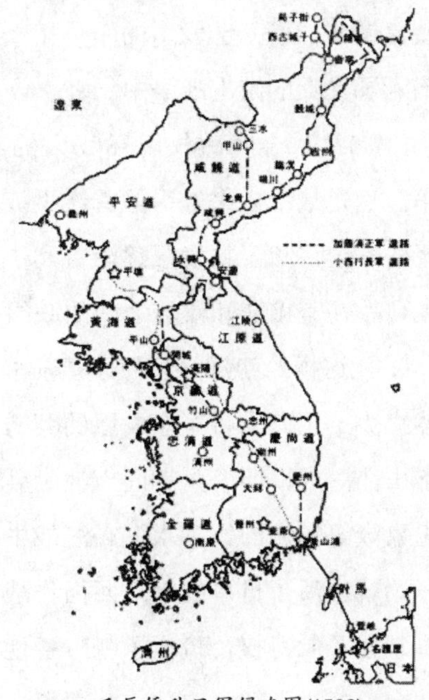

壬辰倭乱日军侵略图(1592)

2 朝方的反击

但是，这样的进攻并没有维持多久。朝鲜自古即有抵抗外族侵略、保家卫国的义兵佳绩。日军践踏朝鲜全国时，各地义兵奋起反抗。日军侵略朝鲜仅9天后，最初的抗日义兵便于4月21日在庆尚道宜宁发动了起义。郭再祐率领的宜宁义兵势力逐渐扩

① 兀良哈：指满洲的一些地区，源于韩国语发音。“兀良哈”在当时的日方记录中出现，在后来的有关壬辰倭乱的记录中几乎都出现过。

大，义兵利用当地的地形优势，打击了庆尚道的日军，在收复庆尚右道的战斗中发挥了决定性作用。后来，庆尚道、全罗道、忠清道、京畿道、咸镜道等地接连发生了义兵起义，僧侣也发动了起义。义兵乃以农民为中心的民众队伍——包括了僧侣和平民。义兵将领，多出自武士家族或儒学家族等社会统治阶层。壬辰倭乱时期的朝鲜义兵将领达133人，[①]很多义兵与日军进行了殊死的战斗。比较首战时朝方军队的战败，义兵起义和义兵活动令人为之振奋。

6月朝廷决定与王世子(光海君)分朝(分成国王的朝廷和太子的朝廷)。光海君率领部下在黄海道等地与南方的各道取得联系，鼓动义兵起义，并开始在很多方面大显身手。义兵积极地参加战斗，朝军也在准备反击。“八道国割”的日军之于朝鲜八道的征服和统治，在朝鲜各地遭到义兵和朝鲜官兵的抵抗。7月开始，朝方在各地与日方开始了激烈的战斗，8月收复清州，9月收复庆州，郑文孚收复镜城。侵入全罗道的小早川隆景军不得不退到汉城，庆尚道的毛利辉元军也陷入了义兵的游击战争中。

10月，金时敏仅用3800人的兵力坚守晋州城，打败细川忠兴的2万日本联军，这是战乱以来取得的首次大捷，这场胜利确保了晋州西部粮仓地带全罗道地区的安全，战况的发展逐渐有利于朝方。朝军士气大增，攻势也越来越猛，渐渐地日军在釜山浦和汉城之间的联络交通也变得愈发艰难。

就这样，朝鲜终于摆脱了陆战中连连败北的局面，开始反击日军。这其中当然也少不了海上将军李舜臣的英勇奋战。李舜臣从5月7日的玉浦海战到9月1日的釜山浦海战，四个月期间十战十胜，消灭了胁坂安治、加藤嘉明、藤堂高虎、九鬼嘉隆等率领的日本水军。海战中，李舜臣率领的朝鲜水军取得了赫赫战果，一开始就击溃了日军的水陆两面作战战略，还阻断了日本军事物资的运输通道。朝方掌握了制海权，疏通了朝方各地之间的联络及物资运输。首战中获胜的日军趁其余勇打进了朝鲜内陆，朝军海上的攻势却令日军痛感孤立和不安。相比当时的国防实力，可以说李舜臣一枝独秀地打击了丰臣秀吉的野心。

---

① 崔永禧：《壬辰义兵的性格》，《史学研究》第8号，韩国史学会1960年版，第17页。

3 明军的参战和议和

当然，提高朝军士气、阻断日军攻击的决定性因素在于明朝派出的援军。日军侵入后，朝鲜朝廷曾有争议，有的主张直接向明朝求助援军，有的主张自主抗战。结果在宣祖的支持下，紧急向明朝派遣了请援特使。开战之前，明朝已从朝鲜、琉球等地接到报告，一直注视着日本不同寻常的动态。长期以来，明朝和朝鲜一直是唇亡齿寒的关系。但明朝在边境叛乱镇压未果的状况下，针对派遣援军也有不同意见：有的主张坚守明朝、朝鲜边境鸭绿江，有的主张直接派兵朝鲜。最后兵部尚书石星的主张占据了主导地位。他认为日军的目的是“侵略大陆”，所以应在朝鲜防御，不然战祸将会殃及中国。获悉日军抵达鸭绿江不远的平壤时，辽东镇部队应急命出动。

6月中旬，虽人数不多，明军已渡过鸭绿江进入朝鲜。7月16日辽东副总兵祖承训率领3千兵力攻击平壤的小西军。明军败。但自此战况发生了变化，战况渐渐扩大成日军对朝、明联军的三国间的战争。因祖承训战败，明朝痛切地感觉到有必要从南方调入炮兵。明朝最终派遣了刚刚镇压了西北边境叛乱的李如松。第二年（1593）正月七日，提督李如松率43000明军，与朝军联合，开始了收复小西行长军营的平壤城战斗。

在明军、朝军压倒性火力攻击下，小西军交出了平壤城，溃退至汉城。在明军的大规模参战下，朝鲜收复了平壤城，朝军看到了希望。小西军的败退大大打击了在朝日军。石田三成等在阵奉行（即督阵官）[①]向秀吉报告了平壤的战败，并让加藤军等各军团集合在汉城防备明军。正月二十六日，日军在汉城近郊碧蹄馆一带为阻止势不可挡的明军南下，以破釜沉舟的决心打败了李如松军以骑兵为中心展开的追击战，日军的碧蹄馆胜利挫败了明军的势头。但半个月

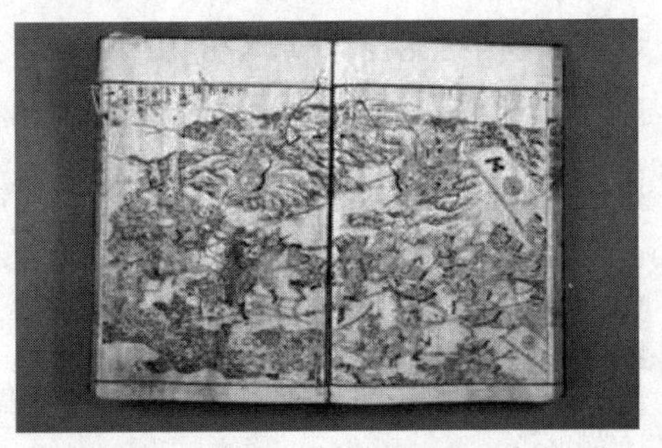

与日军战斗的李如松（《绘本太阁记》收录）

① 奉行，指由丰臣秀吉委派，监督秀吉命令执行情况的人。

李如松 像

之后，日军却在幸州山城之战中大败给权栗率领的朝军，宇喜多秀家、石田三成等负伤。汉城的在朝日军兵力消耗几近五成，军粮和物资也严重不足。[①]

在碧蹄馆之战中，李如松军一败涂地、意志消沉，便想用议和的方式让日军撤退，游击将军沈惟敬和以小西为首的日军开始议和交涉。明朝的目的，是在鸭绿江以南的朝鲜领土上阻击日军，所以明朝也认为与其拼死战斗，不如尽力和平解决。沈惟敬是上一年（1592）8月兵部尚书石星推荐的谋士，他到朝鲜平壤与小西行长会谈，最后达成休战50天的协定。沈惟敬再次全方位地与日军交涉的结果，则是4月8日在龙山会谈中达成的协议，内容即是当时日军返还俘虏的朝鲜两位王子，日军撤出汉城，明朝也撤离明军且派遣使者至日本。

4月18日，日军领着沈惟敬派来的假明朝使节撤出汉城。朝方欲追击撤退的日军，希望和平解决的明朝置之未理，侧面禁止了朝军的战斗行为。日军撤出了汉城，明军也就势南下。6月，李如松部队进驻汉城，宋应昌部队进驻定州，刘綎、吴惟忠部队进驻大邱，王必迪部队进驻尚州，骆尚志、宋大斌部队进驻南原。表面上他们包围了日军，却没有发生战斗，一直处在对峙状态。李如松谋划，拟将沈惟敬、徐一贯、谢用梓等派往日本，令日军撤走。

石田三成等3位奉行和小西行长，带着冒充明朝使节团的徐一贯、谢用梓和沈惟敬到达名护屋，5月23日拜见了秀吉。秀吉让明朝使节团滞留到6月28日，一边推迟和平交涉，一边动员在朝日军，欲占领去年惨败的晋州城(在本书第三部晋州之战中详述)。当时秀吉给明朝使节看的所谓“和平七条”，是自己随意拟定的。

致大明书（大明へ被遣御一書）

一、和平誓约无相违者，天地纵虽尽矣，不可有违变也。然则迎大明皇

① 在朝鲜不到一年，日军的兵力消耗很大，据《武功夜话》第19卷，小西军由出兵时的7千人减到3500余人，加藤军由出兵时的1万人减到5600余人等。

帝之贤女，可备日本之后妃事。

一、两国年来依间隙，勘合近年及断绝矣。此时改之官船商舶可有往来。

一、大明日本通好，不可有变更之旨，两国朝权之大臣，互可悬誓调事。

一、于朝鲜遣前驱追伐之矣。至今弥为镇国家安百姓，虽可遣良将，此条目件之于领纳者，不顾朝鲜之逆意，对大明分八道以四道并国城可遂朝鲜国王，且又前年从朝鲜，差三使投木爪(=契)之好也。余蕴附与四人口实也。

一、四道者既返投之。然则朝鲜王子并大臣一两员为质，可有渡海事。

一、去年朝鲜王子二人，前驱者生擒之。其人顺凡间不混和，为四人度与沉击可归旧国事。

一、朝鲜国王之权臣，累世不可有违却之旨，誓词可书之。如此者为四人向大明唐使，缕缕可陈说之者也。

文禄二年癸未六月廿八日　　　　秀吉朱印

《太阁记》第15卷[①]

迎娶明皇公主作为日本后妃，恢复勘合贸易，明朝和日本两国大臣永誓盟好，把朝鲜南部四道割让于日本，再把朝鲜王子及一至两名大臣作为人质。从其内容上看日本仿佛成了战胜国，但从战况上看，形势对日本却很是不利。石田三成和小西行长应该比谁都清楚，这种情况下朝鲜不会接受秀吉无视朝鲜的主张。而小西行长则想方设法达成和约，和沈惟敬谋划欺骗主君，把心腹内藤如安[②]作为秀吉的议和特使派到北京。

另一方面，6月29日日军攻克晋州城，残杀居民数万，把那一带变成了废墟，然后全军按照秀吉之命令，撤到釜山浦周边加强守备。8月以后，日军相继回国。陆地战场，12月初安康之战是最后一战，之后进入相对稳定的状态。除了1594年李舜臣攻打日本水军的战斗，直到1597年丁酉再乱为止，再也没发生过武装冲突，只是维持了议和交涉的状态。当时，朝鲜是被侵略的当事国，但在议和

① 小濑甫庵：《太阁记》第15卷，日本岩波文库1984年版，第167—168页。

② 朝鲜和明朝记录中是小西飞，基督教大名（领主），1614年幕府把他和高山右近一起驱逐到吕宋。

交涉中却被排除在外。

1594年12月，内藤如安持沈惟敬和小西行长共谋伪造的“关白降表”前往北京。但朝鲜的《宣祖实录》和当时的义兵将领日记《乱中杂录》中也有“关白降表”，以此可推测沈惟敬等人事先告知过朝方。

> “关白降表”的内容如下：
>
> 万历二十三年十二月二十一，日本关白臣平秀吉，诚惶诚恐，稽首顿首，上言请告。（中略）伏望陛下，廓日月照临之光，弘天地覆载之量，比照旧例，特赐册封藩王名号，(中略) 世作藩篱之臣，永献海邦之贡；祈皇基丕(着)〔着〕于千年，祝圣寿绵延万岁。臣秀吉，无任瞻天仰圣激切(饼)〔屏〕营之至。
>
> 《宣祖实录》宣祖二十七年五月二十四日

这是给明朝毕恭毕敬的降书。主要内容是把战争责任全部推给了朝鲜，记下了沈惟敬和小西行长在朝鲜的功绩，希望明朝能将他册封为藩王。这和秀吉提出的“和平七条”截然不同。明廷不知内幕，认为内藤如安是秀吉派来的降服使，便满足了如安的要求，册封秀吉为日本国王，并提出了以下3条：

> 一、自今釜山倭众尽数退回，不敢留住一人。
>
> 一、既封之后，不敢别求贡市，以启事端。
>
> 一、不敢再犯朝鲜，以失邻好。披露情实，果尔恭诚。
>
> 《两朝平攘录》①

主和派石星提出了日军撤离朝鲜后，只册封而不准求贡，朝日修好，日本永不侵略朝鲜等要求。内藤如安担心议和失败，立即发誓遵守此项。明朝对石星和

① 诸葛元声：《两朝平攘录》，《壬辰之役史料汇辑》（下），日本全国图书馆文献缩微复制中心1990年版，第77页。

内藤如安的交涉内容表示满意，决定把秀吉册封为日本国王。明朝派册封正使李宗诚、副使杨方亨一行，于1595年11月，进入釜山小西军军营，继而打算前往日本。可临行前正使李宗诚却得知——秀吉压根儿没有想要得到册封的意思，秀吉只想诱引明朝使臣拘留、侮辱的消息（据说这也是沈惟敬的计谋），李宗诚吓得半夜逃走。无奈之下只好由杨方亨顶替正使，沈惟敬顶替副使前往日本。这期间沈惟敬和小西行长为了事前准备东奔西跑，反复谋划。朝鲜朝廷应沈惟敬的随行要求，派接待沈惟敬的黄慎为正使，携朝鲜使节团和明使节团一同前往日本。

1596年9月1日在大阪城，明朝册封使与秀吉会见授予封王金印，并向秀吉等武将按官级授予官服。第二天，日方为明朝使节摆宴，秀吉等穿明朝官服参加宴会，当天秀吉才知道了事情的真相，明皇帝的敕书中，根本没有提到秀吉所期待的“和平7条”，只是提到“封你为日本国王”。秀吉大怒，马上命令动员大军。沈惟敬和小西行长经数年谋划的议和计划，一下子成了泡影。

第三节 丁酉再乱

1 再侵略

1597年2月21日，秀吉想以武力夺取朝鲜四道，日军总兵力达十四万一千四百九十人，各军团阵营构成如下:

第一军团　加藤清正　一万人

第二军团　小西行长、宗义智等　合计一万四千七百人

每日由加藤清正及小西行长轮流做先锋，务求获胜。

第三军团　黑田长政、森吉成等　合计一万人

第四军团　锅岛直茂、锅岛胜茂等　合计一万两千人

第五军团　岛津义弘　一万人

第六军团　长宗我部元亲、藤堂高虎等　合计一万三千三百人

第七军团　蜂须贺家政、生驹一正等　合计一万一千一百人

第八军团　毛利秀元、宇喜多秀家等　合计四万人

守备军团　釜山浦城(小早川秀秋军一万人)、安骨浦城(立花统虎军五千人)、西生浦城(浅野幸长军三千人)、加德城、竹岛城 合计两万三百九十人

总　计　十四万一千四百九十人

在釜山海、壹岐、对马和名护屋四个地方分别安排船只，确保先锋队每日报告万无一失。

《毛利家文书》[①]

日本大军依次渡海对朝鲜开始了二度侵略，7月到达庆尚道沿海一带。当时的朝鲜因多年战乱，国土荒芜，大饥荒和瘟疫不断，加上叛乱频发，根本无法采取相应的防备措施。与明朝册封使一起去日本的黄慎复命回来汇报后，朝方才知晓了事情的原委，一面防备一面向明朝派使节要求遣派援军。明朝知道议和条约的真相后，把推荐沈惟敬的兵部尚书石星下了大狱。明朝决定再往朝鲜派兵，朝、明再次以联军形式与日军战斗，朝鲜又一次变成了血海战场。

在海上，代替李舜臣作战的是忠清、全罗、庆尚三道水军统帅元均。7月15日在漆川梁海战中大败于日军，元均阵亡，朝鲜水军损失巨大。龟船等朝鲜水军的主力战船全部消失在大海中。后朝廷再次任用李舜臣，但给他留下的仅有12艘战船。再度上任的李舜臣为了阻止日军进军西海，仅以12艘战船坚守南海，为南海的制海权而浴血奋战。

丁酉倭乱日军侵略图(1597)

8月开始，日军正式向忠清、全罗、庆尚三道派军，各地展开激烈战斗。战斗结束后，日军占领全罗道的南原城、全州城和庆尚道的黄石山城，肆意掠

① 参谋本部：《毛利家文书》，《日本战史 朝鲜战争 本编》，日本偕行社1924年版，第201—206页。

夺、残杀。壬辰倭乱时未受伤害的全罗道地区朝鲜百姓，这次成了日军的第一目标，结果让人惨不忍睹。日军武将为立战功，将朝鲜人不分男女老少割下鼻子，腌制后送到日本。秀吉把朝鲜运来的15桶腌鼻埋在京都大佛寺入口，并于1597年9月28日在“耳冢”（其实是鼻冢）前做了佛事。[①]

朝鲜战区扩延至忠清道和京畿道南部时，在朝、明联军的积极攻势下日军逐渐进入守势，并一度退到南沿海附近。日军为了长期守城，以釜山为中心，在各地开始修建倭城。加藤军在蔚山，岛津义久军在泗川，小西军在全罗道顺天修建倭城。12月22日，朝、明联军将加藤军作为攻击目标，包围、袭击了施工中的蔚山倭城。1598年正月四日，蔚山被毛利秀元等援军解救，之前城内加藤军和浅野军极度短少水和粮食，状况极其悲惨。侵朝日军在“蔚山笼城”受到重创，却执意坚守。也许是“蔚山笼城”之痛太过刻骨铭心，在加藤的领地熊本市熊本城附近也有个叫“蔚山町”的地方。

在朝鲜，中、朝、日三国无数将士相互残杀，历经多年战争的秀吉却在名护城扮成卖瓜商人尽情玩乐。他在大阪城举办能乐，在吉野山举行赏花大会，享受着最后的荣华。1598年8月18日，他对自己发动的战争未做交代就离开了人世。

那时起，侵朝日军开始撤军。石田三成撤回了九州。德永寿昌和宫本丰盛却携带5位奉行签名的“锅岛家文书”被派至朝鲜。“锅岛家文书”中写道：“太阁样[②]御烦、弥被成御快气候间、可御心安候。”[③]显然是在隐瞒秀吉的死讯。10月，两人又被派到釜山，直接传达了撤退的命令。但秀吉病故的消息早已传开。[④]9月朝、明联军便向日军发起了总攻。日军边战边撤，撤至釜山浦。10月下旬，日军开始从朝鲜半岛撤军。11月，李舜臣和明、朝水军欲切断小西军退路，11月

---

① 琴秉洞：《耳冢》，日本总合社1994年版。

② 此处“太阁”指“秀吉”，“样”表示尊称。

③ 参谋本部：《日本战史 朝鲜战争 本编》，日本偕行社1924年版，第246页。

④ 宣祖三十一年（1598）八月，朝鲜朝廷陆续接到秀吉病死的消息。具体如下：“……但当灭贼而已。彼之死生，固不关矣。”上曰：“凶贼变诈百出。关白病死，每有其说，固难取信……”（宣祖三十一年八月十七日）全罗水使李纯信秘密驰启曰：“自日本逃还人来言:秀吉七月初病死，凶贼将欲撤归……”（宣祖三十一年八月二十日）侦探人言：“西生之贼，本月初八日移屯釜山，军粮、卜物，连日船运。或云关白已死……”（宣祖三十一年八月二十七日）

17日，岛津军援助小西军撤退，在路梁海战中明、朝联军打败了岛津的军团，但李舜臣最终阵亡。同年日军全部撤退，历经七年的秀吉朝鲜侵略战争告终。

1599—1600年，明朝援军几乎全部回国。朝鲜以没有丢失一寸领土的结局结束了战乱，然而，经日本践踏后的朝鲜已变为焦土，全国各地满目疮痍，横尸遍野。

2 和平之路

秀吉轻率发动的侵略朝鲜的战争最后以失败告终。秀吉死后，丰臣政权开始瓦解。秀赖虽然是秀吉的继承人，但他不过是6岁孺子，根本无法统辖国政。日本的政局卷入了权力斗争中，早已无暇顾及与朝鲜进行战后的交涉。当时的日本当局分为两派：一是德川家康派，当时，德川家康的势力虽然排在第二位，但其实力却得到广泛的认可；另一则是以丰臣政权的继承人秀赖的生母淀君为中心的石田三成派。

战乱后，朝鲜朝廷曾动议征讨对马岛，但最终不了了之。原因是朝鲜不了解日本国内的局势，且当时的首要任务是重建家园，加强防卫。当然，对马岛一直从朝鲜进口大米及其他生活物资，一旦和朝鲜断绝关系，便将面临严重的生活困难。战乱结束一年后即1599年，对马岛的岛主宗义智屡次向朝鲜遣派使臣，遣返俘虏、表达诚意，表现出继续议和的愿望。对此，朝鲜采取了谨慎的态度，并向明朝报告了对马岛议和的意图。朝鲜正在刺探日方动向，1600年正月朝鲜俘虏前左郎姜沆在吉田素庵等人的帮助下回国，详细报告了日本的情况。翌年4月，姜士俊等也逃回朝鲜汇报了日本的情况。内容概括如下：

> （前略）同月二十七日，家康再入秀赖城中，追捕增田右门丞等叛己者十余人，胁令剉腹授首，而又捉石田部卿。平行长。安国寺三者，以徇都市，枭首于京东桥头，且□辉元曰：“汝罪当死，然以汝爱妾及子秀就为质，则可免”，辉元如其言。家康既受其质，又夺辉元食邑八州中六州，而□使为僧也。景胜兵势大炽， 在其邻贼酋来附者，几至六七人，而家康之孽子三河守者，亦背其父，且合景胜、而景胜待其雪消长驱云云，此乃家康之所大忧也。

又有土佐侍从者，在南京路，不附家康，且萨摩侍从岛津者，乃辉元之党也。（中略）对马岛主平义智，漏听我等之思归，欲凭请成，即议于家康。家康乃许，因裁请和书。义智阳言曰："今庚子年，出送姜沆，被俘人物，亦多出送，而尚无许和之意。今则只送南忠元。郑昌世等二人，定和然后，(扫)〔归〕送被掳人云云。"义智，时在倭京大阪，而令家臣柳川下捴，领青山太守（南忠元，上孽妹夫也。）等，二月二十九日，下来于对马岛，未几出来云。且闻壬辰之祸，酿成于义智，详言我国虚实，以致孔棘云，故我等曰："前者背恩忘德，请兵入寇，今虽欲和，我朝必不许矣。"义智麾下曰："前在朝鲜求和之日，欲求割地，今则不顾割地，只欲交邻，通商贾之船云云。"

《宣祖实录》宣祖三十四年四月二十五日[①]

可以说此报告还是比较准确的。宗义智为恢复日朝邦交积极努力，朝鲜朝廷认识到日本局势的变化，对日态度渐渐倾向于互通友好。朝鲜答复对马岛，如果日本把俘虏全部遣返，与日本的议和应该会有进展。1604年6月，朝鲜朝廷派僧侣松云（四溟堂）大师到对马岛。四溟堂为了刺探日本国内局势，从战乱开始时一直从事此工作。他到了对马岛之后，加快了和平交涉的步伐，还同意了对马岛居民到釜山浦进行交易的要求，他也在宗义智的引见下，于伏见城会见了德川家康。

这是战后朝日双方首次正式会见。会见中，德川家康强调自己在关东，并没有参加过壬辰年的朝鲜战争，希望今后两国和平相处。为了表示诚意，德川家康承诺遣返3千多名朝鲜俘虏，并真诚接待了四溟堂。1603年，家康终于成为其期冀已久的征夷大将军(将军的正式名称)，建立了江户幕府，对他来讲恢复和邻国朝鲜的交邻关系是日本朝野的一件迫切大事，家康大大奖赏了宗义智。这时柳川调信家在与朝鲜的交涉中也大显身手，地位亦随之上升。1604年4月四溟堂回国，宗义智和柳川调信对朝鲜恢复釜山浦交易表示感谢，根据先前承诺，5月再次遣返1300多名朝鲜俘虏，以示日本期望早日实现朝日和平之愿望。

这时，满族突然侵入朝鲜北部边境，北方的局势愈发紧张。从当时的国

① 朝鲜史学会编：《朝鲜史》第23卷，韩国景仁文化社1982年版，第926—927页。这是《宣祖实录》宣祖三十四年四月二十五日的摘要。

《朝鲜通信使来朝图》日本神户市立博物馆所藏

际局势来看，朝鲜应该稳定南方，集中精力镇守北方，而不能一味地憎恨突然侵略了朝鲜的日本。朝鲜朝廷为了恢复与日本的邦交，提出了两条先决条件。其一，若恢复邦交须由家康一方先行提交国书；其二，交出宣陵和贞陵的盗墓犯（日军盗窃了第九代成宗和第十代中宗的王陵）。日方接受了朝方的要求。1607年正月应家康邀请，朝鲜派吕祐吉为正使、率540名的朝鲜使节团赴日。德川家康举国欢迎朝鲜使节团，以国宾的待遇热情接待了他们。此使节团作为“回答兼遣返使”，[①]完成了战乱以后邦交正常化的任务。

壬辰倭乱引发的朝鲜人民对日本的憎恨尚未平复，朝鲜朝廷和江户幕府却已建立了友好交邻关系，并一直持续到近代。截至1811年，朝鲜派遣到日本的和平使节团（1636年的第四次开始改为通信使）共有12次，约四五百人次。第12次（1811）是互派外交官在对马岛交涉。除此以外，都是朝鲜通信使从釜山出发，路经对马岛、壹岐、赤间关（下关）、濑户内海的上关、镰刈、韬浦、牛窗、室津、兵库抵大阪，然后从大阪经过连接京都、大津、名古屋、浜松、骏府、箱根、小田原、品川的东海道线去江户交换国书。作为国宾，使节团处处受到热烈欢迎，并与期待访问团一行的日本文人进行了交流。朝鲜华丽的队伍刺激了锁国的日本，传达了异国风采。此外，使节团每次都留下了很多日本游记，实际记录了近世两国的交流情况、当时日本的文化和风俗、朝鲜人的日本观等。

① 回答兼遣返使：该使节团访日的主要任务是回应日本发出的国书，并在回国时，将日本遣返的朝鲜俘虏带回朝鲜。

第三章　壬辰倭乱的影响

第一节　相互间的印象根深蒂固

战争给人类带来的影响并非仅限于人员伤亡和诸般破坏，在以后的思想、文化等方面也留下了不可磨灭的印记。随着时代的发展，关乎历史的评价也会有所不同。但壬辰倭乱这样发生于邻国间的、惨绝人寰的大战，固化了战争双方彼此的印象。

无论壬辰倭乱最初的目的是占领中国还是部分性地割占朝鲜半岛，这些计划终究未能变成现实，未能改变既有的领土归属。因此，显而易见的是日本在这场战争中并没有取得胜利。壬辰倭乱的本质并不在于战争的成败，而在于日本打破了东亚的既有秩序。进攻朝鲜给其带来了莫大的损失，朝日两国间从此也产生了很深的隔阂。在朝鲜对日本认识的变化中，壬辰倭乱起着决定性的作用，我们可从朝鲜对日本的称呼即可看出。例如壬辰倭乱结束120年之后，申维翰作为朝鲜通信使被派到日本，通过其《海游录》中与雨森芳州[①]的对话，即可了解到一

---

① 雨森芳州（1668—1755）：江户中期的朱子学者。在朝鲜的记录中记载为雨森东。他是江户前半期儒学者木下顺庵的弟子，受木下顺庵的推荐，在对马岛做接待朝鲜使节团的工作。他精通朝鲜语和汉语，比之同时代的其他日本学者，他具有均衡的国际意识，曾与幕府的重要官员新井白石争吵。他的作品《交邻提醒》是与朝鲜交流的指南。他主张朝、日两国的交流注重信誉和诚心，该主张现受到很高的评价。

些情况。雨森芳州在长崎学过汉语，为了学习朝鲜语也曾在釜山倭馆滞留，乃当时一位罕见的既通汉语、又会朝鲜语的国际人士，受他的老师木下顺庵推荐，雨森年轻时即在对马岛谋事。作为外交官，他也曾跟随朝鲜通信使到江户，陪伴申维翰旅行数月后，他们之间有过这样的对话：

> 雨森东（芳州）尝于江户客馆从容谓余曰："吾有所怀，欲乘间言之。日本与贵国隔海为邻，信义相孚。敝邦人民皆知朝鲜国王与寡君敬礼通书，公私文簿间，必致崇极。而窃观贵国人所撰文集中语及敝邦者，必称倭贼蛮酋，丑蔑狼藉，有不忍言者（后略）。"辞色甚不平，怒肠渐露。
>
> 余（申维翰）曰："此自易知，顾贵国不谅耳。君所见我国文集，未知何人所著，然此皆壬辰乱后刊行之文也。平秀吉（丰臣秀吉）为我国通天之仇。宗社之耻辱，生灵之血肉，实万世所无之变。为我国臣民，谁不欲脔而食之。所以上荐绅，下厮隶，奴之贼之，语无顾藉。发于文章者，固当如此。至于今日，圣朝仁爱生民，关市（釜山东莱的倭馆）通货，且知日东（日本）山河，已无秀吉之遗类。故遣使修睦，国书相望，大小民庶咸仰德意，岂敢复提宿怨。"
>
> 《日本见闻杂录》①

《雨森芳州像》芳州会藏

芳州懂朝鲜语，他对朝鲜人如此理所当然地使用蔑视日本的用语提出质疑，但对芳州的质疑，申维翰的回答却大大超出了他的预料。从侵略国的角度，那仅仅是过去的事情；但从受害国的角度，却是活生生的历史，战争给受害国的人民留下了难以磨灭的印记。申维翰对发动壬辰倭乱的始作俑者秀吉怨恨不已，芳州也不得不表示理解。朝鲜是这场战争最大的受害国，从申维翰的回答中可以了解，日本在朝鲜无辜百姓的心目中留下了何等印象。近

① 申维翰：《海游录》，《海行总载》第2辑，韩国民族文化推进会1985年版，第14页。

代再次经历了日本帝国主义殖民统治后，这种印象不断加深并一直延续到现在。

历史上，13世纪的元朝、高丽联军也曾侵略日本。当时高丽与蒙古征战40年，最终被蒙古打败，蒙古强迫高丽攻打日本。但当时战争的范围仅限定在北九州，日本受其害并不严重。巧合的是，当时的一场台风（后在日本称之为“神风”）令元朝、高丽的舰船悉遭毁坏，日本大获全胜。此为日本第一次受到他族侵略，这种记忆也牢牢地刻印在日本人心目中。对此，江户时代的诗人北村季吟的俳句书籍[①]《山之井》(1648年发行)中记载道，在京都立春前日(2月3、4日前后)有一风俗，为了防止“蒙古、高丽”入家门，必须锁好大门，门上还要插上沙丁鱼头或刺叶桂花树枝。当时距元朝、高丽进攻日本（在日本叫做蒙古袭来或文永、弘安战役）已过去400年，却在远离九州战场的京都仍保留着这样的习俗。[②]由此可见，要清除刻印于集体意识中的不良印象需要漫长的时间！太平洋战争末期，在美国的攻势下，为坚守日本本土而创建的“神风”特攻敢死队也是受到这种集体记忆的影响。

除了元朝、高丽的那次侵略日本，朝鲜、中国一直受日本的侵扰，如倭寇、壬辰倭乱及近代以来日本发动的侵略战争，加之日本对其他国家的殖民地统治等。中韩两国对日本的认识是否也在这样的历史中形成？不同文化间冲突的极端的表现方式——战争，给对方互相间留下了难以磨灭的印象。在韩国，壬辰倭乱就是一个最为典型的例证。

第二节　日本国内对壬辰倭乱的不同评价

壬辰倭乱使朝鲜遭遇了突如其来的惨祸，因此朝鲜认为，他们与日本有着“万世不共戴天之仇”，而战争的元凶丰臣秀吉就是国贼——“此国贼是我国100年不共戴天的仇家”。那么，近世日本对这场战争和丰臣秀吉作何评价呢？江户幕府主张自己与秀吉侵略朝鲜无关，并表示幕府已为朝鲜复仇，随之与朝鲜

① “俳谐”是一种日本诗歌，以5、7、5调构成，在近代以后被称做“俳句”。

② 延广真治：《“忠臣藏”与蒙古高句丽》，《无限大》78号，日本IBM1988年，第9页。

建立了友好关系。也就是说，江户幕府是谴责这场侵略战争的。

> 其实，有些人说此人（秀吉）有百战百胜的雄图伟略，却没有以德行治理国家的能力。穷兵黩武，他令我邦百万生灵死于敌人剑矢之下，无力将富强传到第二代。（中略）他为国家带来祸水、灾害。理当深刻反思。
>
> 《东照宫御实记》第4卷[①]

前述《东照宫御实记》通常称《德川实记》，而“东照宫”是对德川家康的神化，乃江户后期1849年完成的作品，可称之为“幕府正史”。如上所述，《东照宫御实记》中对壬辰倭乱的记录是负面的。当然，这种评价与维持封建幕府体制、[②]以天下安泰为基本方针的幕府政策有很大关系。

那么，日本国内有关壬辰倭乱的评价皆与幕府的态度一样吗？反观当今的日本便可想而知。发动了侵略战争的日本，很多人难以做到否定自己国家的行为和历史。战乱后的日本，赞美秀吉侵略战争的现象反而一直存续至今。各类记述中除了出兵朝鲜的武将“功勋谈”，还出现了肯定或赞美秀吉侵略朝鲜的各类文学作品。其中，江户时代前期有太田牛一的《太阁样军记之内》（“军记”指军事或战争故事）、竹中重门的《丰鉴》、堀杏庵的《朝鲜征伐记》；江户中期有山片蟠桃的《梦之代》、本多利明的《经世秘策》；江户后期，则有川口长孺的《征韩伟略》、青山延光的《征韩雄志》、会泽正志斋的《退食间话》、藤田东湖的《弘道馆述义》等。

当然也有不少否定及严厉批判秀吉发动侵略战争的作品。如江户前期小濑甫庵的《太阁记》、林罗山的《七武余论》；江户中期新井白石的《读史余论》、贝原益轩的《惩毖录》序文、山本常朝的《叶隐》；江户后期则有伊达千广的《大势三转考》等。[③]这样，在日本对壬辰倭乱的评价，就形成了

---

① 《东照宫御实记》第4卷，《新订增补国史大系》第38卷，日本吉川弘文馆1964年版，第60页。

② 幕府体制是近世日本的统治体制。幕府位于江户，是日本最高的统治集团，监管各地藩主。

③ 参见三鬼清一郎《关于江户时代朝鲜战争的评价》，《历史评论》373号，日本历史科学协议会编辑1981年版。

两种截然相反的观点。一是赞扬秀吉发动的朝鲜战争，称之为东亚展示日本国威的壮举；一是谴责秀吉侵略战争，认为给周边国家和日本民众带来了痛苦与灾难。

这里列举两位近世日本极具代表性的人物，一位是日本国学[①]集大成者本居宣长(1730—1801)，另一位是儒学家、国学家上田秋成(1734—1809)，后者受中国白话小说之影响创作了《雨月物语》一书 。他们两位生活在同一时代，但在语言和思想等诸多方面却有过多次对立性的论争，对秀吉的评价也截然不同。

本居宣长否定太古时代至秀吉发动壬辰倭乱前日本与中国、朝鲜之间的外交关系，他主张日本中心主义的皇国意识，其在《驭戎慨言》中高度评价秀吉出兵朝鲜。从“驭戎慨言”（或“治朝唐中的叹息”）[②]这一书名也可看出其主张。以下引文即为《驭戎慨言》中的一段评述：

> 那些士兵气势汹汹，勇猛如虎，给朝鲜无辜的百姓带来了无尽灾难。真正是百害而无一利。（中略）他们如此炫耀皇国之荣耀，令人畏惧。这种印象在后世的朝鲜和中国经久流传，这自然是丰国神[③]的功绩。
>
> 《驭戎慨言》下[④]

文中言及“朝鲜无辜的百姓”时虽有批判的语气，但在本质上，他认为秀吉侵略朝鲜是向朝鲜、中国宣扬日本国威的壮举。本居宣长对秀吉功绩的赞扬与江户后期水户学[⑤]中对秀吉的赞扬相结合，曾一度风靡近代明治维新以来的日本社

---

① 国学：通过日本的古典文化与文学研究，了解日本固有的日本精神的学问——人们所“想象”的、从中国引进佛教和儒教之前的学问。著名的国学者有17世纪末的契冲，还有荷田春满、贺茂真渊、本居宣长、平田笃胤、大国隆正等。

② 书名大概的意思是，统治朝鲜和明朝时遇到的让人叹息的事情。

③ 丰国神：神化丰臣秀吉的称呼。——译者注

④ 本居宣长：《驭戎慨言》下，《本居宣长全集》第8卷，日本筑摩书房1972年版，第117页。

⑤ 水户学：江户时代在水户藩盛行的学风，第二代藩主德川光国编辑《大日本史》的过程中产生的一股学风或以儒教为中心，综合以国学、史学、神道为基础的国家意识。江户幕府末期，变为以天皇为中心、团结一致打败外国侵略者的尊王攘夷观，对明治维新和后来的近代史有很大影响。

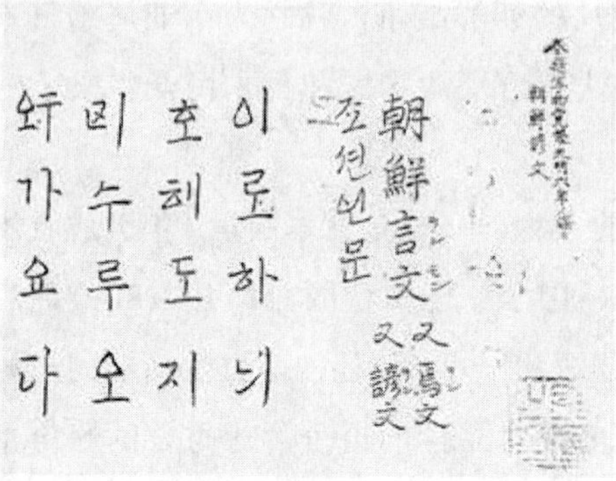

国学家本居宣长的长子本居春庭抄写的《朝鲜谚文》，本居宣长纪念馆 所藏

会。近代日本的“尊王攘夷”论和对外膨胀主义，正体现了本居宣长崇拜秀吉的思想主张。

本居宣长似乎对朝鲜也很感兴趣，在本居宣长的纪念馆里，收藏着他亲笔撰写的关于朝鲜通信使访日的《延享五载戊辰朝鲜王使来朝》，[①]以及其令长子抄写的《朝鲜谚文》（1786年抄写）和《朝鲜国小图》（1592年完成，1779年抄写）。

与宣长观点截然相反的是上田秋成。他汇编了宣长反对论，编写了《安安言》（1792年完成）。上田秋成在《安安言》中对秀吉的评价如下：

> 丰国公征伐外国，对朝鲜的兴师问罪搁置不谈，其实是要征伐明朝，经朝鲜攻打北京，然后占领南京。这种想法非常可笑。一大世界如人之九脏，区别分置，即便掠夺了他国，也不会属于你，而将复归自然原样。（中略）武力镇压也只是一时之逞。正如清朝推翻了明朝之后，联合已有的力量飞扬跋扈，但清朝亦无可能统治数千年。
>
> 《安安言》[②]

秋成认为，即使武力可以一时地侵略乃至吞并他国，但终究无法永远持续那种状态。他用自然的规律——“自然的分配”，来说明并批评秀吉侵略朝鲜是荒谬无理的。18世纪末他即断言，清朝虽然推翻了明朝，但清朝的统治同样不会持久。秋成的预言性主张，明确、彻底地表露了否定外国侵略的历史观。

除了褒贬不同的两种丰臣秀吉评价外，值得一提的还有近代日本对李舜臣将军的评价。从日本的角度看，李舜臣将军是24次打败日本水军的朝鲜英雄。下文

① “来朝”的意思是把朝鲜通信使看做朝贡使。

② 上田秋成：《安安言》，《上田秋成全集》第1卷，日本中央公论社1990年版，第47页。

将对此加以详述。李舜臣是壬辰倭乱时期的朝鲜名将，殉国的英雄，他在日本人心中竟也留下了深刻的印象，后来成为他们崇拜的对象。

第三节 《东国新续三纲行实图》

1392年，朝鲜王朝成立以来，执政者为强化王权和建设儒教国家体系殚精竭虑。外交方面，朝鲜本着如下外交原则推进国际交流——对中国是“事大”关系而对日本和周边国家则是“交邻”关系。朝鲜王朝将儒教作为政治和教育的基本理念，坚持推行“崇儒抑佛”政策，以镇压高丽时代的中心势力——佛教势力。朝鲜在完善儒教制度的同时，还实施了相关奖励制度并力求普及儒教道德的书籍。其中的代表作《三纲行实图》，是以全民为教育对象的儒教教材。“三纲”即形成儒教道德的君臣、父子、夫妻间须要遵守的道理，“君为臣纲”、“父为子纲”、“夫为妇纲”。《三纲行实图》主要将忠、孝、烈——忠臣、孝子、烈女的简单传记作为模范予以绍介。

现存最早的朝鲜《三纲行实图》是1434年(世宗十六年)发行的汉文版，它从中国和朝鲜的古今书籍中选出最符合三纲伦理的330人，每本记载110人，将之分门别类记述于介绍忠臣、孝子、烈女的三部书中。图书构成是前图后文式，第一页是与人物事迹有关的图画，第二页是有关人物事迹的介绍或赞美诗。这样的构成对后来的《三纲行实图》系列作品起了先导的作用。《三纲行实图》搜集的人物以中国人居多，如110名烈女中，中国人有95人，朝鲜人有15人，中国人占了很大的比例。这说明，当时朝鲜时代初期的政治、文化制度都仿效了明朝。

世宗时代发行了《三纲行实图》后，成宗(1470—1494在位)时代印刷了拔萃注解本(从汉文版中拔萃而以朝鲜语解释的书)，中宗(1506—1544在位)时代从朝鲜和明朝建立以来的忠臣、孝子、烈女中选出76名(其中收录朝鲜人56名)，编写了新的《续三纲行实图》。这样，从世宗时代发行《三纲行实图》到壬辰倭乱时期为止，为实施国民教育，共印刷了10次《三纲行实图》，令该书得以普及。[①] 书中宣扬儒教精神的国民教育乃一项国家大事，正是因为受到了儒教的影响，壬辰倭乱时期才涌现出无数的义兵、忠将及烈女。

但因长期的残酷战争，朝鲜国力极度衰退，甚至出现了人吃人的现象，这种状况下，原来的伦理秩序便无从谈起。在战乱惨祸中，人们开始谴责无能的朝廷，为了追求来世，人们开始热衷于佛教。但战乱之后，朝鲜朝廷为了恢复战乱前的儒教道德，稳定统治秩序，整顿民心，将汉城的佛教徒赶出了城外，并严惩违背儒教秩序者。另一方面，则奖励伦理道德的模范。尤其是继宣祖之后即位的国王光海君(1609—1623在位)，他在致力于战乱后复原的同时，也积极推进孝子和烈女旌表（奖励）政策，其代表性的举措则是编纂《东国新续三纲行实图》，专设撰集厅，记录以前的忠、孝、烈人物事迹。此外还搜集壬辰倭乱爆发以来的相关人物事迹，从各地报告资料中挑选并进行大规模的编写工作。《东国新续三纲行实图》历经5年时间，1619年(光海君九年)终于出版。《东国新续三纲行实图》共18册，即孝子8册、忠臣1册、烈女8册、续附1册，搜集了从奴婢到两班各阶层人物1725人，记载了朝鲜全部忠、孝、烈事迹。书中搜集的人物中，壬辰倭乱时期的人物有孝子94人、忠臣54人，烈女436人，共584人。烈女和孝子所占比例较高，说明了壬辰倭乱时期除将士外，普通百姓的受害程度之大。朝鲜全国百姓都饱受了壬辰倭乱带来的战乱之苦。朝廷宣传、表彰了壬辰倭乱时期在敌人面前坚持儒教精神的人，明确将他们视为典范，以期再度实现儒教教育的目的。

因国家财政窘迫，前述《东国新续三纲行实图》的发行数量受到限制，无法实现大量印刷，主要的发行对象是全国的乡校(地方的文庙及附属学校)。朝鲜时代后期，社会渐趋稳定，便更加强调儒教孝行之道，《东国新续三纲行实图》成为朝鲜统治阶层子女的教育用书。

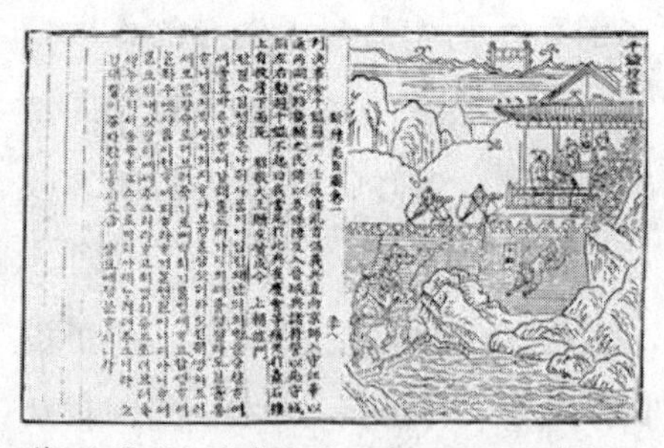
第2次晋州之战中金千镒阵亡的场面《东国新续三纲行实图》收录

值得一提的是，这一时期最为流行的表彰方法，便是根据《东国新续三纲行

① 参见金元龙《三纲行实图刊本考》，《东亚文化》第4集，韩国首尔大学出版社1965年版。

实图》立“旌门”，即在忠臣、孝子、烈女的家门口树立红色的“旌门”，这对普通百姓产生了很大的喻示作用，也可以说是最为生动的儒教伦理教育教材。而且散立于全国各地的旌门，也警示后代勿忘壬辰倭乱国耻从而更加憎恨日军。总之朝鲜朝廷编写的《东国新续三纲行实图》，不仅强化了儒教伦理教育，还将壬辰倭乱战祸和百姓郁愤的主要责任从朝鲜政府推到日本身上，对朝鲜社会稳定起到了一定的作用。

第四节　陶瓷战争、书籍战争、活字战争、俘虏战争

后世之人也将壬辰倭乱称做陶瓷战争、书籍战争、活字战争、俘虏战争。由此可知，壬辰倭乱的另一个特征是日本从朝鲜抢掠了大量的人力、物力资源。关于这方面的先行研究很多，[①]总体而言，朝鲜文化对日本近世文化的影响很大，远远超过了战争中普通文化的传播与融合，而涉及到诸多方面的文化迁移。其中最具体、最突出的就是陶瓷。

众所周知，以壬辰倭乱为契机，日本陶瓷文化得以迅速发展。从朝鲜半岛掠去的很多陶工，被分散到九州为中心的各地制造陶器。有名的有萨摩陶器、唐津陶器、有田陶器、上野陶器、高取陶器、萩陶器等，陶器流派皆源自李参平[②]等朝鲜陶工之手。如今时过400余年，萨摩陶器14代陶工沈寿官[③]的存在，说明朝鲜陶工的后代子孙继承和发扬了家业。当时的陶器是高价商品，日本各地大名（领主）专门建立了与外界隔绝的朝鲜人村庄，使他们维持朝鲜风俗，同时让他们制

① 例如，中村荣孝《日鲜关系史研究》中卷，日本吉川弘文馆1965年版；内藤隽辅《文禄·庆长之役的被虏人研究》，日本东京大学出版会1976年版；金泰俊《壬辰之乱和朝鲜文化的东渐》，韩国研究院1977年版等。

② 李参平认为，日本的代表性陶器“有田陶器（或伊万里陶器）”的祖先，朝鲜半岛出身。日本名为金江三兵或金江三兵卫。壬辰倭乱时期，侵略朝鲜的佐贺藩的藩主锅岛直茂于1598年从朝鲜带走的陶工之一。

③ 沈寿官，沈当吉的14代子孙，壬辰倭乱最后一年即1598年被带到日本，和朴平意一起创造萨摩陶器。沈寿官家一直固执地使用韩国姓氏，继承家业400多年，是萨摩陶器的宗家。

李参平像

造商业陶器。随着陶器产业的发达，陶器的使用扩大到餐具、酒具、茶具等，这对日本的饮食文化和茶道作出了很大的贡献。

作为战利品，从朝鲜掠夺至日本的其他代表性物品还有书籍和活字。明治（1868—1911）初期著名的评论家德富苏峰[1]说过："当时诸武将仿佛要做书籍生意，带来了很多书。这些书能在神田神保町（当时即为有名的古旧书店街）开好几个书店。"可以看出，朝鲜的很多书籍被劫掠到日本。尤其是当时驻汉城的司令官宇喜多秀家、僧侣安国寺惠琼等，争先抢掠了朝鲜书籍。1600年关原之战结束后，这些书籍被新的统治者德川家康收集，家康以这些书籍为中心建立了"骏河文库"，且令当时的著名学者林罗山和僧侣崇传负责管理。德川家康死后，"骏河文库"的书籍分别由尾张的"蓬左文库"、纪伊的"南葵文库"、水户的"彰考馆文库"等御三家[2]收藏。另外统治加贺地区（当时产量达百万石的广阔地区、现石川县）的前田家的"尊经阁文库"、江户初期巨商角仓了以的"角仓文库"以及西日本地区诸侯毛利家的"毛利文库"等，也藏有很多朝鲜书籍。

萨摩苗代川制陶所，《三国名所图绘》收录

早在1234年，朝鲜印刷技术已达到世界的最高水平，朝鲜印刷了世界最早的金属活字本《详定古今礼文》，堪称典范。宇喜多秀家把汉城铸字所的铜活字和印刷机献给了秀吉，后来又献给了皇室。之后1593年，日本发行了用朝鲜活

① 德富苏峰（1863—1957），评论家。原名为猪一郎。明治时期的有名的小说家德富芦花的哥哥。明治初期创建民友社，发行了《国民之友》和《国民新闻》。

② 御三家，德川家康三个儿子没有成为幕府的征夷大将军，御三家是指家康的三个儿子所分到的尾张、纪伊、水户三个藩或指三个家族。这三个藩位于日本的重要地区，是支撑江户幕府的中心藩，与其他的藩有所不同，地位特殊。

字印刷的《古文孝经》。日本的骏河版铜活字也是从朝鲜铜活字学来的。因此，可以说日本印刷技术的发展与壬辰倭乱有着密不可分的联系。现在日本还保存着当时朝鲜的铜活字。当时因日本的油性墨制造技术不足，使得从朝鲜掠夺的10万个以上的铜活字无法使用，所以日本模仿朝鲜的铜活字制造了木活字。

与日本印刷技术突然发展的情况相反，朝鲜却因日军掠夺了活字和相关器材，陷入了70年无法铸造活字的困境。日军抢走了书籍、活字，还掠夺了朝鲜钟、佛画、门、匾额，甚至抢走了石桥。日本人出兵朝鲜，究竟获取了多少战利品？现在具体在何处？留下了多少？以什么形式留传下来？相关的真相至今仍无法全面了解。

综上所述，从朝鲜抢掠来的物资对日本的发展产生了很大的影响。但对日本的产业和文化带来更大影响的是那些被押送而来的朝鲜俘虏，据说人数达数万甚至数十万。这些俘虏和陶工一样，只能靠自己的技术维持生活。下面列举目前学界掌握的一些情况。例如，当时日本高知地方不懂得豆腐的制造技术，朝鲜人朴好仁第一次向他们传授了制造豆腐的秘方；在萨摩藩，郑宗宦传授了防虫剂樟脑的制造法；在九州熊本藩，道庆、庆春兄弟的造纸技术居领先地位；佐贺藩的九山道清传授了制药技术和绢纱制造法；土佐藩中村市近郊的朝鲜织女传授了织布技术；加贺藩的金如铁，建造了叫做玉泉园的日本庭园。金如铁（日本名叫胁田直贤）7岁时，被宇喜多秀家带到了日本。宇喜多秀家是加贺藩主前田利家的女婿，所以，金如铁作为第二代加贺藩主前田利长的亲信长大，成人后成为武士，在德川进攻大阪的时候立了大功，后来又在金泽长期任町奉行之职，在藩里担当了重要职位。除此之外，也有像土佐藩的经东那样凭借精湛的医术声名远扬的人。当然亦可推测，无数没有特殊才能的俘虏在日本各地备受歧视，他们或者默默无闻地死去，或者逐渐融入日本社会。

日本从朝鲜得来的一切，基本都是掠夺所得，在战争的特殊环境下，各种人力、物力资源纷纷流入日本。朝鲜文化迅速而广泛地被近世日本社会接受且在日本扎下了根。由此我们亦可看出日本向来具有积极吸取外界先进文明的文化态度。

据推测，从朝鲜带来的人也有不少孩童。例如晋州城陷落后，余大男[①]被加藤清正军带走。他在日本长大后成为供奉加藤家牌位的本妙寺第三代住持——受人尊重被称为日遥上人或高丽上人。另外基督教徒OTA JULIA[②]也很有名。JULIA被小西行长劫持到日本，在日本成长为忠实的基督教徒，面对迫害她从未屈服，一生信守着基督教信仰。至今，她在韩日的天主教界，仍被看做基督教殉教者及基督教信仰的象征而备受敬仰。长崎等九州一带是日本基督教传教中心，当时很多朝鲜俘虏居住在九州的长崎一带，在异国他乡他们第一次接触到基督教，所以信仰基督教的人越来越多，数千人成为基督教信徒。江户幕府强烈地实行基督教镇压政策，要求他们改换信仰。但基督徒们没有屈服。在日本基督教殉教史的记录中，来自朝鲜的殉教者超过20人。

在押往日本的朝鲜俘虏中，最悲惨的是作为奴隶被卖到欧洲。在长崎大村的奴隶市场，日本的诸侯和葡萄牙商人之间进行了大规模的奴隶买卖。当时的传教士开会研究对策，甚至把与奴隶买卖有关的人从教会里开除。但效果并不大。当时在意大利旅行家弗朗西斯科·卡莱蒂(Francesco Carletti)的记录中提到，作为最廉价商品被卖到世界各地的无数朝鲜人中，留名至今、为后人传颂的人物唯有卖到意大利的安东尼奥·高丽(Antonio Corea)。据推测，佛兰德斯的画家鲁本斯画中的“穿韩服的男子”，可能就是以安东尼奥为模特的画作。这反映了壬辰倭乱同时也是一个俘虏战争。

《穿韩服的男子》鲁本斯，J. Paul Getty 博物馆 所藏

与此同时，日本投降、归化朝鲜者（也叫降倭）也达数千人。众所周知的降倭为沙也可（1571—1642，朝鲜名叫金忠善，号慕夏堂），其出身至今不明，一说是以九

① 内藤隽辅：《文禄·庆长之役的被虏人研究》，日本东京大学出版会1976年版，第298—310页。该书中记录了本妙寺日遥（余大男）和身在祖国的父亲余天甲之间交流的书信内容。

② OTA JULIA（おたあ·ジユリア）：朝鲜两班的女儿。丰臣秀吉的军队侵略朝鲜时，小西行长把她俘虏到日本，做德川家康的侍女。家康喜欢她的美貌和才能，想纳她做妾，但JULIA说这样会辜负上天的意思，拒绝了家康的要求。后来她和几位信徒被流放到岛上，但她的信仰丝毫没有改变，40年之后离开了人世。

州为根据地的松浦党出身，另一说是日本中部地区以杂贺（和歌山市西南地区）为根据地的杂贺众出身，总之出身不明。他向庆尚道兵使朴晋投降后，教朝鲜人火绳枪的制造技术。丁酉再乱时他作为实战部队长和日本人交战，而且立了战功。战乱结束之后，他又参与了国境警备和叛乱平定，在满族入侵时也立下战功，因此受到朝鲜国王的表彰，被升至正宪大夫（正二品）。其后世子孙编写的《慕夏堂文集》留传至今。金忠善的后代目前有5千人以上，自先人开始信仰儒教精神。现在他的宗家在庆尚北道大邱市近郊的鹿鹿洞。

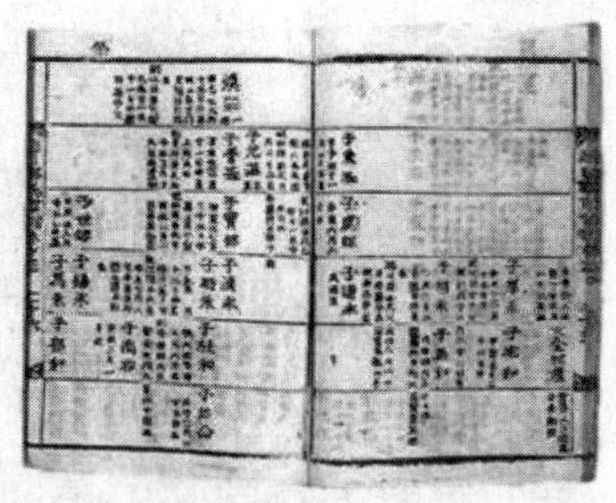
金忠善(沙也可)的族谱

第五节　朝鲜性理学与江户幕府

我们在思考日本文化的影响时，儒学家姜沆（1567—1618）与日本近代儒学创始人藤原惺窝（1561—1619）的相遇十分重要。姜沆是朝鲜时代初期有名的学者姜希孟的第5代孙，师从成浑，深受朝鲜儒学代表人物李退溪、李栗谷影响，是一位开辟了儒学思想新境界的杰出学者。丁酉再乱时期，1597年9月在全罗道灵光前的海上，姜沆全家被藤堂高虎的水军所掳。从大洲移至京都后，姜沆为医生吉田意安撰写的《历代名医略传》写过前言，而吉田意安又将姜沆介绍给了藤原惺窝。1590年，藤原惺窝曾与朝鲜通信使有过交流，那时，藤原惺窝正处于佛教思想向儒教思想转换的过渡期。藤原惺窝在姜沆的协助下，学习了朝鲜的科举制度与春秋释奠（阴历二月和八月在文庙祭祀以孔子为首的四圣、十哲、七十二贤的仪式）等儒教礼仪。另一方面还抄写四书五经、《小学》、《近思录》等所谓“姜沆汇抄十七种”。当时的大学者藤原惺窝已被德川家康任用授课，与姜沆的交流成为一个契机，令之完全陶醉于性理学中，这种思想后由其弟子林罗山等继承。经藤原惺窝推荐，儒学家林罗山掌管了刚刚成立的江户幕府官学（关乎教育、文书、法令、外交等），并在性理学的基础上，树立了江户幕府的政治

姜沆铜像

理念，为幕府官学奠定了基础。林罗山大量收藏、嗜读掠自朝鲜的朝鲜版书籍。姜沆1600年在藤原惺窝、吉田素庵等人的帮助下回到朝鲜，并留下了著名的日本扣留记《看羊录》。

朝鲜性理学中的李退溪学说及以林罗山、松永尺五等藤原惺窝门下四天王为首的学说，很长一段时期对整个江户时代的学术界产生了巨大的影响。李退溪在江户时代受日本儒学家尊重的程度，在朝鲜通信使的记录中也能得到考证，阿部吉雄在其研究著作《日本朱子学和朝鲜》中，比较深刻地论述了李退溪思想对江户早期儒学家代表人物之一山崎暗斋的影响。根据阿部吉雄的记录，朝鲜人编写的相关儒学著作，在江户时代发行的有数十种。但“只有李退溪的重要著作全部得以发行，某些著作还获得再版发行，历经岁月的考验而广为流传”。“甚至有人断言，这些书在日本比在朝鲜受到了更加广泛的传阅和普及。”[①]

除姜沆外，另有纪伊藩儒学始祖李真荣、佐贺藩鸿儒洪浩然等，为朝鲜性理学的传播作出了突出的贡献。日本的朱子学在日本多样化的思想环境中，尤其是在引入并发展了朝鲜性理学的过程中应运而生。

到了朝鲜时代后期，朝鲜也出现了关注日本儒学的儒学家。例如朝鲜后期的大学者丁若镛（1762—1836）在读过近世日本儒学代表人物伊藤仁斋、荻生徂徕、太宰春台的著作后，也在《论语古今注》中这样论说过日本的“文”。

> 日本今无忧也。余读其所谓古学先生伊藤氏所为文及荻先生太宰纯等所论经义。皆灿然以文。由是知日本今无忧也。（中略）文胜者。武事不竞。不妄动以规利。彼数子者。其谈经说礼如此。其国必有崇礼义而虑久远者。故曰日本今无忧也。
>
> 《论语古今注》[②]

---

① 阿部吉雄：《日本朱子学与朝鲜》，日本东京大学出版会1978年版，第423页。

② 今村与志雄：《丁若镛与日本儒者》，《季刊三千里》（1975年2月由旅日朝鲜人金达寿、李进熙、姜在彦等创办的相关研究刊物）1978年第16号，第94页。

丁若镛认为，日本有了懂得礼仪的儒学家，应该不会再度侵略邻国。他表露了对日本无须担心的乐观的看法——“日本无忧论”。丁若镛认为野蛮的民族没有“文”，所以肆意妄为。而儒学思想在日本发展得很好，遵守礼教的文明之国是不会倚仗武力的。虽说他并不赞同伊藤仁斋、荻生徂徕、太宰春台之于经书的解读，但是反对将朱子绝对化的性理学，主张回到朱子以前的、复古主义的儒学古学，在这一点上，丁若镛与他们找到了相通之处，丁若镛也反感之于朝鲜性理学绝对信仰的态度。在《论语古今注》中，丁若镛对日本性理学学者的学说持正反相参的态度，认为儒学是人类理性之基本。就是说，丁若镛和那些日本学者的世界观有相同之处，因之感受到一种欣慰。当然也怀有朝鲜儒学家的良好心愿，期望不再发生壬辰倭乱那样的战争。但此后过了不到一个世纪，朝鲜就再度受到日本帝国主义的侵略，成为殖民地。

第六节　朝鲜的关羽信仰

壬辰倭乱验证了中朝两国唇亡齿寒的关系，明朝不希望自己的国土成为战场，特派援军助朝鲜抗日。明朝的帮助使朝鲜国土得以保全，朝鲜感谢明朝的救国之恩，壬辰倭乱后朝鲜的大多数有识之士也开始对明朝表达了尊敬之意。同时，这种意识在明亡以后则以“对明‘义理’论”[①]的形式展开。因此，我们可以说壬辰倭乱不仅带来了朝鲜对明朝认识的变化，也成为中国文化流入朝鲜并得以传播的契机。

从文化层面上看，通过壬辰倭乱，一方面流入日本的朝鲜文化引领了日本近世文化的潮流；另一方面，中国文化也对朝鲜产生了巨大的影响。因此，史

① 对明义理论：壬辰倭乱时期明朝拯救了朝鲜，朝鲜朝廷为了感谢明朝的再造之恩，提出了“对明‘义理’论”，并以此维持国家的本体性和社会秩序，这也正符合朝鲜继承了“天下正统性”的朝鲜中华思想。明朝灭亡之后，这种思想逐渐演变成对清朝的仇恨。清朝的统治确立之后，士大夫们虽然接触清朝的先进文化，但他们不愿接受，态度一直都很强硬。

无前例的朝、中、日三国战争也成就了意想不到的文化交流。

现在，人们所熟知的朝鲜与中国的主要交流有阳明学的传播、关羽信仰的形成、中国小说的流入及朝鲜汉诗的传入中国等。众所周知，阳明学是明朝中期以王守仁为代表建立的一门学说，批判了朱子学说，排斥朱子学的教条化与形式化，重视实践性，主张“心即理说、致良知说、知行合一说”。王守仁（阳明）的思想很早就传到了朝鲜，却在尊崇朱子学的朝鲜吃了闭门羹，未能在朝鲜得以扎根。然而出战朝鲜的明武将中却有不少是阳明学者，他们让朝鲜改变了自朝鲜王朝建立以来向朱子学一边倒的学问风气。例如，明朝最高指挥官宋应昌的参谋袁黄，曾对朝鲜人宣讲当时的明朝学风，并将朝鲜人看做异端的阳明学推到了议论的风口浪尖。再有，丁酉再乱时，派遣军官万世德曾向朝鲜朝廷提出，要求在朝鲜文庙供奉阳明学的创始人陆象山和王阳明（王守仁）的铜像。明朝的武将探究了曾经兴盛的朝鲜、足以击退隋唐两朝攻击的朝鲜衰落（文弱）的原因，决定通过阳明学的思想建立一种新的风气。这给当时重形式、疏实事、重文轻武的朝鲜敲响了警钟。但处于战乱中的朝鲜王朝无暇接受他者对其学风的批判。在独尊朱子学为正统的世风下，朝鲜朝廷并不关心是否接受阳明学的争论，而更加希望明朝的将帅们取消与日军的议和，在决战中尽快击退日军。

上曰：“遣讲官，学异学而来耶？其言明德、亲民等语（以亲作新为非云云）可知其为学也。虽为阳明之学，用兵亦如阳明，则我国当瞻仰之矣。”[①]

在这样的险境中，朝鲜国王宣祖的心理可见一斑：无论什么思想，只要能击败日军就是好思想，就能给予肯定。对于崇尚义理的朝鲜社会，主张与侵朝日军议和的宋应昌的阳明学很难为朝鲜社会所接受。

大部分朝鲜时代的官僚，在壬辰倭乱后仍维持着向朱子学一边倒的态度，他们否定阳明学，视之为异端。在这样的社会背景下，一个名为郑齐斗（1649—1736）的学者应势而出，他是构建知识、行动统一（知行如一）的阳明学思想体系的朝鲜第一人。虽为少数，但以郑齐斗为中心始见的江华阳明学派潮流，为之后近代朝鲜对抗日本的侵略、为朝鲜的近代化和独立运动提供了理论基础。朝鲜

① 《宣祖实录》第 37 卷，宣祖二十六年（1593 年癸巳 / 明万历二十一年）四月四日（戊子）。

朱子学的优点暂且不谈，朝鲜阳明学的接受过程也证明朱子学独霸天下的思想体系是有缺陷的。

与此同时，现代大部分韩国人对红面长髯、赤兔坐骑、手握青龙偃月刀的关羽有着无比的亲近感。崇尚关羽并将之称为“关帝”，是壬辰倭乱时期明朝传至朝鲜的新的信仰。查阅战乱中1594年的《宣祖实录》，有记载曰：“凡战功，无大将独成之理。故古之祠宇像设之处，必使当时行阵褊裨之属，同在左右。如关王庙，周仓、关平辈。”[①] 可知朝鲜朝廷在一定程度上也知道关王庙的存在，当时明朝的将帅们把关羽当做军神来侍奉或敬拜。到即将结束战乱的1598年，朝鲜国土上真正意义上的关王庙也已建成。驻扎在汉城的明朝将帅杨镐也动员士兵在崇礼门（南大门）外修建关王庙，并向朝鲜朝廷申请木匠等技工的后援。朝鲜最初的关羽祠堂南关王庙（南庙）就这样落成了。1598年5月13日为迎接关羽生辰，朝鲜皇帝宣祖还亲自焚香祭拜关羽。按照明朝崇拜关羽的风俗，朝鲜在明朝军队长期驻扎的地方也修建了关王庙。

明朝神宗皇帝认为，关羽显灵帮助朝鲜在壬辰倭乱中取得了胜利。日军败退后第二年（1599），明朝向朝鲜赠送了匾额。朝鲜政府在汉城东大门外开始修建比南庙规模更大的东关王庙（东庙）。不同于南庙的是，与工程有关的兵役、劳役均由政府承担，尽管当时有所顾虑，担心东庙工程加重百姓之负担，朝鲜政府还是果断启动了东庙工程并于1601年竣工。东庙祠堂的

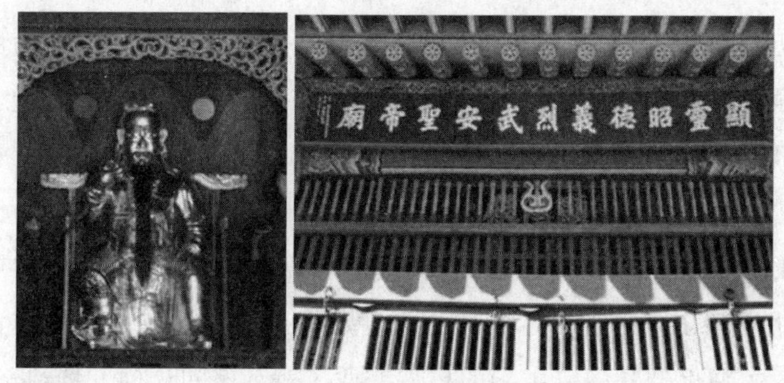

韩国汉城的东庙及关羽像

① 《宣祖实录》56卷，宣祖二十七年（明万历二十二年）十月十七日（辛酉）。

中央有比南庙更大的关羽塑像，关羽像两侧是关羽的养子关平与关羽的爱将周仓。东庙的建筑样式不同于朝鲜其他的建筑，它仿效了中国祠堂与众不同的建筑样式。此后，东庙成为明朝使臣来朝鲜时的必经参拜之地，朝鲜的历代国王在建筑的修缮方面也倾注了不少心力。

如上所述，在神化并崇拜关羽的明朝将帅影响下，关帝信仰传入朝鲜并在壬辰倭乱时以拯救朝鲜的武神形象扎根于朝鲜社会。关羽不仅象征着忠义，此后也渐渐作为道教的关圣帝君成为民间信仰与崇拜的对象。

“南关王塑像，水气润湿，有流下之痕。京城民争传血泪流下云。”[①]

从上述记载我们可以看出，与关帝信仰初期传入朝鲜社会的情况不同，17 世纪后半期，平民百姓在信仰与崇拜中将关羽视为某种神妙能力的存在。与朝鲜社会对阳明学的态度不同，朝鲜社会对关王庙一直持有肯定的态度。关王庙的修建与《三国志演义》在朝鲜的广泛流传有着密切的关系。《三国志演义》在壬辰倭乱后成为深受朝鲜百姓欢迎的读物，关王庙的修建可以说是其中的一个重要原因，两者在中国文化扎根朝鲜的过程中相辅相成。17 世纪《三国志演义》在朝鲜社会颇受欢迎，社会普遍认为，凡不了解刘备、关羽、张飞、诸葛亮的人都应自惭形秽，此后，其内容甚至也出现在科举考试中。在韩国，《三国志演义》普遍被称为《三国志》，《三国志》中三顾茅庐、桃园结义、出师表等典故已融入到韩国语之中，《三国志》在当代韩国依旧备受欢迎。

步入近代以后，朝鲜遭到了包括日本帝国主义在内的外国势力的侵略，陷入了战争的水深火热中。当时，国家主导再次启动关羽祠堂工程。因此在已存的南庙、东庙以及汉城北部、西部新建了关羽祠堂，其他地方也相继增建了很多。当时高宗皇帝（1863—1907 在位）积极推动了关羽祠堂的修建，无疑出自对于关羽的信仰，希望关羽能像壬辰倭乱时一样灵验，将朝鲜从灭亡的危机中拯救出来。但日本帝国主义占领朝鲜后，关王庙有关祭祀活动被正式废除，关羽信仰从国家主导的信仰变成了一种民间信仰，持续至今。400 余年后的今天，格调迥异的东庙依旧存在于汉城且为国家指定的第 142 号文物。

---

① 《显宗实录》第 19 卷，显宗十二年（1671 年辛亥 / 清康熙十年）十月十七日（乙未）。

汉城地铁1号线与6号线换乘站——东庙站，正是壬辰倭乱时中朝关系的象征。

文学方面，壬辰倭乱后，除《三国志演义》外，《西游记》、《水浒传》也传入了朝鲜，逐渐成为朝鲜的大众化读物，且对朝鲜的文学创作界产生了一定的刺激作用。壬辰倭乱是一个契机，可将朝鲜时代分为前后两个阶段。朝鲜时代后期可谓受中国小说影响的时代，出现了800多种小说创作。如朝鲜最初著名的朝文小说——许筠（1569—1618）的《洪吉童传》。《洪吉童传》是批判性地表现壬辰倭乱后朝鲜社会制度矛盾的一部小说。作品通过主人公洪吉童（庶子）的一系列活动，体现了打破嫡庶身份差异、纠改腐败政治体制的改革思想。据悉，《洪吉童传》的创作也直接、间接地受到了《水浒传》、《三国志演义》、《西游记》等中国小说的影响。

需要补充说明的是，壬辰倭乱时，明朝的使臣与将帅对朝鲜的诗赋与书籍等颇感兴趣，也曾收集或索求。通过这些过程，朝鲜的诗歌也曾传入中国。其中一个典型的例子便是在朝鲜评价最高的著名女诗人许兰雪轩（1563—1589）。许兰雪轩是许筠的姐姐，死于壬辰倭乱爆发之前。她的诗据说在中国曾颇受欢迎。壬辰倭乱时曾参战的蓝芳威编纂的《朝鲜古诗》中收有她的诗作25首，《朝鲜诗选》中收录340首诗中也有许兰雪轩的诗作58首，所占比例最大。[①]《朝鲜诗选》（7卷2册）是1598年曾参加壬辰倭乱的明朝文人吴明济于1600年编集而成的一部诗歌选集——收集了他所感兴趣的朝鲜汉诗。如上所述，中国对朝鲜文化也曾颇为关注，即使在壬辰倭乱的战争旋涡中，两国仍坚持了文化的传播与交流。这些文化在各自国家的历史中，经过了保留、湮灭、融合、变异等诸般过程发展至今。

① 赵载坤：《壬辰倭乱时期朝鲜和明朝的文化交流》，《亚洲文化研究》，韩国嘉泉暻园大亚洲文化研究所2002年版，第31页。

第二部

战争、记忆、想象力

从根基上震撼了东亚或世界格局的壬辰倭乱，并未因战争的结束而被世人所遗忘。尤其是在朝日两国，留下了数不清的关于壬辰倭乱的记录和系列作品，令人实实在在地感受到壬辰倭乱带来的冲击。壬辰倭乱当时就已成为各种形式的文学、文艺作品的题材，这种状况延续至今。相关作品有历史记录、战乱日记、从军记、见闻谈、俘虏体会记、武勋谈，以及小说、神话、汉诗、时调、民谣、川柳(近世日本平民定型诗)、歌舞伎(近世日本的平民戏剧)、人形净琉璃（近世日本的平民人偶戏，也叫文乐）等文学类型。通过散文、韵文、戏剧，将壬辰倭乱以文学化的形式表现出来。这些作品涉及极端冲突中的两国之于战争敌方的相互认识，也凸显出特定时代的作家精神等。在文学上，两国对壬辰倭乱这同一历史事件分别进行了不同的虚构，比较它们之间的不同点，也可以了解两国的文学特征。

但到目前为止，两国的研究皆忽略了壬辰倭乱与文学的关联性——即到现在为止，关于壬辰倭乱的研究主要是以历史研究为中心，当然在日本也有以历史人物为中心的研究倾向——例如关于丰臣秀吉的研究，关于壬辰倭乱与文化关系的研究最近也有所增加。但是，相关于壬辰倭乱的文学的体系性和整体性研究尚显不足。[①]在这样的情况下，本书将以截至目前的研究结果为基础，以比较文学的角度或方法来概括说明两国反映壬辰倭乱的作品。

① 纪念壬辰倭乱400周年，围绕壬辰倭乱和韩国文学间的综合性联系，进行了各领域的考察，出版了共同研究书籍《壬辰倭乱和韩国文学》，韩国大宇学术丛书民音社1992年版。

第四章 壬辰倭乱在韩国的文学化

第一节 文学化的背景

壬辰倭乱中，损失最大、受到创伤最多的是朝鲜。朝鲜王朝自1392年建立后，近200年间一直处于和平之中，但这和平却因日军突如其来的侵略被打破。国王弃城而逃，经平壤至义州避难，整个朝鲜半岛卷入了战争的旋涡。壬辰倭乱期间，战乱几乎祸及了所有的村落，各地发生的战役超过100起，死伤者不计其数，甚至有满城百姓皆遭屠杀的惨象。因食物匮乏惨死者亦不计其数。作为邀功证据被日军切鼻或虏回日本者，据推测也达数十万之众。在家人面前被欺辱或杀害，一家人妻离子散不知生死，战乱中经历了生离死别的朝鲜家庭，不计其数。壬辰倭乱不仅是将士的战争，上至国王，下至奴婢，整个朝鲜民族都经历了这场磨难。全国一片废墟，部分幸免于难的山间村落日后被传为“乌托邦”。国民历经的凄惨磨难，在朝鲜是史无前例的。为此，相关经历和体验的记忆，必然在朝鲜民族漫长的历史岁月中，以各种形态无数次地反复呈现。

在朝鲜，日本被描绘成惨无人道的侵略者，是朝鲜不共戴天的宿敌，而派出援军的明朝则被塑造成了施恩之国。最初朝鲜人民对明军是全力支持的。后来明军也渐露了横暴与掠夺的一面，朝鲜人民才强烈体会到自主自强的迫切性及必要性，才客观认清了国际时局。同时朝鲜内部也开始反思导致此等惨祸的原因，诸如朝鲜的备战与防御疏漏百出等问题。

朝鲜社会长期处于和平之中，因此战争初期，朝鲜显得惊慌失措、毫无对策。后历经数次抵抗，民族共同体的意识才开始发挥作用。壬辰倭乱使朝鲜人民空前团结，各地无数义兵自发地组织起义，社会各界和各阶层百姓也纷纷起义，最终完全打乱了日军的侵略计划，使日军的策略不断落空——战局亦从攻势转为守势。历史向来是乱世出枭雄，壬辰倭乱造就的英雄多于以往任何一场战争。壬辰倭乱造就的乱世英豪有以李舜臣为首的金时敏、权栗、金应瑞等朝廷武将，也有郭再祐、金千镒等义兵将帅，甚至还有论介、桂月香等风尘女子。他们的战功和忠义精神通过作品和传说广为流传。

前面已经提过，壬辰倭乱不只是朝日两国间的战争。明军及随明军参战的东南亚地区、非洲和欧洲的参战人员、以日军随军神甫身份访朝的基督教传教士及作为俘虏被携至日本后经中国逃回本国者，也都留下了当时的记录。这些记录描写的是他们的实际体验——即超越朝鲜半岛的、东亚视角下的实际体验。壬辰倭乱成为朝鲜的一个文化交流契机，使朝鲜的对外意识由以往的本国中心扩大至东亚乃至世界。

当然，壬辰倭乱令朝鲜全国一片废墟，同时带来的是国民的战争体验、排日情绪以及因战乱而生的无数英雄。壬辰倭乱也引发了对战乱的客观认识乃至对外意识的扩大。正是在这样的基础上，壬辰倭乱被记录化和文学化。

第二节 实记文学

壬辰倭乱的战争局面在朝鲜王朝正史《朝鲜王朝实录》中有详细记载。另外朝鲜也出现了很多描述战争的记录文学。当然各自所持立场不同——有朝廷执政者的立场、一线武将和义兵将领立场乃至百姓的立场。这些记录文学统称为有关壬辰倭乱的“实记文学”。实记文学数量众多，直到今天仍在不断地被发现。其中主要的作品列举如下：

* 柳成龙《惩毖录》：1592—1598年的记录。作品中作者的爱国之情表现得

尤为突出，被公认为是有关壬辰倭乱的最基本的文献资料。该书后来流传到日本且在日本刊行出版，是朝鲜通信使的必读刊物。

* 李舜臣《乱中日记》：（1592年1月1日—1598年11月17日）李舜臣的阵中手记。

* 李鲁《龙蛇日记》：金诚一的幕僚李鲁所著详细记载战斗情况的作品。

* 赵庆男《乱中杂录》：当时参战的起义军将领所写的野史杂记。

* 赵靖《壬辰倭乱日记》：是参战的起义军所写的见闻与体会。

* 吴希文《琐尾录》：记录名门望族子弟颠沛流离到各地的见闻与体会。

* 郑荣邦《壬辰遭变事迹》：描写书生一家战争中的悲惨遭遇。

* 尹国声《闻韶漫录》：某朝廷官员的随笔。

* 柳袗《壬辰录》：写柳成龙之子柳袗战乱中的体会，朝文版。

* 金涌《扈从日记》：是记录史官忠君的作品。

* 安邦俊《隐峰野史别录》：作者所写的关于壬辰倭乱主要战斗的见闻录。

1849年在日本发行的《隐峰野史别录》封面

由此可见，壬辰倭乱留下了众多记载切身经历与体会的纪实作品，其中很多作品作为历史文献有极大的参考价值。

另外还有一部分作品，是战乱中被抓到日本的朝鲜俘虏的他国体验、见闻。其中著名的有姜沆的汉文版纪实录《看羊录》，描写其在日本四年期间的俘虏经历和日本当时的社会现状。书中有他作为朝鲜官吏、儒学家对当时时局的清醒认识，作者的忧国之情也表现得淋漓尽致。除此以外，郑希得的《月峰海上录》也是比较有名的作品，郑希得的学识在日本也获得认可。还有从日本逃脱经中国后辗转回到朝鲜的鲁认所著的《锦溪日记》。与上述诸作品不同的还有降倭金忠善的《慕夏堂文集》，以其独特的创作风格备受关注。此外还有李肯翊的《燃藜室记述》47卷，编者未详的《大东野乘》72卷等，其中也收录了关乎壬辰倭乱的史书、随笔、漫录等。

第三节 小说文学

1 梦游录系列小说

对战争的记录和描述并未因战争的结束而终止。战争结束后不久，便产生了各种各样的战争虚构作品。例如战乱结束两年后，1600年出版的尹继善的《达川梦游录》，就是一部追悼战争中牺牲的忠君爱国烈士的作品。这部作品是朝日两国首部将壬辰倭乱虚构化的作品。从作品的题目即可看出，这是以梦境为中心的梦游录系列小说。该作具有开拓性，是一部以外敌侵略为背景，讲述作者梦境中倾听冤魂诉说的作品。

作品中的达川是壬辰倭乱初期申砬将军全军覆没的战败地，他摆下背水阵势决一死战，结果大败于小西行长军。作者尹继善来到这样一个历史故地，将自己的感受写成作品。作品描写壬辰倭乱时，以李舜臣为首的27名忠君爱国将领战死沙场，作者让他们一一登场诉说各自的心路历程。故事中各位爱国将领先是诉说各自的郁愤，接着将保家卫国的重任转托给作者的化身——坡潭子（作者尹继善的号），坡潭子从梦里醒来之后，为抚慰爱国烈士撰写祭文，举行祭祀，追悼牺牲的忠君将士。这部作品用特别的方式纪念烈士们的忠君爱国，并使此次战争作为历史的教训铭记于世。

除此之外，描写壬辰倭乱的梦游录系列小说还有《皮生冥梦录》、《龙门梦游录》以及关于丙子胡乱的小说《江都梦游录》。

2 《壬辰录》

朝鲜时代全面叙述壬辰倭乱的代表作品是《壬辰录》。从作品的题名就能看出，这是有关壬辰倭乱题材的作品。作品宣扬的是朝鲜民族精神的振兴和朝鲜对日的民族优越感。日本殖民统治时期曾一度被列为禁书大量销毁。然而至今发现的异本达70余种。这些异本系列作品只是书名相同，皆谓《壬辰录》，但作品的内容、风格却不尽相同。《壬辰录》由不同的故事所构成，故事及其意义具有相对独立性，因此作者可以取舍某一段故事，还可以反映各阶层人士对壬辰倭乱的不同认识。总之《壬辰录》作者不详，写作的年代据推测大致在18世纪到19世纪之间，有朝文本、朝汉混用本、汉文本等多种异本。虽然异本众多为研究其间的关联性带来了难度，但作者与著书年代的不详及形式的多样，正说明它是朝鲜各阶层人士参与编写的关于壬辰倭乱的国民小说。《壬辰录》描写的英雄人物故事以李舜臣为首，包括郭再祐、金德龄、论介、崔庆会、桂月香、金应瑞、四溟堂等。他们的传说直到今天仍被各地作家所引用。

3 关于俘虏的小说

壬辰倭乱时，据推测被强行带到日本去的朝鲜人有几万甚至几十万。[①]这些朝鲜人有的逃出了日本，有的在朝鲜与江户幕府重新建立外交关系时返回了朝鲜，有的在日本安家定居，有的则作为奴隶被卖到东南亚或欧洲，在那儿结束了坎坷的一生。在壬辰倭乱这样一个大背景下，很多朝鲜人沦为俘虏，他们的感受形成了一种新内容的小说——俘虏小说。例如赵维韩的小说《崔陟传》，内容就是妻子被抓到日本，丈夫崔陟逃到明朝，随后夫妻在越南戏剧化重逢，并一起排除艰难险阻回到了祖国。作者不详的《南胤传》讲述的则是，主人公南胤被日军俘获当了俘虏，却与倭王的公主成婚，后在公主帮助下，经中国辗转跋涉奇迹般地返回祖国。此外还有权韠的汉文小说《周生传》，作者不详的朝文抄本《李翰林传》等。

4 其他

还有一系列受壬辰倭乱影响的、内容独特的作品如徐有英的《六美堂记》[②]讲述的是，新罗时代倭寇企图再次入侵朝鲜。新罗金太子挂帅出兵大胜日军，占领了日本的首都江户，逼得倭王投降后凯旋。也有以高丽时代为背景、击退倭敌

---

① 带到日本的俘虏的代表性研究书籍有：内藤隽辅的《文禄·庆长之役的被虏人研究》，日本东京大学出版会1976年版。

② 张孝铉：《六美堂记 韩国古典文学全集17》，韩国高丽大学民族文化研究所1995年版。

入侵的故事《李尹求传》，及明朝派出援军的传奇故事《李长白传》等小说。

毫无疑问，近代日本侵占朝鲜，令朝鲜再次陷入了国难。在此背景下，朝鲜再次掀起了另一波创作的高潮——以壬辰倭乱时期救国救民的英雄传奇故事为中心的创作。小说主要宣扬朝鲜对日的民族优越感，讲述英雄们克服国难、弘扬民族精神。此类新兴小说有《李舜臣传》、《金德龄传》、《四溟堂传》、《金应瑞实记》等。近代之后，出现了许多前述故事的再创作，或以小说或电影的形式再次呈现在人们面前。

第四节　诗歌文学

和壬辰倭乱相关的作品还有汉诗和朝文诗。汉诗在士大夫的文学创作中占据了重要地位，很多经历了壬辰倭乱的知识分子包括官吏、僧侣等，都通过汉诗叙述了自己的战乱经历，表达了战乱时的特别感受。

通过朝文歌词表达和壬辰倭乱相关感受的作品有：李元翼的《雇工答主人歌》，高应陟的《陶山歌》，崔晛的《龙蛇吟》，朴仁老的《太平词》、《船上叹》、《陋巷词》、《岭南歌》，以及在日本度过9年俘虏生活的白受绘的《在日本长歌》、《和安仁寿歌》，还有投降并归顺朝鲜的金忠善的《慕夏堂述怀歌》等。至20世纪初期，金仁谦的《日东壮游歌》(1764)、东学教主崔济愚的《安心歌》(1860)、《汉阳五百年歌》(1913) 等，仍以歌词形式述说着壬辰倭乱。时调作品还包括李舜臣、金德龄、高敬命、李德一、白受绘及一些无名氏的创作。

这一时期的朝鲜国文诗歌以亲历战乱者讲述战乱经历的内容为主，表达了对朝廷官员的不满，作者的忧国忧民之情，朝鲜百姓渴望和平及被俘后的痛苦生活等。诗歌从多个角度直接表述了身处战乱的感受。后世有关战争的作品较少，主要内容也都是表现对日本侵略的愤怒。

第五章 壬辰倭乱在日本的文学化

第一节 文学化的背景

前面也已提到，壬辰倭乱是日本首次发动的海外侵略战争，战争中，日军同样死伤众多，未能达到预期目的就撤了军。但是另一方面，日军从朝鲜带走的无数的人力、物力资源，对近代日本的思想、产业、文化发展产生了很大影响。

下面从文学化的角度，了解一下壬辰倭乱之后日本的情况。1598年秀吉去世，日军从朝鲜半岛撤军，随后日本政局卷入了权力斗争的旋涡。没有秀吉的丰臣政权势力急速衰落，此后在日本形成了两大政权对立的局面。一方为势力逐渐壮大、后居日本第二的德川家康(1542—1616)，另一方则是深受秀吉宠爱的石田三成(1563—1600)。1600年两大势力终于在关原发生大规模武力冲突，战斗中德川家康率领的东军获胜，曾参加壬辰倭乱的石田三成、小西行长(?—1600)率领的西军战败。家康成功掌握了日本政局的主动权，又经两次大阪战役[①]平息了扶持秀吉幼子的残余势力，小西行长部下与九州地区的武士也在岛原之乱（1637）中全部战死。[②]

---

① 大阪冬季战役（1614）和大阪夏季战役（1615）。

② 在岛原之乱中，叛军首长益田时贞（即天草四郎）以及他的同伙大多与小西行长有关联。煎本增夫：《島原之乱》，教育社1980年版，第82页。

在以上接连不断的几次战斗中，曾参加壬辰倭乱的部队多属战败方。死伤者数量上也是参加过壬辰倭乱的士兵占更大比例。在江户幕府的统治下，幸存者无法自由地留下记录或诉诸发行。因此，壬辰倭乱虽经长期战斗，大规模动员了人力，但其的直接经历者留下的记录相对很少。另外，江户幕府宣布与秀吉或秀吉发动的壬辰倭乱全无瓜葛，幕府恢复了和朝鲜的邦交。因此，江户幕府不可能积极地留下任何有关壬辰倭乱的记录。[①]

江户幕府严禁与外国进行交流，对朝鲜也不例外。但是对江户时代的日本人来讲，他们对朝鲜的认识与其他国家不同，对他们而言，朝鲜已由先前的战争敌对国变成当时唯一一个与日本正式建立邦交的国家。对于当时的日本社会，秀吉侵略朝鲜在时间上是最近的一次海外侵略战争，壬辰倭乱对当时的日本人是无法抹去的记忆。[②]此外，被押送到日本的无数朝鲜俘虏的存在及随后朝鲜通信使的到访，也加深了日本社会之于壬辰倭乱的认识。

江户幕府强化了出版物管制，不但禁止有关基督教的书籍流入或发行，甚至禁止提起任何与家康有关的事件及其武士尊名，与秀吉及壬辰倭乱相关的书籍也在管制的对象 [③]之列。在日本，反映壬辰倭乱的相关记录和文学作品是在幕府政府未公开整理记录资料、民间活动受到幕府管制的背景下完成的。对于壬辰倭乱的记录，韩国有称做《朝鲜王朝实录》的正史和称做《惩毖录》的准正史，中国有《明史》、《神宗实录》等正史，而日本却没有正式的记录。因此可以说，日本在这方面与韩中两国的情况截然不同，这也是日本有关壬辰倭乱的记录类作品的特征 。

壬辰倭乱在日本的文学化形式，大体可分为短篇记录类、壬辰倭乱系列作品(日语称朝鲜军记物)、文艺化的系列作品等几类，以下我们将逐一介绍各种形式文学作品中壬辰倭乱的文学化过程。

---

① 《宣祖修正实录》，宣祖三十九年十一月一日。

② 江户时代的人们普遍把神话故事“神功皇后的三韩征伐”当做历史事实来理解。而且，江户时代人们认为秀吉是继神功皇后之后发动了侵略朝鲜战争。

③ 江户幕府有关丰臣秀吉的禁言令持续了200多年，这段时期江户幕府不仅禁止政府对丰臣秀吉进行公开的记录，民间有关秀吉的出版物也受到处罚。

第二节　与壬辰倭乱相关的短篇记录类

江户幕府在对以前政权的历史不做整理的同时，也限制幕府以外的任何民间整理活动，因此日本有关壬辰倭乱的记录具有以下明显的特征：首先，朝鲜、明朝有关壬辰倭乱全貌的整理均出自国家层面。相比之下，日本有关壬辰倭乱的记录篇幅却较短，视野也相当狭窄。初期仅有参战者见闻谈、报告书、武勋谈等。然而，江户幕府越禁止越让那些壬辰倭乱曾经的经历者心有不甘，他们无法忍受自己及其将帅或先人的战争经历被世人遗忘。因此，诸多经历了战争胜利及痛苦的记录类作品应运而生。这样的记录只是以抄写本的形式留传下来，并未获得发行，幕府对此也无可奈何。

综上所述，江户初期壬辰倭乱的相关作品多数以壬辰倭乱参战武士的武勋及其战争经历为主题。显然主题是有限的。相关作品大致有代录、备忘录、书信、报告书、日记、见闻谈等。

此类有关壬辰倭乱的记录按作者的身份、地位分类，可分为有学问的参战武士记录与从军僧侣记录两类。[①]日本战国时代的军记（日语的“军记”是指军事故事、战争故事）多为将帅随从——御咄众[②]的记录，他们的记录主要持拥护本部将帅之立场。与此相同，壬辰倭乱中名将带领的御咄众（部下或是领属之地的僧侣），同样基于本部将帅的立场留下了相关记录。[③]

下面我们仅举其中一例有关加藤清正的短篇记录。这篇记录曾是众多的短篇记录中数量最多、也最受欢迎的一篇。参加壬辰倭乱的武将记录中，有关加藤

① 以下为完成日期较为可靠的参战武士记录——《吉野日记》、《清正记》、《清正高丽阵备忘录》、《朝鲜征伐记》、《高丽日记》、《立花朝鲜记》、《朝鲜渡海日记》、《西征日记》、《朝鲜日记》等。

② 御咄众：日本战国时期到江户初期诸侯手下的谋士或亲信。丰臣秀吉带领很多御伽众，与主君谈论主君的政治和军事，谈古论今。亦有御伽众、相伴众、谈判众等称谓。

③ 该时期人物中相当于此类人物者有大村由己（1536—1596）和太田牛一（1527—?），大村由己的《天正记》和太田牛一的《太阁样军记之内》等。

清正及其手下的记录很多，这是此类文学作品的特点之一。除在前面的注释中提到的《清正记》、《清正高丽阵备忘录》，还有一度被称为《木村又藏备忘录》的木村又藏的《清正记》、天野源右卫门的《清正记》等，各种初期的记录都被保存下来。尤其是江户时代，对加藤清正感兴趣的江户人增多，讲述壬辰倭乱时况的加藤记录也越来越多。这种对于加藤的崇拜逐渐膨胀，与小西行长、石田三成相关评价的逐渐降低趋势形成鲜明的对比。江户时代人们关注加藤清正的另一个理由，也可能是因为加藤的处境和秀吉很相似。秀吉死后其子秀赖被灭门得到了江户人的同情。[①]1611年加藤清正死后，加藤家族因和幕府在政治上有些冲突，1642年幕府将加藤的儿子忠广和孙子光正逐出领地，加藤家族自此败落。当时，经历了壬辰倭乱的那一代人已不在人世，已经到了他们的儿子或孙子的时代。某种意义上来讲，正如同《清正记》序中看到的那样：通过某个参战者之子收集编写的众多参战者记录，反映了17世纪中叶日本社会对加藤清正的肯定的态度。这些初期乃至后世有关加藤的记录均展现出了一个正面的加藤清正，对此后加藤在日本社会中被神化的过程也产生了很大的作用。

如果把这些短篇记录类按照作者的出生地或其所属军队分类，就能发现其中的一些倾向性。即作品中有关先锋队第一军小西行长的记录很少，而有关先锋队第二军加藤清正、锅岛直茂等的文字记录却很多。这说明后者更多地受到江户时代的关注。另外，关于第四军岛津的记录，很多是由他的后人参与完成于壬辰倭乱结束数十年之后。例如关乎岛津的记录更多是对于先人的颂扬，[②]尤其是《征韩录》，作者岛津久通是壬辰倭乱时期率第四军攻打朝鲜的岛津义弘（1535—1619）的后代。岛津久通在序文中说：“本想宣扬奕代功勋功德，但工作繁杂，无暇一一辑写。近代吾之祖先，随秀吉参与了征伐朝鲜，在异域弘发武威，为国立功，扬名四海。后世诸家族反而责难于彼，吹毛求疵。”[③]为颂扬祖先伟业，

---

① 津田三郎：《秀吉・英雄传说的轨迹——人所不知的历史背阴》，日本六兴出版社1991年版，第81页。

② 岛津久通：《征韩录》6卷6册，1671年有他的“跋文”，因此可以得知，该书正是此期完成的作品，该书收录在《战国史料丛书 岛津史料集》中。

③ 岛津久通：《征韩录》，《战国史料丛书——岛津史料编》，日本人物往来社1966年版，第321页。

日本高野山上的《高丽阵敌我方供奉碑》

岛津久通完成了这一记录。自此我们可以看出，岛津曾热衷于宣扬壬辰倭乱时期包括自己在内的日将的战功。1597年他以供奉那些战争中遭其杀戮的朝军与明军将士之名义，在高野山立下“高丽阵敌我方供奉碑”，大肆夸耀自己的战功。[①]在这方面，《征韩录》与之完全是一脉相承。

此外，有关《征韩录》值得一提的还有，明治维新以后，“征韩论”曾震撼日本政局，也是日本最后发动1877年西南战争的原因。此内容将在近代日本关系史中详述。

第三节 壬辰倭乱系列作品（朝鲜军记物）

如上所述，有关壬辰倭乱的短篇记录类作品在日本逐渐累积。这些短篇记录大多仅以作者的直接经历与感受为记录对象，范围、视野受到限制。上文也曾提到，江户幕府并没有拿出全面整理壬辰倭乱的举措，幕府的立场并不希望百姓知晓任何与丰臣秀吉有关的故事。但数十万日军长达7年在朝鲜半岛与朝军、明军交战，战争带来的震撼是经历者无论如何都无法轻易忘掉的。同时，好奇是人的普遍心理，幕府越是封锁消息，日本民众就越想了解壬辰倭乱的全过程。尽管有幕府的严格管制，但在综合、整理参战者短篇记录的基础上，一种与壬辰倭乱有关的新型的纪实性作品终究问世。这种情况下产生的壬辰倭乱军记作品，统称而为“壬辰倭乱系列作品(日语称‘朝鲜军记物’)”，上述与壬辰倭乱有关的短篇记录类，广义上同样属于壬辰倭乱系列作品，但本书所称的“壬辰倭乱系列作品”指的是狭义的记录壬辰倭乱全貌的作品。

我们可以推断，壬辰倭乱系列作品是分三个阶段完成的。

第一阶段，壬辰倭乱系列作品作为“太阁记系列作品”（是丰臣秀吉生平传

① 北岛万次：《丰臣秀吉的朝鲜侵略》，日本吉川弘文馆1996年版，第246页。

记的统称）的重要组成部分，整理了壬辰倭乱7年的全过程。这个时期的代表作品有小濑甫庵的《太阁记》。此书第12—16卷，是关于壬辰倭乱的内容，作为整个《太阁记》的重要组成部分，也主导了《太阁记》的整体脉络。

第二阶段，超出《太阁记》仅整理丰臣秀吉传记的范畴，专门记录壬辰倭乱的“朝鲜征伐系列作品”。此系列的最初作品是堀杏庵的《朝鲜征伐记》。从作品中可以看出，它不仅参考了《太阁记》中提到的有关壬辰倭乱的全部情况与诸多短篇记录，同时，还吸收了中国部分资料中的内容。第二阶段尽管比第一阶段有所进步，却依然未能展现作为主战场的朝鲜对壬辰倭乱的看法，因此叙述中存在不符合事实的一面。

第三阶段，在“朝鲜征伐记系列作品”的基础上，增添了1695年日本京都发行的朝方资料《惩毖录》，此时“壬辰倭乱系列作品”才名副其实具备了完善的体系。日本完成了壬辰倭乱的整体构图。比较同时期的韩国、中国，日本此时对此段历史的确有了更深的理解，但日本的作品普遍表现出强烈的日本中心主义，在这一时期有关壬辰倭乱的作品中明显表现出某种二元性——追究事实的初衷与日本中心主义的观点。这二者是互相矛盾的。这种矛盾被后来的壬辰倭乱系列作品以及明治维新以后日本有关壬辰倭乱的研究继承下来。

1 太阁记系列作品（太阁记物）

如上所述，在记录各武将壬辰倭乱武勋的作品流行过程中，也许就已经显现出了某种趋势——将出现记录秀吉和壬辰倭乱的军记作品。但对秀吉的记录与其他武将不同，它具有以下几个特点。首先，秀吉不是普通的武将，他是日本的统治者，所以在规模上对他的记录超过了对其他武将的记录。其次，7年的壬辰倭乱加上壬辰倭乱前后的一段时间，占据了秀吉的后半生。记录其他武将时，仅记录了其与壬辰倭乱有关的部分。而关乎秀吉的记录，无论采取任何形式都理所应当地会展现出壬辰倭乱的整个过程。因此，与秀吉相关的记录统称为“太阁记系列作品”（日语称“太阁记物”）。[①]

---

① 主要作品有《天正记》、《太阁样军记之内》、《川角太阁记》、《太阁记》、《丰镜》、《丰臣秀吉谱》等。

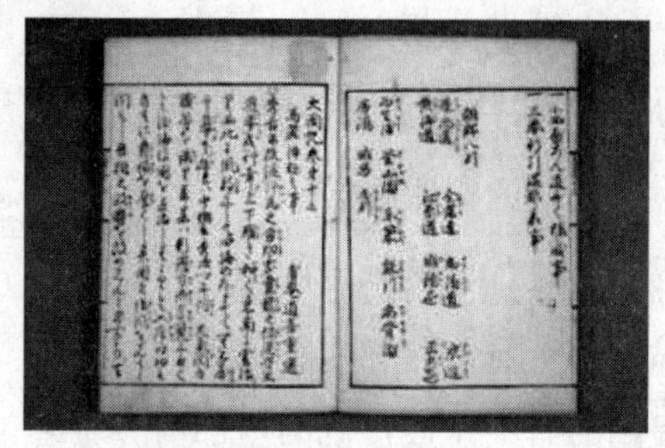

《太阁记》卷十三

太阁记系列作品中，最初的代表作是《天正记》。《天正记》的作者木村由己（？—1596）是秀吉的侍从，每当发生重要大事，他就以备忘录的形式记录下来，后汇总这些记录写出了《天正记》。除了《天正记》，木村由己还为秀吉撰写了由秀吉亲自上演的“能”剧剧本。他与秀吉交往甚密，《天正记》里记录的内容对后来同类作品的创作影响很大。《太阁样军记之内》的作者太田牛一也曾是秀吉的随从，他以织田信长、丰臣秀吉以及后来的德川家康为记录对象，留下了亲权力派的一些作品。其中记录秀吉的有《太阁样军记之内》和《丰国大明神临时御祭礼记录》，记录织田信长的有《信长公记》，记录家康的有《关原御合战双纸》等。他对各个时期的执政者并未采取批判的态度，但其所记作为记录历史重要时期的初期作品不可或缺。尤其是《太阁样军记之内》和《丰国大明神临时御祭礼记录》，记录了壬辰倭乱前后秀吉的活动情况。小濑甫庵的《太阁记》原封不动地参考了这两部作品。

小濑甫庵在汇总这些初期记录的同时，也留下两部作品，这两部作品从江户时代开始一直广受欢迎。前面提到，太田牛一对小濑的写作影响很大，小濑甫庵本着增补或改编太田牛一作品的初衷，参照《信长公记》编写了《信长记》，参照《太阁样军记之内》和《丰国大明神临时御祭礼记录》编写了《太阁记》。尤其是小濑甫庵的《太阁记》，更是受到了大众的广泛欢迎。后来，这类作品统称为“太阁记系列作品”，可以说江户时代发行的“太阁记系列作品”，多少都受到过小濑甫庵的影响。而且，小濑甫庵的《太阁记》是壬辰倭乱以后第一次整理壬辰倭乱整个过程的作品，意义重大。虽在搜集先行研究资料方面仍有局限，整理资料方面也带有主观倾向，对战争敌国朝鲜与明朝也知之甚少，但是，小濑甫庵的《太阁记》毕竟是整理壬辰倭乱全史的最初作品，后在它的影响下出现了“太阁记系列作品”以及江户时代的无数相关文艺作品。

2 朝鲜征伐记系列作品（朝鲜征伐记物）

太阁记系列作品和短篇记录类相比，在理解壬辰倭乱全貌的角度上，明显比短篇记录类更占优势。但在太阁记系列作品中，即使最全面记录壬辰倭乱的小濑甫庵的《太阁记》，也难免受到资料限制或眼光狭隘的影响。这一层面上，《太阁记》（1633）发行20多年后，堀杏庵发行的《朝鲜征伐记》（1659）进步却很大。《朝鲜征伐记》是专门记录壬辰倭乱的划时代的作品。小濑甫庵记录《太阁记》时对资料进行了诸多改编，[①]而《朝鲜征伐记》的作者则仅仅汇总了其所搜集的所有资料。我们可以推测，《朝鲜征伐记》客观性较强的最大原因是参考了中国方面的资料。

据考察，《朝鲜征伐记》参考中国方面资料的根据有如下几点。第一，《朝鲜征伐记》里出现了很多明朝和朝鲜的固有名词，而《太阁记》里除日本的固有名词和用日语读音标记的朝鲜地名外，明朝和朝鲜的人名几乎都是空白。[②]如此说来，《太阁记》发行之后的20年间明朝和朝鲜的资料流入日本的可能性是很大的。第二，《朝鲜征伐记》频繁出现“倭”字，说明参考日本资料的可能性不大。第三，《朝鲜征伐记》非常详细地记录了壬辰倭乱时明朝廷内部的动态、明军的人员构成及活动情况。尤其是在第四卷里，记录了明朝皇帝和日本使臣之间详细的对话内容，可以肯定这绝对不是日本的内部资料。[③]此处要补充说明的是，《朝鲜征伐记》里记录的有关明朝方面的信息比柳成龙的《惩毖录》更详细。柳成龙的《惩毖录》是朝鲜壬辰倭乱相关资料中最权威的作品。另外，《朝鲜征伐记》里记录的朝鲜固有名词和一般的朝鲜资料称呼不一致（例如，对于朝鲜壬辰

① 继出版了《朝鲜征伐记》之后，人们开始对《太阁记》中改编的资料议论纷纷。关于此方面的研究有桑田忠亲校订的《太阁记》，日本岩波书店1984年版；柳泽昌纪的《太阁记》和《朝鲜战事相关纪事的虚构——以日期改变的样态为中心》，日本近世文学会《近世文学》1997年第3期。

② 《太阁记》中，与壬辰倭乱有关的明朝和朝鲜的人名，有第14卷的“晋州城攻防战”记录中的木曽（此人物在壬辰倭乱文艺化中的重要意义将在后面详述），第15—16卷的“明日会谈记事”中的申惟敬、谢用梓、徐一贯。

③ 堀正意：《朝鲜征伐记》，日本早稻田大学出版部1913年版，第37—40页。

倭乱时期最伟大的英雄李舜臣，文中仅仅标记为“李统制”）。[①] 除此之外，作品中处处强调明朝形象，却出现了对朝鲜的负面评价。据此我们似可知晓《朝鲜征伐记》参考的不会是朝鲜的资料。[②]

壬辰倭乱的相关记录中，小濑甫庵的《太阁记》等“太阁记系列作品”，对壬辰倭乱的记录是秀吉人生传记中的一部分。《朝鲜征伐记》是江户时代初期完成的最初的全面记录壬辰倭乱的作品。《朝鲜征伐记》对后来的“壬辰倭乱系列作品”有很大的影响，在它的直接影响下，出现了以“朝鲜征伐○○”为题目的一系列作品，壬辰倭乱系列作品中的很多作品也延续了它的基本框架。[③]

3 壬辰倭乱系列作品的完成

“壬辰倭乱系列作品” 中叙述的壬辰倭乱和壬辰倭乱的实际展开情况基本一致。小濑甫庵在《太阁记》里对壬辰倭乱有很多主观的叙述。在这一点上，“壬辰倭乱系列作品”与《太阁记》大有不同。如前所述，壬辰倭乱是日本发动的历时7年的大规模海外侵略战争。但前述作品中对战争的纪实性记录却相对较少。虽然其中也有一些参战武士与将帅御咄众（谋士）的短篇记录类作品，也有初期搜集、整理前述记录的小濑甫庵的《太阁记》等。但这些作品片面地强调了一方的勇猛或一方的观点，战争对象国朝鲜与明朝之于战乱的看法却未能传至日本。幕府施行锁国政策，人们满足于道听途说地知晓发生在海外的离奇故事。然而步入近代成熟期之后，日本大众开始有了新的要求，越发强烈地想要知道壬辰倭乱的真相。此时正值明清交替之际，日本与朝鲜开始交流，日本引进了朝鲜和明朝有关壬辰倭乱的作品。日本的知识分子在接受和重新解释这些作品后，将之吸收到自己的作品中，此即“壬辰倭乱系列作品”。如前所述，位于壬辰倭乱系

① 堀正意：《朝鲜征伐记》，日本早稻田大学出版部1913年版，第85页。

② 诸葛元声的《两朝平攘录》有以下值得关注的地方。一是出版年份，《两朝平攘录》的出版年份为1606年（万历三十四年），《朝鲜征伐记》的出版年份为1659年；二是《两朝平攘录》的有些内容十分相似于《朝鲜征伐记》，比较《朝鲜征伐记》第6页“朝鲜国始末之事”、《两朝平攘录》第442页的相关记述、《朝鲜征伐记》第37—40页“日本两使入朝笔谈”和《两朝平攘录》第463—468页之内容，可以发现两者的相似之处。

③ 属于“朝鲜征伐记系列作品”的作品，主要有《朝鲜征伐记》和《增补朝鲜征伐记》，还包括《朝鲜征伐军记讲》、《朝鲜征伐记评判》、《绘本朝鲜征伐记》等。

列作品第二阶段的朝鲜征伐记系列作品，估计已收集到了中国方面的相关资料。另外，当时还发生了一个划时代的事件——朝鲜的准正史《惩毖录》流入日本后开始发行。

《惩毖录》作者柳成龙像

说起壬辰倭乱，《惩毖录》不可忽视，它对壬辰倭乱系列作品的完成起了决定性作用。下面我们一起来了解一下《惩毖录》。

《惩毖录》的作者柳成龙（1542—1607，号西厓）是李退溪的弟子，也是慧眼识珠提拔李舜臣的政治家和儒学家，战乱期间历任兵曹判书、领议政、四都体察使等，身居统筹国政的朝廷要职。战乱后他被撤职，回故乡后开始专心投入有关战乱文书的整理及写作。1604年（宣祖三十七年）终于完成了草本《惩毖录》。《惩毖录》是战乱时期朝廷执政者对战争的反思，也表达了作者忠君爱国的精神。朝鲜是壬辰倭乱的当事国之一，也是壬辰倭乱的主战场，因此在朝鲜发行了很多关于壬辰倭乱的作品。有的作品是客观记录事实真相的历史书，有的则是以幻想方式施行重构的传说，各自基于不同的观点和立场。但其中的《惩毖录》在内容和历史观上都远远超越了其他作品，作品记录了历史真相，获得了高度评价。《惩毖录》由“总论”、“芹曝集”、“辰已录”、“军门誊录”和“录后杂记”构成。

《惩毖录》是以草本《惩毖录》→16卷本《惩毖录》→2卷本《惩毖录》的顺序完成的，16卷本或2卷本《惩毖录》大致出版于1647年。柳成龙死前，《惩毖录》在朝鲜国内已广泛流传，[①]在此过程中由译官带到日本的可能性很大，但未有确凿证据。

《惩毖录》传入日本后，主要以和刻本的形式发行。1695年（元禄八年）正月京都二条街的大和屋伊兵卫以朝鲜的2卷本《惩毖录》为基础，添加了当时儒学家代表贝原益轩的序文和朝鲜地图以及日本式读音标记。日本版《惩毖录》共

① 追记壬辰年期间发生事件的早期作品，名为《惩毖录》，后流传于世，《宣祖修正实录》，1607年（宣祖四十年）。

有4卷，内容和朝鲜的2卷本完全一样，只是卷册分法不同而已。其实《惩毖录》介绍到日本的时期更早，1695年4卷本《惩毖录》发行前，早在1693年发行的松下见林的《异称日本传》里，《惩毖录》即以摘编的形式被收录。①

总之，可称为朝鲜国家机密的《惩毖录》能够在日本发行，是值得一提的大事。那么，当时日本是怎样接受《惩毖录》的呢？通过贝原益轩的《惩毖录》序文便可知道。他在序文中说：“《惩毖录》，柳相国（指柳成龙）著。惩毖即‘惩前毖后’之义，通过考察以前的祸乱来防备后世的祸乱。此书文章简洁，语言质朴，后世夸大事实的作品远不能与之相提并论。欲论征伐朝鲜之事，可藉此书作依据。”日本版《惩毖录》的发行，对意欲了解壬辰倭乱真相的日本人产生了很大的冲击。

如上所述，包含明朝观点的《朝鲜征伐记》发行之后，日本又发行了详细记录朝鲜方面内幕的《惩毖录》。可以说日本有关壬辰倭乱的信息与观点，在某种意义上超越了明朝和朝鲜。

柳成龙的《惩毖录》传到日本之后，逐渐为“壬辰倭乱系列作品”及其他直接、间接反映有关朝鲜的江户文艺作品所接受。②可以说，壬辰倭乱系列作品是在《惩毖录》的直接或间接影响下完成的。能够体现其影响的是《惩毖录》发行10年后日本发行的巨著《朝鲜太平记》（30卷、1705年发行）和《朝鲜军记大全》（38卷、附刊2卷、1705年发行）。这两部作品是在《惩毖录》的影响下完成的。例如，仅看《朝鲜太平记》第30卷“邓子龙、李舜臣之事”和《朝鲜军记大全》第38卷的“李舜臣战死之事”就很清楚。前面提到在《朝鲜征伐记》里李舜臣被记为李统制，《惩毖录》发行之后，近世日本人才得知，壬辰倭乱最后海战中的朝鲜名将叫李舜臣。另外，《惩毖

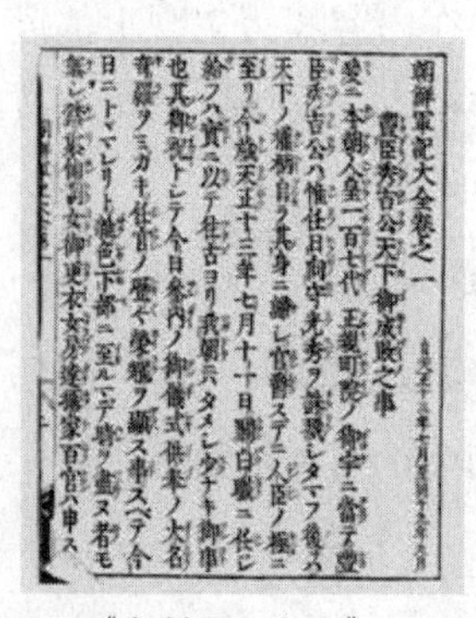
朝鮮軍記大全巻之一
豊臣秀吉公天下御成敗之事

《朝鲜军记大全》

① 松下见林：《异称日本传》第二册，日本国书刊行会1975年版，第1491—1554页。

② 1695年发行《惩毖录》之后出版的壬辰倭乱系列作品有《朝鲜太平记》、《朝鲜军记大全》、《朝鲜征伐军记讲》、《朝鲜征伐记评判》、《绘本朝鲜军记》、《征韩杂志》、《绘本朝鲜征伐记》、《朝鲜征讨始末记》等。

录》把李舜臣的战死放在煞尾处，《朝鲜太平记》和《朝鲜军记大全》也继承了《惩毖录》的构图，两部作品都把李舜臣的战死排在结尾（只是两部作品在李舜臣记事后添加了中国、日本的战后处理记事）。这样，《惩毖录》被日本人接受后为日本人进一步了解壬辰倭乱提供了一个契机。

另一方面，即使日本已经知道了敌对国的观点，记录壬辰倭乱的作品仍旧维持着江户时代确立的日本优越主义之倾向。近世日本的优越主义，也就是说，对日本华夷意识的形成起决定性作用的正是壬辰倭乱。

第四节 近现代日本和壬辰倭乱

1 近代日本和壬辰倭乱

近代日本关于壬辰倭乱的系列作品，大体上是以日本模式的华夷意识为基调。它在强调日本武将功勋的同时，也能够客观地呈现战争发展的全过程。可以说，描写日本与其他民族战争的作品，刺激了在幕藩体制下生活的人们打破幕藩辖制、建立近世国家的思想体系。这样的思潮使日本产生了民族优越感。这种思想间接地与明治维新后的国家思想体系相结合，给近代日本的对朝认识及对朝政策带来了影响。壬辰倭乱作为存活的历史再次登上历史舞台。

明治时代初期的征韩论（近代的侵略朝鲜论）和甲午战争暴露出日本侵略大陆的野心，因此具有政治和军事双重意义的壬辰倭乱，就再次受到了关注。在此期间，日本印刷、出版了各种类型的壬辰倭乱系列作品。明治政府于1898年又开展了纪念丰臣秀吉逝世300周年的盛大活动，表现出其积极将丰臣秀吉英雄化的态度。秀吉出身平民却能大有作为，不仅登上了最高统帅的位置，而且使日本威震东洋。历史上，秀吉对日本帝国主义扩张政策颇具影响力，因而成为备受崇拜的对象。壬辰倭乱也被评价为“秀吉实现征讨大陆之伟大抱负的事件”。将壬辰倭乱列为太阁传记中的一个事件，换言之就是将这一事件作为“太阁征朝”或“太阁征明”的象征，深深地刻印于近代以来的日本社会。

首先，我们考察一下《征韩录》和“征韩论”的关联性。《征韩录》和“征韩论”发生的地域同是萨摩藩，这两部作品都与明治维新的主角西乡隆盛、大久保利通有密切的联系。兜售征韩论的西乡隆盛和江华岛事件的主导者大久保利通，接受的都是宣扬岛津家功勋的教育。壬辰倭乱期间，岛津家出兵朝鲜并立战功。出生于萨摩藩下级武士之家的西乡和大久保自幼年起便接受藩校的乡中教育，藩校教导他们，藩主在朝鲜的活动皆为正当的行为，他们正是在这样的教育背景下成长。他们学习的五个科目中，有背诵的部分，背诵的内容主要是与壬辰倭乱相关的“猎虎物语”和“历代歌”。此外，岛津义弘在出征朝鲜前还为神社献上了自编舞蹈（祈求神的庇佑及战争胜利）。对萨摩藩来说，“征韩”作为自豪的象征，影响着17世纪的《征韩录》和19世纪的“征韩论”。[①]

如果追溯“征韩”的认识，始自“神功皇后征伐三韩”，元朝、高丽攻打日本之后，则赤裸裸体现在相关书籍上。尤其是壬辰倭乱系列作品里的相关描写——神功皇后征伐三韩后，朝鲜成为日本的朝贡国，但在日本战国时期，朝鲜以战乱为由疏怠了贡品的进献，作为惩罚，秀吉毅然征伐朝鲜，这个理由似乎很说得通。很多萨摩藩人都受过这样的教育，对他们来讲朝鲜不仅是单纯的邻国，而且很容易和“征韩”结合起来。

在日本帝国主义初期阶段即朝鲜、清朝遭受日本侵略的时期，日本就“征韩论”进行过热烈的讨论。在同一时期，日本大范围地印刷、出版了壬辰倭乱系列作品与壬辰倭乱相关的记录。[②]这样的状况一直持续到日本吞并朝鲜，帝国主义的野心从朝鲜扩张到东南亚。

其次，尽管江户时代初期记录类和壬辰倭乱系列作品以抄本、印刷本的形式已广为流传，但作为学术研究对象得以流传却在明治时代。连接这两个时代的

---

① 琴秉洞：《耳冢》，日本总和社1994年版，第138—141页。

② 1894年（明治二十七年）日俄战争时期出版的松本爱重辑《丰太阁征韩秘录 第一辑》（日本成欢社）由《朝鲜征伐记》、《吉野日记》、《朝鲜南大门合战记》、《西征日记》构成，公告中记载了之后将陆续发行的目录即《朝鲜征伐记》、《朝鲜记》、《高丽阵日记》、《清正松云问答录》、《高丽船战记》、《高丽渡》、《小西一行记》、《本山丰前守备忘录》、《立花朝鲜记》、《征韩录绍幽物语》、《朝鲜往还日记》、《增补朝鲜征伐记》、《竹内备忘录》、《清正家》等。樱井义之：《朝鲜研究文献志 明治·大正编》，日本龙溪书舍1979年版，第66页。

壬辰倭乱系列作品，则是水户藩彰考馆总裁川口长孺在1831年(天保二年)出版的《征韩伟略》五卷五册。《征韩伟略》通过评论史料，以实证的方式弘扬了秀吉的“征韩伟业”。有评价如下：“近代史学史中有关秀吉的侵略朝鲜史研究，大多以川口长孺的叙述为基本脉络，其他作品也都是在此基础上增加了一些新的观点，积极地批判或借鉴了《征韩伟略》的内容。”① 值得关注的是，《征韩伟略》中有关朝鲜方面的记述同样参照了《惩毖录》。并且，《征韩伟略》中包含的基本的历史资料有《朝鲜征伐记》、《西征日记》、《征韩录》、《两朝平攘录》等。《惩毖录》是人们公认的了解壬辰倭乱的史料。同时，初期记录类和壬辰倭乱系列作品也具有同样的参考价值。

明治时期的日本原封不动地继承了上述认识，曾一度将初期的记录类及壬辰倭乱系列作品里的虚构因素当做“事实”来理解。这里仅以其中古谷清关于“北关大捷碑”的研究为例。“北关大捷碑”乃为纪念壬辰倭乱中义兵将领郑文孚的功绩而建——郑文孚在咸镜道吉州与加藤清正军作战并取得胜利。日俄战争后的1905年，日军将石碑作为凯旋的证据迁至东京，放置于靖国神社。然而石碑运送至日本后，古谷曾认为碑文的内容是伪造的。因为在初期记录类的《清正记》、《清正高丽阵备忘录》等著书中没有加藤军战败的记录。但此说遭到朝鲜史编修会和池内宏等研究朝鲜方面史料的人士的反驳。②不仅是古谷的研究，明治时期进行的关于壬辰倭乱的研究，很多也是以初期记录类、壬辰倭乱系列作品为依据。这些作品在甲午战争和日俄战争的时代背景下，以鼓吹吞并朝鲜和宣扬日本帝国主义侵略为目的，被日本政府所利用。从古谷的主张到朝鲜史编修会及池内宏主张的转换，表明了日本对这些记录的认识有了改变。但是这样的转换不是为了批判当时的日本帝国主义，反而是在寻找学术依据——为支持日本统治朝鲜进行的实证主义研究寻找学术依据。而从历史学的角度评价，史料参考价值（指的是事实性）较差的作品会受到严厉的批判。在史料价值和文艺价值方面，连《太阁记》也都没有得到好评。③

---

① 北岛万次：《丰臣政权的对外认识与朝鲜侵略》，日本校仓书房1990年版，第23页。

② “北关大捷碑”，在北岛万次的《丰臣秀吉的朝鲜侵略》（日本吉川弘文馆1996年版）中有详细记载。2005年从靖国神社遣返韩国政府，后来送到朝鲜。

③ 高柳光寿：《近世初期的文艺》，日本岩波书店1934年版，第25—36页。

后来，关乎《惩毖录》的认识也发生了变化。日俄战争时期《惩毖录》受到极大的关注，但1910年日本帝国强占朝鲜后，《惩毖录》的内容却变成了统治殖民地的基本根据。德富苏峰从《近代日本国民史》100卷中调查了日、朝两国关系的资料，于1921年、1922年陆续出版了《丰臣时代朝鲜役》上、中、下卷。

此外，1924年日本参谋本部编写、出版了《日本战史朝鲜役》，此书是在朝鲜殖民地化的背景下编写的。

在这样以政治、军事为目的的社会主流背景下，出现了由近代日本代表作家编写的、以壬辰倭乱为题材的短篇小说。如森鸥外的《佐桥甚五郎》(1913)和关东大地震后芥川龙之介的《金将军》（1924）等。森鸥外的《佐桥甚五郎》描写的是被家康驱逐的佐桥甚五郎倭乱后作为朝鲜使节团的一员访问日本的故事。而芥川龙之介在《金将军》里巧妙利用了桂月香在平壤城刺杀小西行长的朝鲜传说，表现了其独特的历史观。这是芥川龙之介关于朝鲜的唯一一部作品（本书第四部详述）。

2 现代日本和壬辰倭乱

日本在第二次世界大战中战败后，无法回顾、反省壬辰倭乱。基于战败国的立场，即使是过去的历史，毕竟是自己引起的战乱，因而也无法像以前那般坦然，很少有人关心壬辰倭乱，但朝鲜战争的特殊需要（因提供朝鲜战争特需品而获得的收入）使日本进入了经济高速增长的20世纪60年代，人们对韩、日间恢复邦交开始议论纷纷，发表的有关作品涉及近世以后韩日关系的出发点——壬辰倭乱的新视点研究。

日本对壬辰倭乱的理解渐渐发生了变化，认为它与朝鲜的殖民地及后来的独立历史有关，也与日韩关系史等重要事件相关。因此，日本也在深入地展开韩国方面能够认可的壬辰倭乱的客观研究。这种变化，不仅表现在壬辰倭乱的历史研究上，也扩展到了文化和文学的研究领域。客观理解各种文化交流的研究正在增加。文学研究领域里，也从秀吉、太阁传记的研究向壬辰倭乱有关的文学研究方向发展。

其中，1964年泷口康彦发表的《朝鲜阵拾遗》是具有开拓意义的短篇小说，该作以《太阁记》里登场的濑川采女正的逸话为题材创作，展现了秀吉的鲁莽战争给日本人民带来的巨大痛苦，充满了反战意识。在这一作品里，朝鲜人没有登场，而是从日本人的角度对秀吉引起的战乱提出了批判，它和后来问世的相关系列作品具有关联性，所以说具有重要的意义。

1965年，历经波折的韩、日邦交终于正常化，和壬辰倭乱有关的作品以前所未有的素材和内容结构陆续出版。特别是1988年汉城奥林匹克运动会后，韩国人海外旅行自由化，1998年金大中执政期间，韩国对日本大众文化实施开放政策后，两国国民的交流飞速发展，社会对韩流、日流也能十分自然的接受。在这样的趋势下，以壬辰倭乱400年为题材的长篇小说陆续推出。

截至2000年出版的作品，按顺序略述如下：

（1）姜魏堂《活着的囚徒》（『生きている虜囚』，新兴书房、1966）：描写制作萨摩陶器的苗代川朝鲜人部落的成立和变迁的史实作品。

（2）司马辽太郎《难忘的故乡》（司馬遼太郎『故郷忘じがたく候』，“增刊文艺春秋”104号，1968）：以小说的形式描写作者司马与萨摩陶工沈寿官的相遇。

（3）远藤周作《铁枷》（遠藤周作『鉄の首枷』，中央公论社、1977）：长篇小说，描写小西行长表面上服从丰臣秀吉，暗地里却在反抗秀吉。

（4）森礼子《三彩之女》（森礼子『三彩の女』，主妇友社，1983）：以女性作家的视角，描写在日本成为天主教殉教者的OTA JULIA一生的长篇小说。

（5）宫本德藏《王使》（宮本徳蔵『王使』，新潮社，1991）：描写壬辰倭乱前，作为使节被派遣到日本的金诚一的活动及之后战死的中篇小说。

（6）宫本德藏《虎炮记》（宮本徳蔵『虎砲記』，新潮社，1991）：冈本越后守冴香作为加藤清正的火绳枪部队长出征，作品描写了他的投降与奋战，对以沙也可为主人公的其他作品有先驱的作用。

（7）小田实《民岩太阁记》（小田実『民岩太閤記』，朝日新闻社，1992）：长篇历史小说，纪念壬辰倭乱400年，以一个远渡朝鲜的日本平民的视角描写战乱的悲惨景象。

（8）神坂次郎《海的伽琴》（神坂次郎『海の伽琴』，德间书店，1993）：

长篇小说，描写了杂贺众[①]火绳枪部队铃木孙市郎（后来的沙也可）队长的出征、战败与投降的故事。

（9）长谷川勉《归化的侵略兵》（長谷川つとむ『帰化した侵略兵』，新人物往来社、1996）：长篇小说，描写的是火绳枪部队长沙包门的出阵与投降，以及他作为降倭将领“沙也可”活动的故事。

（10）荒山彻《高丽秘贴——暗杀李舜臣将军》（荒山徹『高麗秘帖－李舜臣将軍を暗殺せよ』，1999初刊，祥传社文库、2003）：描写小西行长的忍者阻止藤堂高虎的忍者暗杀李舜臣的长篇小说。

（11）宫本德藏《海虹妃》（宮本徳蔵『海虹妃』，新潮社，2000）：长篇小说，描写朝鲜名门之女与村上水师的武将来岛通之的生死之恋。

综上所述，在近代以后的日本，以壬辰倭乱为题材的作品层出不穷，[②]战前有森鸥外、芥川龙之介、中岛敦等作家陆续刊出的作品，战后有司马辽太郎、远藤周作、森礼子、宫本德藏、小田实、神坂次郎、长谷川勉、荒山彻等很多作家的创作，多为正式出版的、关联于壬辰倭乱的长篇小说。但这些小说中却没有关乎战乱历史的记录，也没有描写战争中广为人知的英雄、名将，而是倾向于把战争中出现的、具有象征性的、至今影响两国关系的人物作为主人公。

近、现代日本关于壬辰倭乱的作品和近世日本的壬辰倭乱系列作品不同，下面将按时代先后概括一下近、现代日本和壬辰倭乱相关作品的特征。

第一，直至日本帝国主义强占朝鲜半岛以前，对大部分的日本作家来说，壬辰倭乱只是一个政治、军事题材而非具有独立意义的主题。当然，具有独到见解的芥川龙之介的《金将军》不在此列。

第二，韩日邦交正常化以后，随着两国国民的交流日趋活跃，关乎壬辰倭乱的正式作品呈现出增加的趋势，这些作品主要采用长篇小说的形式。就是说，这个时期的文学作品，相对于以短篇小说为主要类型的近代文学作品，逐渐向长篇小说转变。

---

① 杂贺众：占据纪伊半岛西南部的军事集团，以火绳枪武装，是日本战国时期最强的雇佣兵团。

② 如2005年出版的江宫隆之的《沙耶可——降倭义将》（日本桐原书店）等。

第三，现代日本，已完全从丰臣秀吉传记的一部分—— “太阁记”那样的观点中转变出来，而将壬辰倭乱的历史小说化。描写中的一个特色在于，并非以加藤清正那样本国的战争英雄为中心，而是描写韩、日关系中具有象征性意义的人物，如以沙耶可(金忠善)为主人公的作品较多，其他焦点人物还有萨摩陶工沈寿官、为天主教殉教史增色的OTA JULIA等。

第四，作家方面，与其他领域相比，以在日韩国人、韩国人结婚伴侣、有韩国生活经历者或与韩国有深厚渊源者居多，最近的主要作品也有韩语版。[①]

第五，近代以后表现作家历史意识的作品居多。作品的主流倾向已非秀吉崇拜或夸耀日本武将的功勋，而是批判秀吉的侵略战争。

综上所述，壬辰倭乱相关作品按时代的不同具有不同的特征。在日本，无论近世还是现在，创作一直在进行，作品类型主要有近世小说、近现代短篇和长篇小说，甚至也有其他新的作品类型出现。想必今后壬辰倭乱的文艺化也将渗透到电影、戏剧、游戏等各个领域中去。

① 宫本德藏的《虎炮记》和《王使》、小田实的《民岩太阁记》、神坂次郎的《海的伽耶琴》、长谷川勉的《帰化侵略兵》，已被译成韩国语出版。

第六章 与壬辰倭乱相关文学的蔓延

通过上述内容可以知道，关于壬辰倭乱，日本与朝鲜的文学界分别以不同的形态展开描述。首先，从参与文学创造的社会阶层来看，朝鲜几乎各阶层人士都参与了创作，而日本却相对地仅限于一定范围的社会人士；其次，在记录的系统性与观察视野方面，朝鲜出现了诸如《惩毖录》等系统记录战争全程的作品，也有一系列从较小视野范围记录战争的文学作品，两类作品是同时出现的，而日本则相反，壬辰倭乱后仅出现一些短篇记录。17世纪中叶，继朝鲜征伐记系列作品出现之后，尽管日本在努力地逐渐克服这一局限，然而在当时江户幕府的统治下，日本最终未能出现诸如朝鲜王朝的《朝鲜王朝实录》及朝廷发行的《李忠武公全书》[①]之类翔实记录壬辰倭乱的作品。在江户时代，日本从未以政府的立场做过和壬辰倭乱相关的文学记录。

朝鲜有关壬辰倭乱的文学记录则站在全民经历战乱的角度，运用各种题材着重勾勒了战乱给人民带来的悲惨的现实经历，并在记录中体现了人民的忠义精神和战胜国难的决心。与此同时，日本也在揭示壬辰倭乱真相的方面不断地努力，并持续发行了壬辰倭乱系列作品。壬辰倭乱系列作品一方面强调了日本武将的武勋，另一方面也体现了日本在客观揭示壬辰倭乱战争全貌方面做出的努力。

---

① 1795年(正祖十九年)朝廷受敕命编辑。《李忠武公全书》，李殷相译，韩国成文阁1989年版，第23页。

当然，日本描述壬辰倭乱的很多作品对近代东亚起到的作用是，刺激日本本国的民族主义，并进一步强化日本作为东亚中心国的优越感。如果说朝鲜通过壬辰倭乱相关文学作品展现了日本的侵略与野蛮形象，日本则通过相关作品向日本大众注入了面对朝鲜的敌对意识并展现了朝鲜人的懦弱无能。壬辰倭乱留下的伤痛并没有随着时间的流逝愈合，而是形成了隔离韩、日两个邻国关系的一道鸿沟，朝、日两国便是在这种状态下进入了近代，并以不同形态实现了本国的政治、经济复苏。明治维新以后，日本开始走上帝国主义的道路，丰臣秀吉作为名震东洋的日本威武英雄得以复活，朝鲜则推出了相关的英雄人物传记——壬辰倭乱中为保卫祖国而牺牲的李舜臣等民族英雄传记。[①]现代社会，与近代国家主义倾向不同的是，文学界主要以反战意识为主题，从一般民众和文化的角度再度审视壬辰倭乱并谋求某种意义的扩展与延伸。

同时，中国也曾有过记录这场战争的记录性作品如《明神宗实录》、《明史日本传》等正史，宋应昌的《经略复国要编》、诸葛元声的《两朝平攘录》、茅瑞徽的《万历三大征考》、翟九思的《万历武功录》以及萧应宫的《朝鲜征倭纪略》等战争记录作品，还有《斩蛟记》、《莲襄记》、《水浒后传》、《野叟曝言》等一系列有关战争的作品。[②]我们认为，其中的《两朝平攘录》对日本的壬辰倭乱系列作品形成有一定的影响，《水浒后传》则对曲亭马琴的小说创作有很大影响。[③]

此外通过当时耶稣会传教士的报告，壬辰倭乱事件也为欧洲国家所知。17世纪西班牙文学史黄金时代的著名代表性剧作家洛佩•德•维加（Lope de Vega）在其作品《日本王国中信仰的胜利》（*Triunfo de la fe en losreinos del Japón*）一书中，记录了两个韩国人米格尔•德•高丽（ Miguel de Corea）与佩

① 举李舜臣一例，朴殷植于1907—1908年在《西友学会月报》连载的“人物考”中论及“李舜臣”，日本吞并朝鲜之后，他到上海用汉语撰写了《李舜臣传》，使中国读者了解了李舜臣。申采浩于1908年在《大韩每日申报》里连载了《李舜臣传》。赵东一：《韩国文学通史4》，韩国知识产业社1989年版，第298—325页。

② 古田岛洋介：《中国文学中的日本人形象》，平川祐弘等编著，《内壁》，日本TBS Britannica（ブリタニカ）1990年版，第26—33页。

③ 后藤丹治校注：《椿说弓张月》，日本岩波书店1958年版，第10页。

德罗•高丽（Pedro Corea）的故事——在日本天主教迫害下，于1614年在口之津殉教。[①]这种情况也说明壬辰倭乱的余波已影响到欧洲。到了近代，小西行长以憎恶白人的将帅形象出现在法国小说中，这一事例也体现出壬辰倭乱事件在欧洲文化中的另一种面貌。[②]因此，壬辰倭乱并不是单纯的一时一地的战争，在各国的文学中都留下了或深或浅的印记并因此得以再生或延伸。

具体来看，壬辰倭乱的实质是当时日本正面挑战以中国为中心的亚洲国际秩序。日本的此类态度再次出现于近代。甲午战争后，日本帝国主义明目张胆的侵华行为给朝鲜及中国人民带来的灾难与痛苦，深深刻印在中韩两国的历史记忆中。1945年日本投降，战争结束，但一直到今天，中国和韩国对日本仍然保存着警惕与戒心。原因是壬辰倭乱时形成的国际秩序，以及中韩两国对日一贯的敌对意识并未发生实质性的变化。从这点来看，壬辰倭乱仍然会一如既往地成为研究的对象。

---

① 朴哲：《耶稣会神父Cespedes》，韩国西江大学出版社1987年版，第92页。此研究书的原版为西班牙语。(*Testimonios literarios de la labor cultural do las misiones espanolas en el Extremo Oriente*, 西班牙外务部1986年版)。

② 参见平川祐弘《黄祸论与国际政治》，《内壁》，ティビーエスブリタニカ（Britannica）1990年版，第305—312页。

第三部

英雄、反英雄——以晋州城攻防战为中心

第七章　壬辰倭乱的象征——晋州城攻防战

第八章　文艺作品中的英雄

第九章　朝鲜妓女与日本豪杰

第十章　郑成功与东亚——以近松的《国性爷合战》为中心

第七章 壬辰倭乱的象征——晋州城攻防战

第一节 晋州城攻防战的起因

广义上看，壬辰倭乱包括战前日本宗义智等人与朝鲜的交涉，朝鲜使节团黄允吉、金诚一一行与日本的往来以及战后遣返俘虏等一系列善后处理等，但壬辰倭乱的本质最终还得归结于战斗。壬辰倭乱一共进行了大小91场战斗，加上丁酉再乱的18场，可以毫不夸张地说，壬辰倭乱和丁酉再乱历经了无数血战。7年间发生的109场血战中，当属以晋州一城命名的晋州城攻防战最为典型。因为在这次战役中，朝、日两国军队展开了两次大规模的攻防战且双方各有成败。后来朝、日两国也分别以民间传说或文学作品的形式介绍了战乱的具体经过。

金时敏将军

1592年10月与翌年6月，朝、日双方针对晋州城展开了两轮激烈的攻防战，可以说两次攻防战起到了决定整个战局的重要作用。朝方在第一次晋州城攻防战中的大捷是“壬辰倭乱三大捷”之一。紧随其后的第二次晋州城攻防战，日本不遗余力地投入了超过9万人的军力。从当时的历史记载中我们也可看到，晋州城攻防战在壬辰战乱史上留下了不可磨灭的一页。朝、日两国一决胜败的场面之壮观，战役中阵亡的人数之众多，以及战役中涌现的大量英豪，给两国人民留下了极其深刻的印象。朝方牺牲殉国的有晋州牧使金时敏、晋州"三忠"之一的金千镒、崔庆会、黄进，晋州妓女论介等；日方立下战功的有加藤清正、森本义太夫、冈本权之丞等。不仅如此，日本最早的名为龟甲车的攻城武器装备也在这次攻防战中发明并投入使用。

在两国史书中，能够详细看到有关这次晋州城攻防战的相关记载，其中包括战局情势的分析及有关战争的各方态度、观点等。晋州城攻防战中涌现的大量英雄人物，也在后世两国的文学作品中以各自不同的方式广为流传，如朝鲜的爱国名将晋州牧使金时敏曾在日本的戏剧作品中登场——朝鲜名将金时敏以意图推翻日本统治的谋反者出现，而日本名将加藤清正在朝鲜的文学作品中则被描写为死于晋州娼妓裙下的负面人物。晋州城攻防战是壬辰倭乱的代表性战役，同一场攻防战，在两国的历史记载和文艺作品中出现了内容迥异的描述，关乎此攻防战的故事，时至今日仍广为流传。

第二节　第一次晋州城攻防战

1　晋州城的由来

在正式介绍晋州城攻防战以前，先来简单地了解一下晋州的历史和地理情况。

现在的晋州是韩国庆尚南道西南部的一座中心城市。在百济时代，晋州曾被称为"居列城"，经统一新罗时代到高丽时代为止，晋州成为这一地区的中心城市。公元983年（成宗二年），朝鲜进行了行政改革，这一地区成为当时全国地方行政机构"十二牧"中的一个。直到公元995年，这一地区才更名为晋州。进入朝鲜时代后，晋州所在地的行政机构称为晋阳大都护府。15世纪初期，即太宗时期以后，晋州又改为"晋州牧"。所谓"牧"，实际上是高丽和朝鲜时代的一个行政区域，是地方行政组织的据点，其行政首长被称为"牧使"，是管理周边地区附属郡的官吏。朝鲜王朝曾往晋州牧派遣了位列正三品的牧使及判官等。

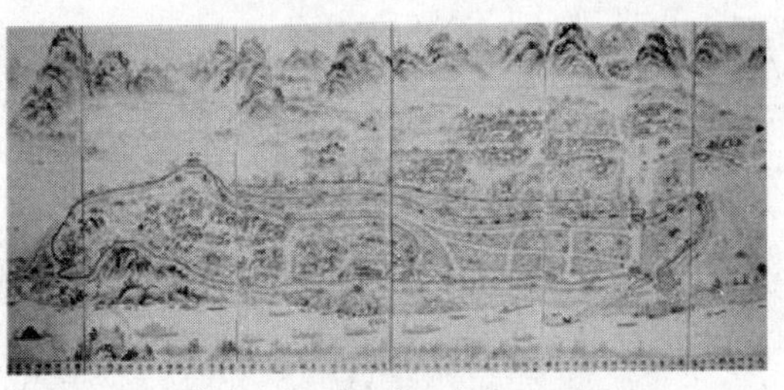
《晋州城图》 韩国史迹 118号

朝鲜王朝时期，全国共有20个牧，晋州牧是庆尚道三个牧中的一个，同时也是庆尚道西南部的中心城市。地方行政组织随着时代的变化而有所改变，但在任何一个历史时期，地方行政的据点都集中在州与牧等大邑。晋州有悠久的历史传统，一直以来都是作为地方行政的核心——大邑而存在。

因此，晋州城作为一座拥有千年历史的要塞古城而广为人知。根据1530年李荇增补的人文地理代表作《新增东国兴地胜览》一书中的相关记载，晋州的地势特点是："岭南（庆尚道）第一。巨岳大江，东方之陆海，飞凰止于北，望晋拱于南。"[①]实际上，晋州城周围高山环绕，沿岸一带是宽阔的平原，还有奔流不息的南江贯通全城，恩泽着这片沃土。不仅如此，晋州城还是连接全罗、庆尚两道陆路交通的地上要塞，也是洛东江与南海沿岸一带水路相汇的中心城市。晋州城为防御日本的入侵于14世纪末建造完成，在壬辰倭乱爆发前夕晋州城又进一步扩建，由原来的内城和扩建后的外城组成，城里的矗石楼濒临南江，所以此城又称为矗石城。在壬辰倭乱爆发之后，晋州以其连接全罗、庆尚两道的重要地理位置，成为朝鲜军队的据点，与日军在此展开了一场声势浩大的攻防战，此次晋州城攻防战无论是在朝鲜还是在日本都广为流传。

那么，晋州城攻防战的具体展开情况如何？有何特征？我们以当时朝日两国的记载为线索，追忆这段已逝的战争史。

2 晋州城攻防战的爆发

1592年4月13日，丰臣秀吉一声令下，浩浩荡荡的十五万八千侵朝日军占领釜山浦后，又分为东、中、西三路人马开始北上。如前所述，在战争打响后不

① 李荇：《晋州牧》，《新增东国兴地胜览》第30卷，朝鲜古书刊行会1912年版，第91页。

到3个月的时间里，日军就已占领了西至平壤、东北至咸镜道一带的几乎全部朝鲜国土。半岛除西南部全罗道、庆尚右道以外，国土几乎皆被侵朝日军的铁蹄蹂躏。但另一方面，从战乱初期开始，朝鲜各地就涌现出大量义兵，他们时而单独作战，时而与政府军联合，一起进行着对日反击战。全罗、庆尚两道很早即为义兵活动的中心，义兵的反击战不仅阻止了日军对全罗道的入侵，也给釜山、汉城两地侵朝日军的军事联系和军饷运输带来了巨大的干扰。日军侵朝4个月后，召开了“1592年8月高丽首都军事会议”。会议记录如下：

> 后方赤国发动“一揆”，[①]声势逐渐扩大，（中略）同时，高丽军在各道发动起义，赤、白两国形势尤为危急，长此以往，釜山浦到首都的交通要道及军粮补给路线则被切断，为击退白国一揆势力，特派木村常陆介、长谷川藤五郎和长冈兵部三员大将率12000名士兵参战。
>
> 《武功夜话》第18卷[②]

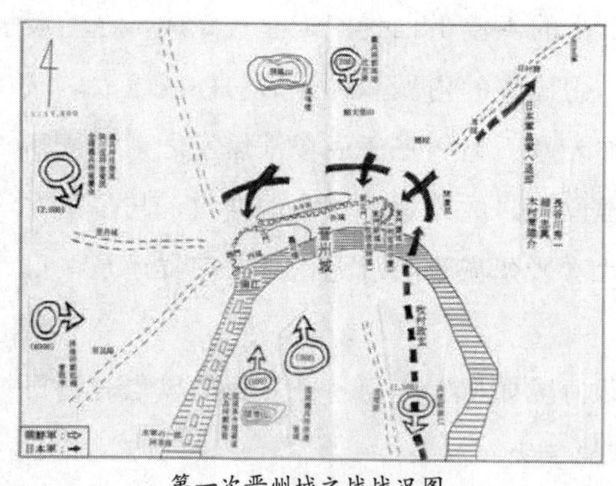

第一次晋州城之战战况图

这里，“赤国”指全罗道，“白国”指庆尚道。“一揆”原指日本国内发起的农民暴动。壬辰倭乱爆发后，“一揆”一词指称义兵运动（以下称“起义”）。白国起义的中心地，毋庸置疑正是当时日军尚未真正控制的庆尚右道大邑晋州。实际上，武将细川忠兴、木村重兹和

① 一揆：日本中世以后，农民或真宗信徒反抗统治者而发动的武装起义。壬辰倭乱时期，日方把朝鲜两班或农民为保护家乡发动的民兵运动称做一揆。在朝鲜，国家受外敌侵略面临危机时，不等国家命令，民众即按照自己的意愿抗击外敌的救国民兵称做“义兵”，尤其在壬辰倭乱时期，各地义兵英勇战斗，给日军诉诸了很大的打击。

② 吉田苍生雄译注：《武功夜話》第18卷，日本新人物往来社1989年版，第201页。

长谷川秀一在当年10月即对晋州发动了进攻。需要特别说明的是，日军初战告捷后也一度被全罗、庆尚两道的朝鲜义兵所困扰。例如丰臣秀吉欲渡海前往朝鲜，命毛利辉元军为其修建府邸，施工中遭遇义兵顽强的抵抗，最终不了了之。诸如此类的事件传到日本，丰臣秀吉于9月22日给加藤清正发了一封信：

> 渡海至朝鲜实乃无用之举，（中略）具体原因是首都至釜山浦间已连续掀起了义兵运动，已令岐阜宰相毛利吉成、毛利辉元和小早川隆景及其他将领，相互协商镇压义兵。
>
> 《纪州德川氏所藏文书》①

> 此方ヘ渡海之義，無用候，（中略）勿論其方自身事不可相越候，其子細ハ，都と釜山浦之間，一揆相猥之由候間，岐阜宰相（毛利吉成）、（毛利）輝元、（小早川）隆景，其外各相談可鎮之旨，被仰遣候。

这是丰臣秀吉为自己延期渡海提出的一个申辩理由。不可否认，后方的确存在具有威胁力的朝鲜义兵。某种程度上讲，义兵成为朝鲜军勇猛反抗日军侵略的一股中心势力。

9月22日，秀吉对小早川隆景下达命令，令小早川隆景等镇压汉城到釜山一带的义兵起义，小早川隆景对全罗道的进攻基本以失败而告终，其军队也不得不向开城进行战略转移。当时朝鲜名将李舜臣掌握了全罗道和庆尚右道的制海权，对日发起的攻击也越发活跃。此时，驻守金海的三名武将细川忠兴、木村重兹和长谷川秀一，带领约两万日本联军准备对朝军根据地——晋州城进行一次较大规模的战略进攻。

9月23日，日军开始向晋州方向进攻，26日已占领晋州附近的咸安城。被日军追赶的庆尚右兵使柳崇仁向下属晋州牧使金时敏发出了入城请求，但面临

① 参谋本部：《纪州德川氏所藏文书》，《日本战史 朝鲜战争 本编》，日本偕行社1924年版，第64页。

战斗的紧急时刻，如柳崇仁当指挥官，定会引起指挥混乱，金时敏以此为由拒绝了柳崇仁的入城要求。最后晋州城外被困的柳崇仁及其麾下1500多名朝军全部阵亡。乘胜追击的2万日军在10月4日包围了晋州城。朝鲜方面的指挥官晋州牧使金时敏率领3800名朝军，抱着与晋州城同存共亡的决心坚守着这座城池。

3 朝鲜方面的有关记载

介绍战斗之前，首先了解一下两个国家当时对城池的不同认识。战国时代的日本城池属城主居住之处，城中建有3层至5层的天守阁，在战时承担着展望和指挥哨所的作用。城池周围由几层城墙和护城河包围，如同一个战斗要塞。战争一旦打响，居于城池周围的武士们会把城池当做要塞抵御进攻。但朝鲜时代的城池不像日本那样用做战争，而是普通百姓生活的城市。除了某些山城外，大部分城池坐落在平原地区，筑有宽厚的城墙，围起百姓居住的村落。城墙仅有边界线作用，基本不具备防御功能，城里当然也没有日本那样的天守阁。在日本，城池用于战斗，城里的人多属将士，相反，朝鲜的城池里则是普通老百姓。这一点，正是朝日双方城池观的最根本差异。壬辰倭乱爆发后，有关城池的认识差异也成为大量朝鲜百姓死伤的主要原因。当然日本方面也启动了完全不同于以往城池攻防战的一种新战术。

为期六天的第一次晋州城攻防战终于拉开了序幕。这次攻防战形成了朝守日攻的局势。朝军方面将晋州城的防御情况、日军的战术、战争局势等方面一一向朝鲜国王做了较为翔实的作战报告。这在时任义兵将领的赵庆男所编的可靠性较高的《乱中杂录》一书中皆有记载。我们可根据《乱中杂录》，按日期了解一下战争的经过。

> （第一天，10月5日）先锋骑倭千余名，直到州东马岘北峰，周览形势，横驰耀兵。牧使传令城中，视若不见，不许妄费一箭一丸，但令城内通望处，建龙大旗，多张幔幕，尽聚城中老弱男女，皆着男服，以壮军容。

在第一天双方的较量中就可以看出，与夸耀军事实力的日军相比朝军的气势也不差。因为朝鲜城池与日本的“城”有所不同，朝鲜的城中住有大量的普通百姓。牧使金时敏把城中的男女老少都召集起来，让他们穿上男装，此作战方法果真很有效。在随后日军的报告书及《太阁记》、《朝鲜征伐记》等壬辰倭乱系列作品中也将晋州城记录为一座由数万名朝鲜军把守的城池。

开战的第二天起，日军开始正式进攻。戴着奇怪面具的日军在晋州城周围疾行，并以火绳枪部队为中心展开攻击，但却丝毫没有洞察到朝军的动摇迹象。这天夜里义兵反而举着火把出现在远方，打击了日军的士气。

> （10月7日）贼众自朝至暮，放丸不绝，又以长片箭乱射城中。分兵四散，焚荡作贼，数十里内闾家，尽为灰烬。尽斫远近公私长竹，或束或编，多取松枝，高积于阵外，斫取大木，连络输入，不知其何用也。牧使务要镇定军情，夜则令乐工吹笛于门楼上，以示闲暇。贼中儿童甚多，或为京语，或为乡言，每每周城大呼曰京城已陷，八道崩溃，如笼晋城，汝何能守！莫若速降之为愈也。（中略）是夜月落后，贼潜立竹编于东门外，横亘数百步，竹编内列立板子，积盛土空石，层垒成阜，平临城内，以为放炮避箭之所。而竹编前遮，故我军初不觉也。及朝视之，已成土垒矣。

战争局势越发激烈，两军不光斗勇，也开始斗智，展开了心理战。朝军乐工夜晚吹笛，意在给日本造成一种闲暇的假象；日军也不甘示弱，他们利用城外的朝鲜孩子等，施行心理战术。此后，日军又开发了造土城攻击的新战术。

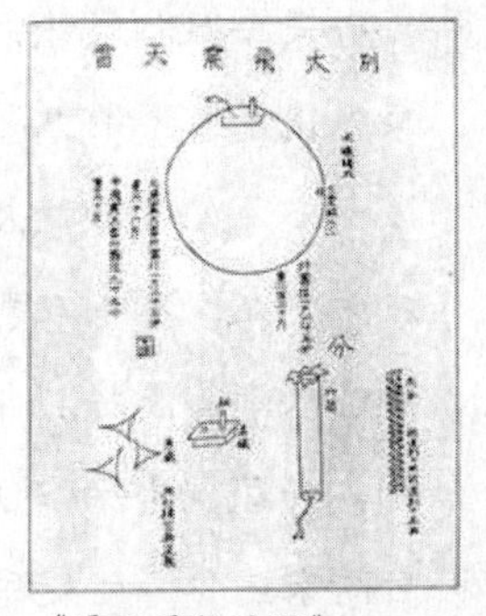

《震天雷构造图》
《戎垣必备》收录

> （10月8日）贼多造竹梯，无虑数千。又作广梯。（中略）又作三层山台，为输转压城之计。牧使放玄字铳筒，三度洞贯，造台之倭，惊惧退去。牧使料贼多积松枝者欲踰城也，前遮竹编者欲薄城也。预备火具，而恐其生湿难烧，纸里火药，藏于束薪中，拟投城外以燃松枝。城上多设震天雷藜炮大石块，欲击薄城之贼。又备长柄斧镰等物，拟破输转山台。女墙内又多设金鼎沸

水，扬汤灌贼。昼则伏兵阵内，使不立视。多造蒭人，弯弓持满，出没于城上。严勑军人，勿放虚矢，常时投石，使贼不敢近城。是夜贼多设竹编，渐次近城。筑土渐高，两处山台，构结四层，前面悬板，以蔽矢石，欲为放丸之所。夜二更，固城假悬令赵凝道，州伏兵将郑惟敬，率军五百余名，各持十字炬举火，列立于南江外。晋岘上吹角，城中之人，望见援兵之至，即鸣大钟吹角以应之。贼徒惊怖噪，即燃火各幕，分遣伏兵，遮列江边，以截援兵。

10月8日，日军已基本做好了总攻的准备，制作了大量竹编和云梯，同时建了高层土城和楼台；此时，朝鲜方面也动员一切力量强化防御——从准备大量的沸水到准备大炮。9日一整天，同样是在枪林弹雨中度过的，朝方用玄字枪筒反击。

（10月10日）四更，初明火各幕。载驮出去，佯示退归之状，以怠我军。然后灭火潜还，四更中分二运，一运万余名，内薄东门新城。各持长梯，或负防牌，或着乡校簠器，或割网席里头，或以蒿草编草为冠，以避矢石。作三层假面蒭人，次次登梯，以诳我军。然后贼缘城，骑倭千余名，随后突进。放丸如雨，呼声若雷。将倭则驰马横行，挥剑督战。牧使在东门北隔台，判官在东门拥城，率射士殊死力战。或放震天雷藜炮，或大石，或投火铁，或焚藁乱投，扬汤灌贼，贼踏菱铁中。弓弩、殒矢石、焦头额者无筭。又为震天雷所触，僵死如麻。方城东酣战之时，又一运万余名，乘暗潜行，突至旧北门外。持长梯负防牌，势将腾入，守陴者皆惊溃。前万户崔德良牧使军官李纳尹思复，冒死拒战，溃卒复集，随方拒贼，一如东门。老弱男女亦为之下石投火，城中瓦石盖茨殆尽。良久东方欲明，贼势少歇。牧使左额中丸，不省人事。昆阳郡守李光岳代守北隔台，率其射士，奋勇力战，射殪双牵马倭将。自四更交锋，日加辰巳，贼始退兵。两处战所死者不知其几，而贼徒即为曳去，投之闾阎烈炎中。斩级之数，仅三十余头。而贼退后闾家烧骨，处处积在。将倭之尸，则入笼担去。委弃被虏人牛马，狼狈遁去。而牧使中丸，将士力竭，又无继援之兵，未得追击歼尽，极为痛愤。

如上文示，日军分成两路人马与朝军进行最后决战。此战中，牧使金时敏负伤，“双牵马倭将”死在战场。这里双牵马倭将在小濑甫庵的《太阁记》中以“长冈越中守舍的弟弟玄蕃允（也就是细川忠兴的弟弟细川正兴，对此后文另有详述）”出现。

最终，在这场为期6天的攻防战中朝鲜不畏日本压倒性的优势而取得了胜利。比起朝鲜，日本的兵力和武器装备，心理战术的使用，加之土城和楼台的筑造，枪、竹制云梯、竹编、稻草人等战略战术的准备都略胜一筹。相比之下，朝鲜方面用的是玄字枪筒、震天雷、蒺藜炮、巨石、火铁加瓦片、火秸杆，甚至连沸水也投入到了战争之中。如此看来，朝鲜确实也是拼尽全力保护晋州城。每逢夜晚，城外山中的朝鲜义兵也会对城内给予支援，这样朝鲜的守城军在气势上占了上风。此外，朝军前后方不断分散日军的攻势，令日军腹背受敌。战斗的形势渐渐地有利于朝方。

同时，由这份报告书也可看到，领导战争取得胜利的一个关键性人物是晋州牧使——金时敏，他有着卓越的战略判断力和战斗指挥力，晋州军民在金时敏的率领下团结一致，众志成城，数次击退了日军的进攻。金时敏在战乱一打响就制造了火药，看到日军的火绳枪后就研制出了仿造枪，并且在战争中和守城士兵同生共死。战争后期金时敏虽负伤在身，却仍以少数兵力面对日军疯狂的进攻英勇反抗，给日军以沉重的打击。综上所述，第一次晋州城攻防战是壬辰倭乱爆发以后，陆战中朝方取得的第一次大捷。

4 日本方面的有关记载

在第一次晋州城攻防战中，日军动员了两万大军，这是日军陆战中的第一次战败，日本对此少有记录。部分记录尽皆与第二次晋州城攻防战有关，对于第一次晋州城攻防战的失败只是一笔带过，也就是说，日方关于第二次晋州城攻防战的记录十分详细，关于第一次攻防战的记录却相对很少。可能是因战败之缘故。但在1625年小濑甫庵的《太阁记》（卷首有著者的自序）、堀杏庵1659年发行的《朝鲜征伐记》及1665年大关定祐的《朝鲜征伐记》（卷首有著者的自序）中，对第一次晋州城攻防战均有比较详细的记录。但上述两种《朝鲜征伐记》中有些内容不符事实，如把晋州城的大将说成了明朝将军等。所以我们通过《太阁记》了解一下日军当时的战况。

守护釜山浦左边的赤国领主是晋州城城主木曾判官。加藤清正在咸镜道，小西行长在平安道。但义兵在木曾的故乡发动起义，从釜山浦到首都的通路受到影响。所以细川越中守三千余（中略）接到了总计13000余人攻打木曾判官晋州城的命令。初步决定两个军团每日轮流充当先锋，当天任务分别按照各军指挥官的指示完成。（中略）“据说这座城里有很多临近地区的勇士，而且多年安排了一些闲杂地痞。另外，从东莱、昌原两城撤退的人也藏在这里，共计有25000人。”（中略）日军按计划制好云梯，从城壕爬到上边，一边望着城里一边开枪，6月11日一早把云梯塞到城壕，喊出开战声，士兵们跑进城壕争先爬云梯，很多云梯被折断，中途坠落下来，徒劳无功。长冈越中守舍的弟弟玄蕃允独身上了云梯，云梯的两旁站着步兵，他命令道：“我进城之前，你们任何人都不许上云梯，谁上就会杀了谁。”他严厉地制止了周围将士后上了云梯，云梯没有断掉，围观者都很感叹。他用手抓住墙垣，眼看着就要翻越过去，守城的人却拿长枪和刀将他打了下来，可惜他掉在了城壕里。（中略）

利用云梯的计划是临战前夕决定的，负伤者甚众。那天日军没有实现进城的愿望，很多日军或从石壁上掉下致死，或被弓箭、长枪射中致伤致死，日军将士严重减员。这种情况下,长时间攻击是非常危险的。理当撤下先头部队，派其他部队持续再攻。日军撤走了伤者，火化了死者，6月12日凌晨撤到约1公里外的地方。此时突然刮起大风，下起暴雨。雨下得很大，敌人也没有追击，平安撤回了昌原。

关于此，日本人的看法是，这次也是八幡大菩萨渡海来守护了日军。没有那场大雨，肯定会有敌兵追击而来，那样就会非常危险。

《太阁记》第14卷[①]

① 小濑甫庵：《太阁记》第14卷，日本岩波文库1984年版，第114—117页。

釜山浦より左に付て,あかい國と云し守護は,木曽判官ちんじゆの城主たり.賀藤主計頭は,かあんだう,小西攝津守はべあん道表に在しが,あとは木曽が國より一揆蜂起し,釜山浦と都の間通路を妨げしかば,細川越中守三千餘,（中略）都合其勢一萬三千餘,木曽判官ちんじゆの城を可攻平之旨,被仰付しかば,一日がはりに先手を定め,其日の下知は,其大將次第に, 大かたは定りぬ（中略）各彼者共に向て,此城には, 近國之勇士共多集り, 又あぶれ者共を數年愛し置しとなん. 其外とくねぎちやはんの兩城より, 落し者共も籠り, 都合其勢二萬五千之着到とかや.（中略）かねて云定しごとく, 竹たばを付, 西楼を堀際に上, 城中を見下し, 鐵炮にて射すくめ,六月十一日之早朝に結橋を,ひたと, 堀へ投入投入, 時の聲を擧, 堀へ飛入飛入, 結橋を打かけ,我をとらじとこみ合上りければ, 結橋多くは折て, 半より辷落, 其功空しく成ぬ. 長岡越中守舍弟玄蕃允, 只一人結橋の左右に多く步の者を付置,「吾城中に乘入まで, 一人も此上りはしに上べからず. 若上たるにをゐては, 汝等が首を給らん」と, 堅く制しをき上りしかば, 結橋折もやらず上りしを, 見る人どつと感じつゝ, 扨も扨もと計なり. 頓て塀に手をかけ, 乘入んとせし處を, 城中より鑓長刀にてつき落しければ,痛しや堀そこへ落にけり.（中略）

結橋の制兼てなかりし故, 悉損じ, 其日は乘得ず, 剰石垣より落て死し, 弓鐵炮にあたり,疵を蒙り死するも有しかば,彌小勢になりしなり. 如此にては,久しく攻んも危事になん侍るべしや. 先先陣を開き, 重て行をかへ, 可相攻とて, 手負の人々をば, 先へのけ, 打死せし者をば燒て取をき, 六月十二日之未明に陣拂をし, 十町計退し比, 疾風暴雨頓かに降来り, 篠をつくが如くに有りしかば, 敵も送らんともせざりしに依て, 安々とちやはんに至て歸陣せしなり.

評曰, 此度も八幡大菩薩, 渡海し給うて, 守護神とならせ給ふかや. 若大雨なかつせば, 敵送りなん. 左も侍らば危き事もや出来んかし.

如上所述，日军进攻晋州城时，已经知道晋州是起义（朝鲜义兵或官兵的起义）的根据地。日方表彰了细川忠兴之弟玄蕃允为国殉身的英勇事迹。比较朝方的有关记录可以推论，昆阳郡守李光岳射死的骑双牵马的倭将或为玄蕃允。总之日军舍生忘死地继续攻打，却没有找到有效的进攻方法，结果在付出无数死伤者的代价后，恹恹撤退。

当时无法客观判断对方的准确人数，记录的人数往往比实际人数略多。也许是为说明战败的合理性或夸大胜利。其实晋州城守城军仅有3800人。但日方认为有25000人。金时敏为了给日军造成城里将士众多的假象，让城中男女老少皆着男装，这个策略果然有效。因为，前面已经提到，两个国家对“城”的认识不同，朝鲜的城池一般是百姓居住的生活区，不像日本战国时期的城池——将士的聚居地，因此日方错把晋州城百姓当做士兵。不管怎样，记录中提到攻城方日军人数远远没有守城方朝方的人数多，晋州城的人数是日军的两倍，且“聚集很多临近地区的勇士”，总之过分强调了朝方的强大。牧使坚守的晋州城到底有多坚固？可由次年年初提交给秀吉的战况报告了解到相关的情况。

> 赤国木曾坚守之城易守难攻。从去年9月开始，赤国和白国的起义军势力集中于此，现有一万三千人。九州地区的部队曾平定一次，但木曾集中残党和起义军势力反击，又恢复了原来局面。晋州城实在是异常坚固，所以木村常陆介、长冈兵部、长谷川藤五郎等一万余人从首都攻打进来，却被强大的起义军势力击败（后略）。
>
> 《武功夜话》第19卷[①]

日军在朝鲜南部大规模败退，这大大影响了军队士气，严重地打击了秀吉的侵略中国梦。日方过分强调了猛将“木曾”率众兵坚守晋州城的强势。秀吉震怒。因此，秀吉翌年又动员在朝日军全部兵力达9万余人，下令一定要拿下晋州城。

日军记录中经常出现的“木曾”是什么意思呢？当时，除和日本有过交涉的重要人物外，日本人对朝鲜人的名字不甚了解。而且，晋州牧使金时敏在朝鲜也并非广为人知的人物，只知守护晋州城的大将被众人称做牧使，所以我们推论木曾源于金时敏的官职名——牧使。也许是此后译者的缘故，日

① 吉田苍生雄译注：《武功夜话》第19卷，日本新人物往来社1989年版，第270页。

本人把他记录为“木曾”。汉字标记为“木曾”，或加上表示地位的“官”称“木曾官”。当时朝鲜有20名牧使，但日本人所说的“木曾官”指称的是其中唯一的晋州牧使（金时敏）。这已成为固有名词，频繁出现在后世的日本文学作品中。

5 壬辰倭乱时期朝方取得的首次大捷

如前所述，晋州是连接全罗道和庆尚道的要塞。不管是为了攻打全罗道的水上作战，还是小早川隆景军与安国寺惠琼等人的作战，均以失败而告终。就连最后的手段——攻打晋州城也铩羽而归。第一次攻打晋州城的失败，令日军直到丁酉年（1597）仍无法进入全罗道境内。因此，谷仓之地全罗道成为朝鲜的安全地带，那里也是朝鲜军军粮及物资动员的军需基地。当时金诚一写下的晋州城攻防战报告书的最后一段中表彰了金时敏的功劳。

> 大概一国崩溃之余，无一人敢为守城之计。而牧使独能坚守孤城，不藉外援，能却大敌。不特保全一道，抑又捍蔽湖南，使贼不得长驱内地。牧使之功，于是为大。
>
> 《乱中杂录》第1卷[①]

在壬辰倭乱战争史上，晋州城攻防战到底占有怎样的重要地位？我们可以假设，倘日军胜利占领了全罗道，平壤以南的朝军和李舜臣的水军便会失去根据地，日军在掌握物资补给线路的情况下能够在北方的战斗中全力以赴，那么战争局势就会大有改变。丁酉年日军再次侵略，日军首先攻打全罗道便足以证明它的重要性。另外，对朝鲜来说，晋州城大捷成为国家中兴之基础。翌年2月，在幸州山城朝鲜军民团结一致取得了重大的胜利，显然这是从晋州城攻防战得来的经验。战乱后晋州城大捷、李舜臣的闲山岛海战、权栗的幸州山城攻防战，被称作壬辰倭乱三大捷，受到高度的评价。三大捷中第一次取得胜利的晋州大捷占有尤

① 赵庆南：《乱中杂录》第1卷，《大东野乘》第6、7辑，韩国民族文化推进会1982年版，第76页。

其重要的地位。

晋州大捷大大地鼓励了朝鲜。与此相反，日军则很难维持从釜山到汉城的补给通道，军粮运输变得更加困难。首战之中日军取得了胜利，但自晋州城攻防战以来，战局开始发生了变化。从此变得日弱朝强。因此可以说，晋州城攻防战是壬辰倭乱的转折点。

第二年年初，在汉城召开日本武将会议时，时任朝鲜在阵奉行的石田三成针对晋州城攻防战之后日军的不利战况，做了如下说明：

> 都城军粮难以维持20天。因自去年10月起，赤国的起义势力变得越发猖獗，釜山浦运来的军粮至今未能运到，造成了当今的困难局面。特报。请求运送火药、军粮。但至今军粮一粒未到。各部食量短缺，杂粥维持。接报大明出兵，然赤国义军未除（晋州城攻打失败），军粮一粒未到。首都和大明国境间百余里地，诸武将竟不施援手，试问我军将何以相互扶持。
>
> 《武功夜话》第18卷[①]

石田三成发言后，前野但马守长康做以下补充说明：“赤国10月发动起义，（中略）尤其是连接釜山的通路被切断，军粮输送倍显艰难。从釜山浦搬运军粮犹如战斗，数百名火绳枪部队掩护，数千人参加搬运。此状始自11月，已持续6个月之久。”石田和浅野所说的“10月开始”，显然是指去年10月第一次攻打晋州城失败之后。这很清楚地说明了进攻晋州城失败后，汉城的日军军粮补给极其短缺，日军陷入痛苦的困境之中。

李如松率明军在平壤打败小西行长军之后，欲接着发动攻势。石田三成在会议上说明日军处境的目的，也是为了研究对付明军的方案。他强调各武将须互相协助且撤退出汉城。但在补给被中断的危机中，谈论如何应对明军的攻势，实在也是很不现实。3月龙山的军粮仓库又被烧，使日军陷入更大的困境。他们无法等待秀吉的命令，只好选择了后退。总之日军的晋州城战败

① 吉田苍生雄译注：《武功夜话》第18卷，日本新人物往来社1989年版，第237页。

使之受到很大打击，他们也就更加怨恨晋州。

6 金时敏的阵亡和日本版《惩毖录》

金时敏（1554—1592）是1578年考入武科的武举人。战乱开始时，他是晋州判官，后在固城等地的战斗中立了战功，8月擢升为晋州牧使。作为牧使，金时敏英勇战斗守住了晋州城。在最后一天的战斗中，他中枪身亡，根本不知道自己在日本被称做“木曾”且已闻名遐迩。

> 晋州牧使金时敏卒。时敏自中丸之后，不有其身，益以国事为念。举头时向北流涕，丸创不愈，因致未起。镇中恐贼知之，秘不发丧。然而若丧考妣，哭声相闻，年逾一朞，士女食素。旅榇行到咸阳，得闻褒升右兵使之命。因监司启，以徐礼亢（元）代为牧使。厥后被掳人在倭国者，书报右监司曰：倭贼每称晋牧。且其时倭将乃羽柴藤元（五）郎云者，秀吉之从侄，兵力最强，败衄退遁昌原，忿恨成疾而死云。
>
> 《乱中杂录》第1卷[①]

殉国将军金时敏一直为战乱漩涡中的祖国命运而担忧，面向国王所在的北方尽忠至死。但是朝方顾虑日军的再次侵略，一直未敢公布其死亡的消息。直到翌年第二次晋州城攻防战，日军还不知道晋州牧使已经换为徐礼元。

上面引用文中，值得一提的是“倭贼每称晋牧”一句。借此我们可以知道，在晋州城攻防战中打败日军的朝方大将晋州牧使早已声名远扬。可以说江户时代戏剧中登场的“木曾官”人物形象，此时已开始形成。

日方记录晋州牧使金时敏，小濑甫庵的《太阁记》称“赤国木曾”、“木曾判官”；《黑田长政记》中称“ MOKUSO判官（日语：もくそ判官）”；堀杏庵的《朝鲜征伐记》或《清正记》称“牧使”；《丰臣记》出现的是“木曾”；大关定佑的《朝鲜征伐记》中称“牧使王僧璘”（虚构名字）。在日本，金时敏的

① 赵庆南：《乱中杂录》第1卷，《大东野乘》第6、7辑，韩国民族文化推进会1982年版，第78页。

名字仅仅是以晋州“牧使”或赤国“木曾官”的官职名流传下来。

在日本发行了日本版《惩毖录》之后，在日方的记录中开始出现晋州牧使金时敏的名字。在那之前，根本没人详细记录过朝方的人名。偶有出现，也是人们随便虚构出来的。

但在《惩毖录》中有对金时敏的简单记录。“壬辰年，敌人包围晋州的时候，因牧使金时敏的防御，敌人没有获胜，最终撤退。”不过，日本版《惩毖录》出版之后，在日本记录壬辰倭乱的《朝鲜太平记》、《朝鲜军记大全》、《绘本朝鲜军记作品》、《两国壬辰实记》里不仅有金时敏的名字，而且比照后任牧使徐礼元分别进行了叙述。

第三节　第二次晋州城攻防战

1　秀吉的严令

日军自1592年10月从晋州城撤退以来，在釜山和汉城之间的军事补给每况愈下。次年正月李如松率4万明军参战，小西军从平壤溃退，但日军在碧蹄馆之战中取得胜利，接下来日军在幸州山城之战中又败于朝军，这样就使日军与明军之间暂时形成了一种胜败交错的状态。李如松想通过议和的手段结束战争，于是派沈惟敬跟日军交涉。驻扎在汉城的日军处于严寒和物资匮乏中，加之面临物资补给通道被切断的窘境，只好接受了明军的议和条件。这也激怒了没能及时获悉晋州城失守战报的秀吉。2月27日，他命令在朝鲜的众多武将进驻汉城，并准备再一次直逼晋州城。

在朝日军面临着严重的军粮短缺和兵力逐渐减少的不利情况，秀吉决定先将日军从汉城撤退，再对晋州城发动攻击。“各武将在高丽都城的会议”，如实反映了当时的战况。

根据殿下为这次除灭赤国的武装起义下的指示，各部做出以下决定：

都城储备军粮已尽，上次在对要塞（幸州山城之战）的攻击中，兵力损失巨大，（中略）士气大衰，又要忍受饥渴。所以即使从首都撤退，也无力再攻击晋州城。无论是除灭晋州城木曾的计划，还是部队制定的策略，无军粮一切皆空谈。因此，全军唯有尽快撤离都城，退至釜山沿海一带，加固阵营防守，等待军粮，再施攻打计划。于是，各武将带领部队顺次地离开了首都 。

《武功夜话》第19卷[①]

这样一来，武将们没有等待秀吉的命令，就于4月18日假装带着明朝使节全部撤出了汉城。得知这一消息后，原本固执的秀吉更坚定了攻打晋州城的决心。

3月10日，秀吉命令再次派遣部队，以83600人的大军攻打晋州城。但4月12日，秀吉改变作战计划，决定动员在朝全部日军向晋州城实施毁灭性的打击。秀吉在下达给在朝各武将的命令书中，谈到了具体的准备事宜以及攻陷晋州城后的对策。其中有这样一句话："一个不留，统统杀光。"[②]大意是要彻底把晋州城变为焦土。

5月20日，秀吉对在朝日军进行了整编，除一部分守备兵力驻扎在釜山以外，其余在朝日军全部用来攻打晋州城。秀吉严令："这次让首都的我军兵力统统撤退，向赤国进军，平定赤国，必须割下木曾的首级。"[③]

那么，秀吉为何如此固执地要攻打晋州城呢？

第一，不占晋州，釜山、汉城间的联系就会切断，日军的最后据点釜山也会处于危险之中。前文已经谈到，晋州不仅是全罗和庆尚两道的交通要地，也是靠近釜山的朝鲜军队的根据地。明军参战后，晋州作为南方物资补给基地，其重要性更大。为了压制朝军在南方的活动，夺取晋州成为不可或缺的重要条件。

第二，攻打晋州城，有利于日本与明朝的交涉。5月1日，秀吉向浅野、黑田、增田、石田、大谷等核心参谋发布的《大明与日本和平条约》也表露出，割

① 吉田苍生雄译注：《武功夜话》第19卷，日本新人物往来社1989年版，第275页。

② 参谋本部：《毛利家文书》，《日本战史 朝鲜战争 本编》，日本偕行社1924年版，第120—124页。

③ 小濑甫庵：《太阁记》第14卷，日本岩波文库1984年版，第110—111页。

让朝鲜南部4道的主张与能否保全晋州城有着密不可分的关系。

《大明与日本和平条约》

一（前略）加朝鲜首都汉城4道归我（中略）。

二 包围牧使城（晋州城）后，就近筑山，只许成功不得失败，虏者可尽皆诛之。

三 然后进攻赤国（全罗道），一决高下。

四 在赤国一决高下之后，上面提到的城池按照人口和城池的规模，各自掌控。

五月一日 朱印《黑田文书》①

大明與日本,和平相定條々

一 （前略）朝鮮都に付て,四ケ道可被遣候事,（後略）;

二 牧司城取卷,仕寄、築山申付,手負無之様に令覺悟,いかにも丈夫に仕,一人も不殘可討果事;

三 於其上,赤國へ相動,可致成敗事;

四 赤國成敗之上にて,右前之城相搆,依人數多少,城々大小共見計,夫々に可被持事。

对晋州城陷落及其后日本对全罗道等南部地域的管辖乃至依既得权益割让朝鲜4道的具体筹划等，可见秀吉设想的首要问题就是攻打晋州。

第三，为雪耻去年败北。对日军来讲，第一次攻打晋州城的挫败严重打击了他们的自尊心，为压制逐渐高涨的朝军士气，也为日军日后的进攻树立一个榜样，需要残酷的复仇。当然他也“听说（自去年攻打晋州城失败以后），高丽的我军已丧失士气”②。面对这种情况，提升日军的士气更是十分必要的。

① 参谋本部：《黑田文书》，《日本战史 朝鲜战争 本编》，日本偕行社1924年版，第133—135页。

② 参谋本部：《伊达家文书》，《日本战史 朝鲜战争 本编》，日本偕行社1924年版，第142—143页。

2 明军的态度

日军自汉城撤退后，明军也相继南下。6月，李如松驻扎汉城，宋应昌驻扎定州，刘綎、吴惟忠驻扎大邱，王必迪驻扎尚州，骆尚志、宋大斌驻扎南原。表面上对日军形成了包围之势，但却并未对日开战，只是相互对峙。李如松派遣沈惟敬、徐一贯等人去日本，目的是想通过议和让日本撤军。

明朝猜到日军会在秀吉的敕命下集中全力攻击晋州，因而试图阻拦。明朝让曾与日本有过交涉的沈惟敬去找小西行长，说服他们放弃进攻晋州城的计划。对于大明的议和态度，一贯主张采取议和方式的小西行长对此的回复却很冷漠。他说，为避免战争带来的灾难，朝军最好从晋州城撤出，空出城池才是最好的选择。

关白以年前遣兵，见挫于晋州，令诸将悉力攻夷其城。我欲止之，而清正不听。日本兵向晋州，空城勿犯，使之活人云。

《乱中杂录》第2卷[①]

小西行长不同意议和，是因为加藤清正反对议和，进攻晋州城已势在必行。小西行长称此次的攻打范围仅限于晋州，保证不会涉及别处。这是为消除明军的疑心。听了小西行长的辩解，明朝对清正先是威胁，后又安抚。下面是明朝副总兵刘綎写给清正的信函。

一念至诚，深可嘉赏，故天朝所遣数百万兵将尽止鸭绿江头。大将军提督李，统兵二万驻王京。郭总兵陈总兵李总兵，领二十万驻辽东。（中略）不意汝等归志不决，复攻晋州，顿背前盟，云泄旧忿。夫朝鲜八方地道，已破其七，士女横罹荼毒者，枕骸遍野。悬首盈竿，亦云惨极，更复何雠，�润晋阳黑子之地。何必以小嫌介意，而甘失大信于中国哉。及今尚当易虑改心，速速撤

① 赵庆南：《乱中杂录》第1卷，《大东野乘》第6、7辑，韩国民族文化推进会1982年版，第94页。

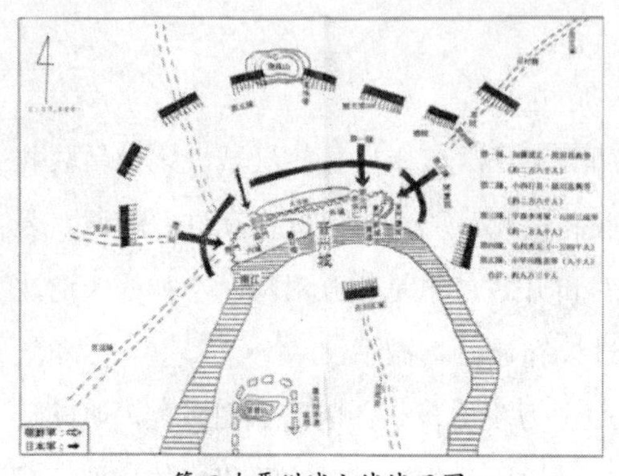

第二次晋州城之战战况图

兵东返。（中略）装载水军百万，邀截海涯，断汝归路，绝汝粮饷，不待决战，尔将自毙岛屿，片甲不返矣。且关白与汝原是比肩，尔等被彼牢笼，俱听駈使。

《乱中杂录》第2卷[①]

为了阻止攻打晋州城，刘綎利用明朝强大的兵力进行威吓，与此同时也向他们施以怀柔政策。但对手清正是秀吉一手培养的武将，对秀吉忠心耿耿。明朝不知清正内情，想对二人施以离间之计，清正却不会轻易中计。明朝想以外交手段解决此事，但在秀吉统率下的日本武将那里根本行不通，只能是徒劳一场，反而遭小西行长的恫吓——“我日本往晋州兵马三十万，恐不能当，修书密报”。[②]此话传至朝军，打击了朝军的士气。

日军按预期计划进攻晋州城，作为朝鲜援军的明军，实际上在日军包围及攻打晋州城以后，采取了旁观的态度。

对这样的情况，日本耶稣会传教士弗洛伊斯在他的著作《日本史》中这样写道：“日军通告游击(沈惟敬)攻打赤国（此地亦如此称谓）要塞。沈惟敬很早以前就不喜欢朝鲜人，而且（和平）协定只在中国人和日本人之间缔结，他认为他们跟其他中国人一起后退，朝鲜人自己对付日本人（就可以），对朝鲜人置之不理。”[③]结果，第二次晋州城攻防战只是在日军和朝军两军之间进行，战乱中的伤亡者人数最多。

① 赵庆南：《乱中杂录》第1卷，《大东野乘》第6、7辑，韩国民族文化推进会1982年版，第95—96页。

② 《宣祖实录》，宣祖二十六年七月十日。

③ 弗洛伊斯、松田毅一等译：《日本史》第2卷，日本中央公论社1977—1980年版，第302页。

3 决战、血战、死战

为攻打晋州城，日方已增派了当时的猛将毛利秀元、伊达政宗、浅野长政的军队，从汉城撤回南下庆尚道的日军也在金海、昌原附近集合，准备攻打晋州。

5月20日，根据秀吉的命令，晋州攻城日军的构成如下：

第一军团，加藤清正等25624名；第二军团，小西行长等26182名；第三军团，宇喜多秀家等18122名；第四军团，毛利秀元等13600名；第五军团，小早川隆景等8744名，共92972名。[①]当时，日本引以为傲的武将差不多悉数动员起来，在秀吉的严令下，宇喜多秀家作为总指挥官，率领逾9万日本大军于6月14日开始作战，16日到达离晋州较近的咸安。

为阻止日军的晋州攻势，朝军战前在咸安建筑阵地，但数名将军的意见尚未达成统一，日本大军已步步逼近，双方未及开战，朝军便四散溃退了。重新集结的朝鲜武将多认为，与来势汹汹的日军交战是不现实的，无疑是以卵击石，因此纷纷撤离了晋州城。这些人中，只有倡义使（义兵大将的临时职位）金千镒曰："以为湖南（全罗道）国之根本，而晋州为湖南蔽。"[②]因此坚决主张保卫晋州城。金千镒不顾敌将清正欲率领30余万大军向晋州城进军的传闻，与庆尚右道兵使（指挥地方兵马的二品武官，正式名称是兵马节度使）崔庆会、忠清道兵使黄进等一起，带着自己的数百名部下进驻了晋州城，做好与日军进行交战的准备。

当时，晋州牧使金时敏已在第一次晋州城攻防战中阵亡，新任牧使徐礼元接到命令后，先在外地滞延了一段时间，听到日军兵临城下的消息，急忙赶回晋州城。徐礼元牧使此时已无战意，金千镒、崔庆会等准备代替他行使指挥权，表明誓死保卫晋州城，并迅速采取了各种防御措施。

不久，日本以开战以来最大规模的军队兵临晋州城下，日军与孤立无援却誓死保卫晋州城的朝军之间进行了几次激烈的攻防战。

6月19日到29日的第二次晋州城攻防战战况，可从朝鲜的记录中得到证实。[③]

① 参谋本部：《日本战史 朝鲜战争 本编》，日本偕行社1924年版，第257—260页。

② 李肯翊：《练藜室记述》第16卷，《练藜室记述》第4辑，韩国民族文化推进会1988年版，第698页。

③ 李肯翊：《练藜室记述》第16卷，《练藜室记述》第4辑，韩国民族文化推进会1988年版，第698页。

（第一天，即6月19日，日本军）进向晋州，漫山塞野，炮声震动天地。分送斥候，或向丹城三嘉，或指昆阳泗川，以沮援路。

日军从第一次晋州城战败中得到教训，为了阻止援兵的出现，在战前就完全控制晋州一带，以压倒性的兵力优势进行包围作战，晋州城很快陷入了四面楚歌的境地 。

（22日）贼大至，势甚风火，遂围城累日。贼势日炽，蚁援不通，贼吹角相应，一时放丸，乱落城中，声如轰雷，及朝视之，我军死者相枕。（中略）初昏又进大战，二更退，三更又进，五更退，射杀不知其数。

此时苦等援兵而无望的朝军仍然做着最后的反抗。但是日本大军的兵力一直是有增无减。

（25日）贼于东门填土为陵，因作土屋，俯视城中，放丸如雨。进亦于城中，对筑高陵。自昏达夜，进脱衣笠亲负石，城中男女感激涕泣，竭力助筑，一夜而毕。乃放玄字炮，中破贼窟，贼徒又改造，是日三进三退，又四战四退。

激烈的攻防战持续了一周。这时，日军为了毁坏城墙而制造出了新式武器。此武器在日本的记录中称为“龟甲车”，是日本最早的攻城武器。

《龟甲车图》《绘本太阁记》收录

（26日）贼作木柜，里以生皮，各自负戴，以防丸矢，来毁子城。城中以大石滚下，射矢如雨，贼又退。贼又连大木于东门外，上设板屋，放火于城内，（中略）。千镒以润假牧使，时大雨，弓矢皆解，兵力已困。贼以书投城中曰：大国之兵，亦且投降，尔国敢为抗拒乎？城中答曰：我国死战而已。况天兵三十万，今方追击，汝等尽剿无遗。贼搴臂琦之曰：唐兵已尽退矣。是日三战三退，夜又四战四退。

加藤军制造了龟甲车，日军使用新武器，加之无间断地连日攻击，朝军早已疲惫不堪，指挥也越来越混乱。晋州城的司令官牧使也陷于恐惧之中，为了活命只能再次唤起战意。

（27日）筑五阜于东西门之外，结以为栅，俯临城中，放丸不止，城中死者三百余人。又作大柜为四轮车，贼数十人，各穿铁甲，拥柜而进，以铁椎凿城。宗仁膂力，冠于军中，连殪五贼，余皆遁走，城中遂束火灌油而投之，贼皆烧死。初更贼更犯新北门，宗仁力战杀退。

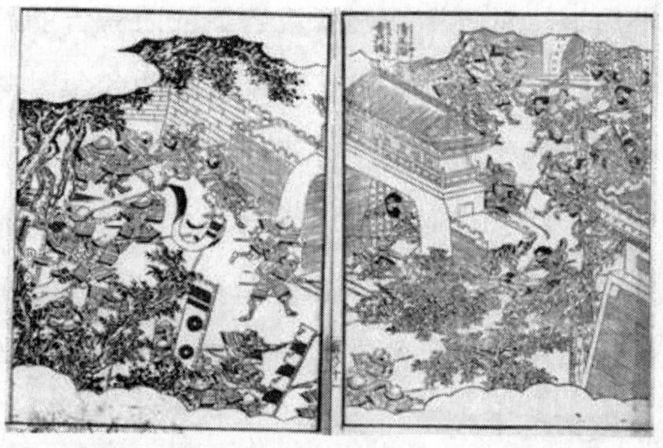

进攻晋州城的加藤清正部队 《绘本朝鲜军记》收录

（28日）则礼元不谨警夜，贼潜凿城将颓，宗仁大怒责之。贼进迫城下，城中殊死战，贼死甚众，贼酋一人中丸而死，群贼曳尸以去。进俯视城下曰，今日之战，贼死者甚至千余。有一贼伏城下仰放丸，横中木板，丸跳而中进左额，遂死。时进润最称力战，为诸将首，一城倚以为重。进中丸而没，城中恟惧。

（29日）以礼元代进为巡城将。礼元丧曳，脱笠骑马，涕泣而行。庆会以惊动军心，将斩而止，以润代之，未几润亦中丸死。未时东门子城，因雨颓落，贼众蚁附以上。宗仁与亲兵，舍其弓矢，直用枪刀相持，贼死者堆积如山，贼退去。又于西北门，高声突进，倡义军溃散，皆聚于矗石楼，贼乃登城，挥剑踊跃。礼元先走，诸军一时溃散。宗仁中丸死，左右扶千镒使退避，千镒坚坐不起曰，我当死此，遂投江而死。贼屠本城，死者六万余人。金功使察访验视城中之尸，仅千余，自矗石楼至江南北岸，积尸相枕。自菁川江至武峰，五里之间，死者塞江而下。

这是一场异常惨烈的攻防战。与第一次晋州城攻防战不同，这次外部联络受阻、内部指挥系统混乱的恰恰是朝鲜一方。在这种防御准备不足的情况下，朝军面对的却是来势凶猛的日本大军。朝军顽强抵抗，即使在没有援军的孤立状态下，面对凶猛的攻城日军，也未做出丝毫让步，依旧苦守着自己的城池。无论受到怎样的猛烈攻击，无论有多少将士战死，晋州城始终没有被攻陷。日军也不后退，且逐渐加强了攻势。依照秀吉的严令，几乎动员了日本全军的力量，非要攻下这座城池不可。两军激战的危急时刻，天公不作美，竟下起了大雨，雨水令城墙的土质变得十分松软。日军正好利用了这一难得的机会，加上新式武器的威力，终于打通了城墙。日军进行了最后的总攻，晋州城的防线随即被攻破，城里数万军民不是被杀，就是被投进城后的南江而死。死伤者超过6万，为战乱之最。除了晋州城的百姓外，第一次晋州城攻防战胜利以后聚集到这里的避难者也未能幸免于难。

晋州城陷落和当时的晋州牧使徐礼元有着密切的关系。与金时敏不同，徐礼元非但未能坚守自己的职责，反而动摇了民心，城池陷落后又首先弃城而逃。晋州牧使徐礼元导致晋州城陷落的利敌行为，被深深地钉在了朝鲜民族历史的耻辱柱上。

4 变为焦土的晋州城

记录秀吉侵略朝鲜的大多数壬辰倭乱系列作品中都谈到日本获得胜利的第二次晋州城攻防战。前面已提过，日本版《惩毖录》发行后，日本的壬辰倭乱系列作品内容上变得更详细且更具综合性，我们可从小濑甫庵的《太阁记》了解当时日本的相关认识及后世的传播情况。

（前略）秀吉获悉第一次战斗遭挫败的消息，雷霆震怒。以日军现在的实力不费吹灰之力即可攻下一座城池。晋州城军民固守城池，日后必定成为祸患，因此秀吉命令撤走都城所有日军兵力，准备一次性攻下木曾城池。从首都撤回的各路人马暂时聚集于东莱外进行整顿。宇喜多秀家6月21

日集结所有武将召开了确定攻击方向的军事会议，决定了攻打方案。据说木曾判官已得知这次日本选派强兵逼近城池的消息，预测到要发生大规模的军事进攻，已做坚守城池的准备。（中略）（加藤清正的军队）第二天准备了防火龟甲车；6月27日（朝鲜的记录中是6月28日）来到城下，损坏城东棱角处的石头，使岗楼倾斜。并向城内投掷火球和烧热的铁块儿，但同样徒劳无功。翌日，又增加龟甲车到相同的城墙角攻击，终于破坏了岗楼，加藤军冲进城去，（中略）小西军也跳过城墙冲了进去，与加藤军争当先锋，最后决定加藤军为先锋。木曾仍在带军抵抗，日军轮番攻击不断。结果，木曾死于秀家卿臣子冈本权之丞之手。朝军大小将领和士兵不是战死就是负伤，或被生擒杀害，人数大概有15,300人，外加坠落岩石而死、跳江溺水而死者，一共死了25,000多人。

《太阁记》第14卷[①]

《加藤清正 像》日本名古屋市秀吉清正纪念馆 所藏

对照、比较朝鲜的记录，可得知上述记录是比较准确的。日军为了不让上次的失败重演，做好了一切战争准备，采取的方法有包围城池、统一指挥、整理装备等。在晋州城陷落的战斗中，加藤清正的军队尤为抢眼。加藤不愿与明朝议和，制作了龟甲车，利用龟甲车破坏了城墙，打开了攻击晋州城的突破口，日军趁机一齐攻击，晋州城终于陷落。去年晋州攻城的惨败和一直被义兵困扰的郁愤，这次统统得以发泄。

在死亡人数方面，日本的记录与朝鲜方面并无太大差异，但他们不知去年的牧使和今年的牧使已非同一人。照此，在堀杏庵的《朝鲜征伐记》“晋州城的陷落”中写：“城内以大明的牧使为大将”，也曾提到了两个年度的指挥官不同的

① 小濑甫庵：《太阁记》第14卷，日本岩波文库1984年版，第118—119页。

事实。也许这是为了说明，明军大将守卫的城池照样也能被摧毁，借以炫耀日军的武威吧。无论如何，去年的牧使金时敏给他们留下了深刻的印象。毫无疑问，晋州牧使在日本也被视为无敌的勇将。

旅居日本的传教士弗洛伊斯在《日本史》中谈及晋州牧使时，称其为“朝鲜国王的近亲”，他写道：

> 该武将是朝鲜国王的近亲，住在（那个国家的）海边城塞附近，有时袭扰日军。秀吉决定复仇。下达命令，在全军撤出朝鲜之前，攻打此武将所在的城池，放火、枪击，令之覆灭。按照秀吉的命令日军全力以赴。城虽坚固，朝军也有长期备战，但日军还是攻下了城池，杀了城里的司令官。败者首级和其他主要武将的首级被一起送到了日本的关白处。剩余敌兵或被屠杀，或被俘虏。①

如前所述，朝军在金千镒、崔庆会、黄进等将帅统率下竭力奋战，但终究未能确立起强有力的指挥权。另外再度强调，送到秀吉那里的所谓“木曾首级”并不是前一年令日军闻风丧胆的朝鲜猛将金时敏的首级，而是抢先逃亡的懦夫徐礼元的首级。

5 善后对策

日军攻下晋州城后，在城中逗留了几天，将活着的人全部杀死，同时破坏城墙，在方圆数十里内烧杀抢掠，然后侵入了全罗道。接到攻陷晋州城的消息后，秀吉大喜，向有功者颁发嘉奖，且命令在朝的武将做好防守。

晋州城陷落的噩耗传到朝鲜朝廷5天后，朝廷议定，嘉奖那些防守失败、却在困境中拼死抗争到最后一刻的将军们。以下是承政院接王命草拟的嘉奖建议文：

> 两南保障，专靠晋州一城，猛将劲卒，皆入其中。而经旬被围，绝无外援，血战力竭，终至骈首就戮，为凶贼逞快之地。自生变以来，守城死

① 弗洛伊斯、松田毅一等译：《日本史》第2卷，日本中央公论社1977—1980年版，第302页。

亡之多，未有甚于此。言之气塞，恨不得同日而死。（中略）其中金千镒崔庆会，初不待朝廷命令，奋兴义旅，高从厚复父雠，敌王忾俱，甘心杀身，尤不容不加优异之奖。

与战斗的胜负无关，朝廷对武将们的忠诚做出了很高的评价。朝廷后来应大臣建议在晋州建造了一座祠庙，以“彰烈”为祠名，为金千镒、崔庆会、黄进三位忠将进行了祭祀活动，还对徐礼元以外的24名武将进行了嘉奖和祭奠。战乱中的晋州三忠将虽是败将，却与金时敏一同作为国家忠义之模范，一直受到朝鲜社会的尊敬。

第四节 晋州城攻防战的特征

1 战乱造成的惨重损失

在两次晋州城攻防战中，守卫方和攻击方均拼死决战。在第二次晋州城攻防战中，关于朝方死伤者，朝鲜的记录是6万人，日本的记录亦达2万5千余人。从超过数万名的死伤者记录中可以看出，百姓的死伤很大。日军的损失也不小。但晋州城陷落后朝鲜方面的境况越发窘迫。

倡义使金千镒，庆尚右兵使崔庆会，忠清兵使黄进(以上三人为三忠，其后建三忠祠于晋阳祀之)，全罗复雠大将高从厚，右义兵副将得赉，左义兵副将张润，（中略）金海府使李宗仁，泗川县监金俊民，蓝浦县令宋悌，知州徐礼元等，皆死之（忠清守令从兵使，死者多，而名不记)。贼连日屠戮不能尽，诈曰：避入司仓大库者免死云云。愚民被迫，竞入库舍，贼一炬烧之。南原人从诸义兵，入晋城者三百余名，自南北泳出生还者郑麒寿等数人而已。

《乱中杂录》第2卷[1]

① 赵庆南：《乱中杂录》第2卷，《大东野乘》第6、7辑，韩国民族文化推进会1982年版，第95页。

> 军民死者六万余，牛马鸡犬不遗。贼皆夷城填壕堙井刊木，以快前愤，时六月二十八日也。（中略）军民得脱者数人而已。自倭变以来，人死未有如此战之甚者。
>
> 《惩毖录》[①]

日军的复仇行动覆灭了整个晋州城，朝鲜方面的记录中提到了日军在晋州城惨绝人寰的残暴行为，战乱带来了无可避免的惨状。全城6万死伤者是壬辰倭乱中朝鲜遭受的最大损失，死难者中，包含大部分前一年金时敏胜利以来投靠晋州城的难民。朝鲜城内居住着很多百姓，受到外部攻击时，无法避免出现大量的死伤者。但晋州城的惨状过于严重，整个晋州地区因战乱而荒废，战乱后甚至到了改编行政区域的程度。

2 晋州城和耳冢

耳冢主要埋葬的是盐腌渍的朝鲜人的鼻子，这些鼻子是日军根据命令或为证明自己的战功而割下的，后被携至日本呈交，聚集在一处埋葬而成坟冢。

1624年，江户幕府第三代将军德川家光袭职（将军职的继承）。朝方应日方的邀请，派遣了通信使。其副使是姜弘重（1577—1642），之后在他的游记《东槎录》中记载了以下内容。

> 倭人云秀吉聚埋我国人耳鼻于此。秀吉死后，秀赖环封立碑。或云晋州陷没之后埋其首级于此。闻来不胜痛心。
>
> 《东槎录》[②]

作为友好使节的姜弘重造访京都大佛寺时，听到耳冢之由来，伫立其前，

---

① 柳成龙：《惩毖录》第3卷（东大所藏本）。朝鲜半岛史书，由朝鲜王朝官员柳成龙用汉语文言文写成，专门记述朝鲜壬辰卫国战争，并检讨朝鲜在战事中所得的教训。柳成龙本人曾参与该次战事，在《惩毖录》中忆述了当时的经历，又收录了一批战时的文书档案，因而该书是有关朝鲜壬辰卫国战争及中朝日关系史的重要参考典籍。

② 姜弘重：《东槎录》，《海行总载》第3辑，第41页。

心情又会如何呢？他经历过壬辰倭乱，又是晋州人，不难想象当时他内心何其痛苦。

耳冢(实际上是鼻冢)

实际上当时对耳冢有很多记录，下面从两国的记录中各举一例：

那时（1597年），给每个日本人分配任务，要拿到3个朝鲜人的鼻子，那些鼻子在高丽经过验查官检查后，放进大桶里用盐腌渍后送到日本，最后将大桶放在大佛寺前面，并做成坟墓。[①]被押送到日本后回国的姜沆也在《看羊录》中这样写道：

> 秀吉之再寇我国也，令诸将曰：人各两耳，鼻则一也。令一卒各割我国人鼻，以代首级，输致倭京。积成一丘陵，埋之大佛寺前。几与爱阳山腰平。血肉之惨，举此可知。[②]

李睟光(1563—1628)经历过战乱，其作品《芝峰类说》（1615）据称开了朝鲜百科辞典之先河，书中写道："是时我国之人，无鼻而得生者亦多矣。"[③]

我们来看看日本割鼻行为的由来。中世日本的肉刑中即有此等刑法，"割耳鼻刑"在江户时代初期只是一种一般性的刑罚，幕府及各藩也曾使用这个刑罚。总之这在日本较为常见，所以日军对割掉鼻子的行为并没有太大的抵触，然而，这对朝鲜人民却是莫大的耻辱和痛苦！

几近被世人忘却的耳冢，在近代明治政府统治时期又被利用，在政治方面再次备受瞩目。为了向大家展示秀吉的丰功伟业，它成了一个有力的证据。甲午战争后，秀吉去世300周年的明治三十一年（1898），国家举行了"丰太阁300年祭"活动，在表彰秀吉的同时恢复了耳冢。

---

① 参谋本部：《鼻冢的由来》，《日本战史 朝鲜战争 补传》，日本偕行社1924年版，第167—168页。

② 姜沆：《看羊录》，日本东洋文库1984年版，第286页。

③ 李睟光：《芝峰类说》上，韩国乙酉文化社1982年版，第534页。

世人熟知的是现在京都丰国神社前的耳冢以及宇喜多秀家领地冈山附近的香登村鼻冢。此外还有关乎日本人割鼻的文艺作品《歌舞伎年表》中的《耳冢之殉情》（耳塚の心中）篇以及描写壬辰倭乱的歌舞伎《倾城胜尾寺》，剧中人物有“被割掉鼻子的四郎”（鼻そげ四郎）和“被割掉耳朵的三藏”（耳切三蔵）等。除此以外，在日本其他一些歌舞伎中也可看到“被割掉耳朵的某某”之类名称。

1718年，申维翰作为朝鲜通信使访问日本，在他的《海游录》中记录了当时淀川江边有一个名叫“晋州岛”的地方。申维翰与负责招待他的雨森芳洲有过对话交流（前面已详述）。申维翰还为晋州矗石楼匾额题过词。

倭言淀江之岸有名晋州岛者，乃壬辰倭获晋州人而处之，今其一村无他种。令想得当时，毛发竦然。

《海游录》

通过上述内容，可知晋州城陷落后，日军劫掠朝鲜俘虏并带至日本，战后过了120年，在日本依然流传着晋州的故事。朝鲜人每年6月29日纪念晋州城的沦陷，为金千镒等殉国将领和阵亡者们组织祭祀活动，此村落不由得让人回想起那个年代，使和平使节团也感到“毛骨悚然”。

总之晋州城中有过晋州“三忠”和无数的死难者，晋州城在朝鲜是“忠”的象征，也是“憎恨”日本的象征。反之在日本，晋州城则是日本武威的象征。晋州城以相反的印象，留存在朝、日两国的历史中。

3 晋州城的英雄们

“忠”的模范——金时敏与晋州“三忠”

在两次激烈的晋州城攻防战中，朝、日两国各有胜败。在晋州城攻防战中，两国诞生了各自的英雄。第一次晋州城攻防战的英雄，牧使金时敏当之无愧。如前所述，金时敏出色的指挥及其最后的战死，与李舜臣的赫赫战功及英勇阵亡正可相互映照。

当时，南道离宣祖的避难行宫较远，在南道对金时敏做出的评判没有及时传达到行宫，所以金时敏的战功只是“宣武功臣”[①]二等。后据史家评论，金时敏的晋州城保卫战，被高度评价为“壬辰倭乱三大捷”之一。朝廷后赐谥号为忠武公，被追赠为朝廷最高官职领议政、上洛府院君等，而且为其建立祠庙，命名为忠愍祠。

另外，金时敏在晋州城把日军打得溃不成军，使日军受到重创，晋州牧使即木曾作为朝鲜最高猛将广为流传。战争中获得胜利的将军在本国谓之为英雄，在敌国则被视为恶魔。连金时敏的真名实姓及战亡事实都不知晓的日军，向晋州牧使守卫的“木曾”城倾注全力，发动第二次全面进攻并将其攻陷。为此在日本，晋州被记录为朝鲜第一名城。堀杏庵的《朝鲜征伐记》中写道：“晋州是朝鲜第一名城，国王离开首都时，把历代国宝——箕子朝鲜时代传下的玉玺置放于彼，结果一瞬之间烧成了灰。”[②]当然，历代国宝的说法与事实是不符的。但可看出晋州对日本人来说，确实是一个绝对不可小觑的重地。

在第二次晋州城攻防战中战败阵亡的金千镒、崔庆会、黄进三将军被称为“三壮士”也称“三忠”，作为忠义的象征，朝鲜社会给予了高度的评价。在当时最高表决机关的褒奖奏请文中，将他们的功绩等同于张巡的睢阳城保卫战。[③]

> 晋州之事大似睢阳之围，专力固守，外援不至，竟至陷汲。其为惨痛之状，言之于悒。特下温旨以慰忠义之魂。
>
> 《宣祖实录》宣祖二十六年七月二十一日

第二次晋州城保卫战失败，城池陷落，大量百姓惨遭屠戮。在这种情况下，

---

① “宣武功臣”——壬辰倭乱时期向有战功的武臣授予称号。1604年确定“宣武功臣”三个等级。一等功臣(孝忠仗义迪毅协力 宣武功臣)有李舜臣、权栗、元均3人，二等功臣(效忠仗义协力 宣武功臣)有金时敏、李廷馣、李亿祺等5人，三等功臣(效忠仗 宣武功臣)有10人，共计18人。

② 大关定佑：《朝鲜征伐记》，日本国史研究会1916年版，第32页。

③ 安禄山之乱，敌将尹子琦带领10万大军包围攻打睢阳，张巡与时任睢阳太守的许远拼死守城数月，最后却因援军未到而陷落。

忠义精神更受瞩目。金时敏在忠愍祠中、晋州三忠在彰烈祠中，受到同样的高规格供奉，其后追赠的官职也再度提升。1864年后，金时敏的牌位与第二次晋州城攻防战中殉国的忠将们一起放在了彰烈祠中，每年春秋各举行一次大祭祀。

朝鲜王朝时代，晋州城以及已故将军的出生地也相继建起了祠堂或立下石碑以示纪念。朝鲜王朝末期（1831），朝廷又搜集了晋州城攻防战的守城记、陷城记、阵亡的27名武将的传记以及其后的碑文、祭文等，编写并出版了《忠烈实录》一书。人们暂不论晋州城攻防战的胜败，而是视诸将所具之“忠”为最高的品德，将之奉为朝鲜儒教社会之典范。晋州城忠将的事迹传颂至今。

“彰烈祠”韩国文化财资料 第5号

晋州牧使——徐礼元的末路

除了清正，晋州城参战将帅们都得到秀吉的嘉奖状。其中羽柴备前宰相殿（宇喜多秀家）的嘉奖状中写到冈本权之允斩杀朝鲜大将晋州牧使的内容，当时日军认为此将军就是曾经的晋州牧使金时敏。

> 闻冈本权之允上月29日攻陷木曾城，陷落后不留一个，全都杀光。特别是阁下亲手斩杀的木曾的首级已运至日本。将士们无比勇猛，声名远扬，传到日本也传到大明南蛮。首先大大褒奖斩首木曾的冈本权之允，归国后将提升其职位，分封其领地。
>
> 7月11日 御朱印　羽柴备前宰相《黑田家谱》[1]

岡本權之允差越，去月二十九日もくそ城責崩，一人も不殘，悉討果趣，有様言上，被聞召屆候,殊もくそ頸，其方手へ討捕之，則到來候，日本之儀は不

① 参谋本部：《黑田家谱》，《日本战史 朝鲜战争 补传》，日本偕行社1924年版，第162页。

及申，大明南蠻迄之覺，無比類儀候，然者，もくそ頸，岡本權之允討捕之由候間，加御褒美候，其方も歸朝候而，知行可有加增候.

秀吉在目睹木曾首级时，得意忘形的程度可想而知。对秀吉的日军来说，木曾是令他们最为头疼的敌将，也是晋州城的象征。同时，秀吉认为晋州城攻防战是日本向世界展示其武威的战斗。

关于牧使徐礼元的首级，在《朝鲜征伐记》中记载了以下内容。

（城池陷落时）他跳江逃跑被冲到下游，藏在草丛中，有人找到他并砍下他的首级。生擒者认定他便是大将，禀报为牧使首级。另外还有10余名也被认为是大将军的首级，同时用盐腌渍起来送往日本接受太阁的检查。太阁命将首级送至京都示众。

《朝鲜征伐记》[①]

徐礼元没有完成他身为指挥官的任务，死得更悲惨。大名鼎鼎的木曾（晋州牧使）首级被送到日本京都示众，在日本人心中留下了深刻印象。日本人根本不知金时敏早已死亡，错以为这次战斗中打败的是去年晋州城攻防战中击退日军的朝鲜猛将金时敏，乃将错认的徐礼元的首级送到日本示众。所以在后世的作品中，（晋州）牧使以满腹怨恨的朝鲜猛将“木曾官”的形象登场并非偶然。在没有准确掌握敌对国情况的战争背景下，文学作品中出现了与事实不符的现象。对此我们将在下一章中具体讨论。

① 大关定佑：《朝鲜征伐记》，日本国史研究会1916年版，第32页。

第八章 文艺作品中的英雄

第一节 朝鲜的忠臣——金晋州（金时敏）

壬辰倭乱以后，朝鲜出现了很多虚构的、关联于战乱的作品。如战乱结束两年后，即1600年的《达川梦游录》，即朝、日两国最早描写壬辰倭乱的小说。从小说的题目可以看出，这是以梦幻的形式创作的汉文小说。此外，被称做开拓朝鲜小说之先河的金时习（1435—1493）的作品《金鳌新话》，其素材似乎也与梦幻相关。也就是说，《梦游录》系列小说有着悠久的历史，是朝鲜王朝时期形成的一种小说模式。在《梦游录》系列作品中，比较有名的是关乎壬辰倭乱的《达川梦游录》、《皮生冥梦录》以及关乎丙子胡乱的《江都梦游录》等。在讲述梦境中的壬辰倭乱时，屡屡涉及外敌入侵、变成冤魂的情节。

其中文学化的《达川梦游录》旨在悼念壬辰倭乱的阵亡武将。此作不妨说是描写壬丙两乱(指壬辰倭乱和丙子胡乱)惨剧的作品，因而具有先驱意义。作者尹继善（1577—1604）于战乱时期的宣祖三十年（1597）中举（文科），完成此作品4年后的27岁时英年早逝。

1600年2月，尹继善曾为安抚"忠州之战"当地民心被派遣到忠清道。《达川梦游录》描写的是尹继善到壬辰倭乱战败地——忠州达川时的切身感受。壬辰倭乱爆发不久，4月28日，为阻挡日军进入首都，朝鲜最高名将申砬将军率八千朝军在南汉江和达川交汇处——忠州弹琴台与日军背水一战，此次战役被称为“忠州之战”。因申砬将军指挥失误，朝军被小西行长等率领的日军歼灭。关乎江山社稷安危的这场战斗以朝鲜失败而告终，宣祖决定离开汉城避难。

这里主要探讨的是收录于《乱中杂录》中现存四种抄本里最具代表性的“奎章阁本”。这部作品开篇即叙写达川主人公坡潭子（尹继善的号）的梦——“清夜未央，寄枕思想，恍惚之间，有一大蝴蝶，栩栩然导引而去。”[①]这里引用《庄子》名句——“昔者庄周梦为胡蝶，栩栩然胡蝶也。”此处后句应是——“不知周之梦为胡蝶与，胡蝶之梦为周与”，坡潭子见到的却是一群冤魂——“或无头者，或断右臂、左臂、左足、右足者，或腰存而无脚者，或脚存而无腰者，或涨腹而蹒跚者——盖溺水也。披发满面，腥血相射，四肢残酷，惨不忍见。”[②]不言而喻，这些都是忠州之战死去烈士的亡魂。在倾听他们凄怨的诉说时，又出现一堆将军的魂魄。

> （李舜臣）将军乃先据第一座，即右也。左座之首，高佥知也。次崔兵使也，次金原州也，次任南原也，次宋东莱也，次金淮阳也，次金从事也，次金倡义也，次赵提督也。右座之次黄兵使也，次李兵使也，次金晋州也，次刘水使也。（中略）曰高临陂，曰高正字，下座僧将也。金从事告诸左右曰，有俗士在此，可邀以致之。佥曰诺，然坡潭子亦占末席。[③]

这些冤魂都是壬辰倭乱时阵亡的将士魂魄，包括所有壬辰倭乱时期的殉国忠将。27位将军中有李舜臣，领导第一次晋州城攻防战的金晋州（时敏），第二次晋州城攻防战中阵亡的崔兵使（庆会）、金倡义（千镒），黄兵使（进）等。各将依次出现，在吟诗宴会中讲述自己的故事。在这里我们来了解一下金倡义（千镒）讲述的故事。

---

① 赵庆南：《乱中杂录》第4卷，《大东野乘》第6、7辑，韩国民族文化推进会1982年版，第72页。

② 同上。

③ 同上书，第73页。

金晋州又进曰：幸荷赫天之灵，粗有金城之绩。褒荣踰分，感激捐躯。（中略）志益专于三坂（晋州城），身忽颠于一丸，殊渥未答，壮怀难。乃歌曰：

楼石兮如矗矗，

下有长江兮泻寒碧。

壮士久围兮边塵黑，

炮声震天兮如裂竹。

泰山兮鸿毛，

血染兮战袍，

地扩兮天长，

长时起兮怒号。

金倡义又进曰，适值蛇之毒，蹂躏金汤。不量蚊蚉之力，纠合义旅。（中略）久觇汉阳（都）之窟，纵未扫荡。往守晋山（晋州）之城，实有深虑。天不助顺，事终难救。空余落落之怀，浑遂啾啾之鬼。[①]

这里讲述的是倒在子弹下不能为国尽忠的晋州牧使金时敏的怨恨，及守城失败而与长子在矗石楼跳南江自尽的金千镒将军的冤屈。可想而知，一腔忠诚、浴血奋战却终究未能如愿，抱憾殉国的金晋州（时敏）和金倡义（千镒）的哀怨如何地令人肝肠寸断！

此作品描述的是壬辰倭乱时期27位将军的故事，所以并非重点讲述金时敏和金千镒两位将军，但可以确定，晋州城攻防战将士的功勋和忠诚的确打动了作者。将军们依次讲述自己的故事后，托坡潭子代替他们完成自己的夙愿。醒来的坡潭子撰写祭文，祭祀忠臣，安抚忠魂。坡潭子摘取了首阳山上的蕨菜（周国的伯夷和叔齐在首阳山为守义而饿死），又汲取安禄山设宴时用的山谷清泉祭祀27位亡灵。祭文由此开始。在此仅介绍金千镒和金时敏的部分。

---

① 赵庆南：《乱中杂录》第4卷，《大东野乘》第6、7辑，韩国民族文化推进会1982年版，第74页。

倡义之士（金千镒），先据西南要害（晋州城），以振纲维，复遏拥兵，力战而疲。身死名垂，堂々乎。

金侯（金时敏），力存晋山（晋州）者谁？勋高报隆，玉音曰咨，长城忽摧，恨不见巡远之业，赫赫丕丕……[①]

在朝鲜的作品中，被日本人称为“木曾官”的晋州牧使金时敏，作为晋州城攻防战的忠臣而为国人悼念。与此同时，次年，虽战败而英勇殉国的金千镒等三位忠将也成为忠义之象征，为朝鲜社会所敬仰。但是此类作品里不可能出现当时的晋州牧使徐礼元的名字。

因创作时期正值战乱结束，登场人物都是阵亡的将军，后半部分甚至用了真名，所以作品的现实感很强。对于亲身经历过壬辰倭乱的作者来说，或是一段永难磨灭的梦魇。作者要通过这部作品，表达对尽忠报国的将军们的哀悼，也想让朝鲜记住这段历史的教训。

那么，日本是怎样描写金晋州（金时敏）的呢？让我们来了解一下日本的有关著作。

第二节　近松门左卫门笔下的“木曾判官”

晋州城沦陷的罪魁祸首是牧使徐礼元，却被误认为是第一次晋州城攻防战的英雄金时敏——“木曾官”，其首级被传至京都。120年以后，江户时期有日本“莎士比亚”美誉的著名剧作家近松门左卫门（1653—1724），使“木曾官”这个角色在戏剧里得以复活，作品中将其称为“牧司判官”。

在获悉朝鲜通信使秋天即将到访日本的消息后（朝鲜通信使于当年9月来访日本），1719年2月14日，近松创作的《本朝三国志》剧作首次在大阪净琉璃剧场竹本座登台。该剧主要讲述日本战国时代各部势力交替的三个代表人物——战国时期结束、全国即将实现统一却被暗杀的“织田信长”，暗杀织田信长的神秘

① 赵庆南：《乱中杂录》第4卷，《大东野乘》第6、7辑，韩国民族文化推进会1982年版，第76页。

人物“明智光秀”，以及继织田信长之后统一日本的“丰臣秀吉”。该剧故事由五段组成，登台之时便备受关注，开创了江户时期丰臣秀吉题材作品——“太阁记系列作品”的先河。

该剧第四、第五章是关于壬辰倭乱的。第四章的主要内容是久吉（秀吉）[①]为三韩（朝鲜）征伐参拜住吉神社，加藤虎之助（加藤清正）和小西弥十郎（小西行长）以抢夺“三韩地图绘”的形式（并非标记记号而是绘制地图）展开对决，对决后加藤和小西一起被派到朝鲜充当先锋。第五章的主要内容是，朝鲜战争取得胜利，秀吉在京都建耳冢，并在耳冢的祭日当天，欣赏了人偶净琉璃剧《男神宫皇后》（也称《男神功皇后》）。《男神宫皇后》是通过再现朝鲜战况以供观者欣赏的人偶剧，剧中“木曾官”第一次以“牧司判官”的名字在日本剧里登场。

（高丽国）辽东大王在日本攻陷汉城后，逃至平安道。安置李郎耶兄弟的釜山东莱城又被日军包围占领，连木曾判官也已不知去向，便觉得在高丽没了安身之地。

（中之卷）

高丽猛将木曾判官在咸镜道吉州布阵，（中略）大将木曾怒吼着挥动八角铁棒，击中者性命难保。小西弥十郎适时赶到，一把揪住他掷倒在地，脚踏后脊要取其首级。却遇见加藤清正生擒辽东大王飞奔而来。（中略）加藤、小西分别扯起木曾的一条腿，“嘿咻嘿咻”一声断喝撕成两半，仿佛比屠杀鳗鱼还要容易。

近松门左卫门的著本

在剧中牧司判官以朝鲜猛将的形象登场，却被加藤、小西劈双腿分尸，下

① 指秀吉，江户幕府不希望与幕府有关的事件流传，反对在文学作品中提及与江户幕府有关的事件，所以剧作中人们无法直接使用武将的实名。“秀吉”被更名为“久吉”，对名字进行了略微的改动。但观众不难猜出指称何人。

场极其悲惨。由此可以确定，“牧司判官”这一名称原是日军称呼晋州牧使金时敏的。其实，金时敏是在1592年由判官（从五品，地方长官的属官）升为牧使的。在小濑甫庵的《太阁记》里也称其为“木曾判官”，且很早即和“木曾官”一称并用。

但是，这里的牧司判官并非一般的地方武将，而是让日军苦恼不已的、最具代表性的朝鲜武将。作品中的牧司判官是“朝鲜最值得信赖的将军”，也是“被日军残杀的将军”。被近松文艺化的晋州牧使形象，在后来的文学作品中又被描述成为报国仇前往日本、意图推翻日本政权的谋逆者的形象在日本广为人知。

第三节 “木曾官”形象的转换

继近松的《本草三国志》出现半个世纪后，晋州牧使再次以“木曾官”的名字并作为对日本充满怨恨的谋反者，出现在净琉璃的作品中。

宗观高兴地手舞足蹈，说道：“喔，看你，但说无妨。我原是朝鲜大臣木曾官，为报国仇来到日本，以曾吕利新左卫门的身份接近将军（秀吉）。却中了久次圈套被俘。但有法术，使周边暗淡，轻松遁出宅邸。无法再度接近，只能使用传授给我的蛤蟆妖术。（中略）看到蛇的反常，吾轻而易举便知晓有刀之宅。从现在起，汝（天竺德兵卫）唯有藉此谋叛，为国王、为国家、为痛苦三十年的为父报仇。”①

宗觀。ぞく小して。ヲ、其を見るからに。今打明かす某は。國の臣下といつし者。國のはん爲此日本に押し渡り。新左衛門と姿をし。將軍には近か寄れ共。久次がに落入て。やみと成つたれ共。兼てにて其をくらまし。やす館を遁れ出しが。ふたゝび近か寄るもなく此上は授り得たるの妙術。(中

① 近松半二、竹本三郎兵卫：《天竺德兵卫乡镜》，《未翻刻戏曲集》5，日本国立剧场、艺能调查室1979年版，第42—44页。

略）のふしぎに太刀の有り家るは。只今より此二色。汝（天竺德兵衛）して謀叛をおこし。主の。國の。三十年来心をく父が存念。さんず者外になし。

上面的引文出自1763年4月近松半二[1]等剧作家共同创作的《天竺德兵卫乡镜》（大阪竹本座首演）。作品以长达7年壬辰倭乱晋州城攻防战中俘获的“木曾官”为主人公。引文具体展现的是第二段“宗观馆”的一个场景。吉冈宗观（木曾官）切腹自尽时，给儿子天竺德兵卫留下那般遗言，让他为祖国（朝鲜）报仇雪恨。秀吉的侵略令朝鲜备受戕害，但该剧却把朝鲜大臣设定为意图推翻日本政权的叛乱者。

这是因为，晋州牧使对日本积怨已深，死后其子天竺德兵卫继承了父亲的遗志，对日本的观众来讲，他的谋反更具说服力。作品中德兵卫被描绘成了一个不仁不义的人，谋反前杀死了自己的母亲、妻子及女儿，踏上了他所谓的“制霸之路”。

将刀上沾染的女儿的头颅血擦掉。父母、妻子和女儿，四人的鲜血将化为四位大将。杀死了父母、子女、发妻，德兵卫断绝了一切血亲念想。现在心无杂念了，大功即将告成。哈，高兴！痛快！[2]

对天竺德兵卫极端行为的描写，使得谋反人的印象在观众眼里更加鲜明。观众透过他悲壮的决心，会否在一定程度上也能看到木曾官的影子？正因有了天竺德兵卫和木曾官的父子关系，才能使这部谋反剧更具生命力。

那么，天竺德兵卫到底是怎样一个人物呢？他到底为何承继朝鲜木曾官、以谋反人的姿态出现在日本的戏剧里面？我们先来了解一下“天竺德兵卫”的本相。

---

① 近松半二（1725—1783）：江户中期的人偶净琉璃作家，大阪出身，二世竹田出云的徒弟。他喜欢宏大构想、复杂情趣，或将真人实际出演的歌舞伎，发展、应用到人偶剧净琉璃中。后因歌舞伎出现，净琉璃走向衰退。作为竹本座的核心作家，他点缀了净琉璃界的最后时期。

② 近松半二、竹本三郎兵卫：《天竺德兵卫乡镜》，《未翻刻戏曲集》5，日本国立剧场、艺能调查室1979年版，第70页。

1 天竺德兵卫的本相

天竺德兵卫似为真实人物，《天竺德兵卫物语》中这样写道：

> 播洲高砂有别名天竺德兵卫者，最近入道，法名宗心，住大阪上盐町。年轻时从日本去天竺，归国带回了一些笔记，记下当时海上、陆地所见所闻。1627年（宽永四年），89岁高龄时他决定把自己的故事公诸于众，写下了《天竺德兵卫物语》。今犹存命。天竺德兵卫亦为播洲高砂的船长，15岁航海三渡天竺，做了一些记录，记下了长崎到中国、天竺的旅途及在海陆中看到的事情。[①]（后略）

可以看出，天竺德兵卫在他15岁时便航海去了印度（天竺）三次，是经验丰富的船员。由于禁海令，当时像他这样有着异国体验的人少之又少。回到日本后，他给长崎奉行（幕府派遣到长崎的管理者）提交了一份报告书，报告书中记录了他的一些所见所闻。

德兵卫是他的原名，但自印度航海归来后，大家都叫他天竺德兵卫。据说后来他在大阪开了一家外国商品店，向顾客介绍与那些商品有关的外国风俗习惯。德兵卫的《渡天物语》有各种抄本，内容上有些差异，但主要描写的都是有关印度的路途、风俗、特产等。因这种特殊的经历，德兵卫被后人看作传奇性的人物。正因受到这种异域文化的影响，天竺德兵卫自18世纪后半期开始，便以外国人的身份在歌舞伎、净琉璃、合卷（近世后期小说类型之一，作品以长篇复仇记为主）中登场。

有关德兵卫的戏剧始于《若绿锦曾我》（1755）。《歌舞伎年表》第五卷中写道：“（这部作品）笠屋又九郎饰演贝勒王，贝勒王欲灭亡日本，自称天竺

① 石井研堂校订：《天竺德兵卫物语》，《漂流奇谈全集》，续帝国文库第22篇，博文馆1900年版，第977页。引文中宽永四年(1627)他89岁的有关说法是不符合事实的。因为在“渡天之说”(《史料丛书》第2卷)中，记载为“十五岁的宽永癸酉年十月从肥前国长崎袖田出发”。天竺德兵卫的准确的出生年月和死亡时间不明，但可推测应是出生于1610年代，死于1700年前后。高砂善立寺石碑上的记录为1695年(元禄八年)8月7日。

德兵卫，混入妓院。（中略）结尾处则以中国人（唐人）的形象出现，欲推翻日本。”自最早有关德兵卫的戏剧开始，他的形象已基本定位——来自大陆、意图推翻日本政权的谋反者。[①]两年之后，《天竺德兵卫闻书来往》问世，它是最早的“天竺德兵卫”系列作品（以下称天德系列作品）。德兵卫被润色成会施妖术的大恶人，从此定型为来自外国的妖术师、谋反者。

2 朝鲜人、基督教徒、妖术师

《天竺德兵卫闻书来往》是同並木正三[②]等人一同创作的歌舞伎，是由“天草之乱”（又称“岛原之乱”[③]）改编而成。它于1757年正月二日在大阪首演。作品里天竺德兵卫是朝鲜大臣“正林贤”[④]的儿子“天草四郎”，[⑤]同时也是外国来的蟾蜍妖术师。

以天竺德兵卫身份登场的歌舞伎演员及蟾蜍 个人所藏

德兵卫：啊，痛快。吾以蟾蜍法术推翻日本，吾替大唐（中国）、朝鲜来此报仇雪恨。藉蟾蜍法术已抢得草薙宝剑，并俘获了义辉将军。但吾之蟾蜍法术又被日本的威势所慑，被囚于此而不得入宫。（后略）

则祐：什什……什么？

德兵卫：与其贪图那些无用的将军官位，不如为国殉职。

则祐：嗯，这么说你是何人呢？

四郎（德兵卫）：天草阵亡的朝鲜大臣正林贤

① 井草利夫：《鹤屋南北研究》，日本樱枫社1991年版，第530页。

② 並木正三（1730—1773）：江户中期的歌舞伎剧本作家，大阪出身。当时作为大阪、京都首屈一指的剧作家，对净琉璃怀有宏大的构想，擅长的剧作创作是历史剧的编写。而且，据说他还是当今世界大剧场广泛应用回转舞台的发明人。

③ 岛原之乱：1637—1638年在九州岛原和天草发动的农民起义。

④ 正林贤：乃指为了坚守釜山附近的东莱城而壮烈牺牲的宋象贤（1551—1592）。

⑤ 天草四郎：实名为“益田四郎时贞”，在剧作品中他以“七草四郎”的形象登场。

之子，世人所说的“七草四郎”是也。[①]

〔德兵衛〕エ、、嬉しや。我蝦蟆の妙術を以て日本を覆し、唐、高麗を随がへ、我念願を晴らさんと此土へ渡り、蝦蟆の術をもつて草薙の御劍を奪ひ取り、將軍義輝も手にかけた。なれども我尊む蝦蟆の妙術、日本の威勢に恐れ、此身は禁庭へ入込事叶はず。(後略)

〔則祐（三好長慶）〕ナ、、、、何と。

〔德兵衛〕いらざる將軍職を望もふより、大國の爲に命を捨るを有難いと、くたばつてしまいおらう。

〔則祐〕ム、、さ言ふ汝は。

〔四郎（德兵衛）〕天草にて討死したる高麗の家臣正林賢が悴。世こぞつて、七草四郎といふは身が事じやわい。

在此，天竺德兵卫的身份是“朝鲜大臣正林贤之子”——朝鲜人之子，名为“七草四郎”的基督教徒、蟾蜍妖术师。

在此，首先介绍蟾蜍妖术师及他与基督教徒之间的关系。岛原之乱的早期作品有1666年8月创作的古净琉璃[②]《天草四郎岛原物语》，还有近松门左卫门创作的著名净琉璃《倾城岛原蛙合战》（1719年11月在大阪竹本座首演）。《倾城岛原蛙合战》写的是为躲避源赖朝的追击，到处逃难的奥州藤原秀衡的四子（七草四郎）日后谋反的故事。剧中有如下记载：“七草四郎懂得蛤蟆仙人的法术，用蟾蜍幻术蛊惑

《蛤蟆仙人》The Museum of Fine Arts, Springfield 所藏

① 並木正三等：《天竺德兵卫闻书往来》，《歌舞伎台帐集成》第10卷，日本勉诚社1986年版，第282—283页。

② 古净琉璃：经近松门左卫门和竹本座义太夫的努力形成今日的人偶净琉璃(也叫义太夫节)形式。古净琉璃是指在人偶净瑠璃问世之前上演的各种净琉璃。时间为“出世景清”(1685)的首演以前。

人心。”[①]“蛤蟆仙人”是指中国人想象出的一种会使用蟾蜍的仙人。

蟾蜍（包括蛤蟆）和人类有着密切的关系，有作为人类、蟾蜍婚姻谭（也称异类婚姻谭）的《蟾蜍夫人》，有讲述蟾蜍与蛇成为天敌之由来的《蟾蜍与蛇》等等，同样日本也有很多与蟾蜍有关的异谈。《天草四郎岛原物语》中把蛇和蟾蜍分别设定为正（蛇）和邪（蟾蜍）。与韩国不同的是，蛇在日本被信奉为福音的象征，与弁财天神有关联，这主要是受佛教信仰的影响。[②]但是蟾蜍（蛤蟆）在日本却没有如此好的印象。总之，“蛤蟆仙人”从中国传到日本后，在文艺作品中演变成一个不明身份的妖术师或谋反人形象。[③]

近松的《倾城岛原蛙合战》中，天草四郎为岛原之乱的总指挥官，又是基督教徒、妖术师。可以说，这是当时日本人对基督教徒的一种片面的理解。从近松开始，基督教徒与妖术师发生了结合，也被巧妙用于以外国人为主人公的谋反类戏剧“天德”系列作品中。

“朝鲜人、基督教徒、妖术师”——这一谋反者天竺德兵卫的特点被创作出来后，几乎被后续的各类作品原封采用并逐渐定型。但却与实际上的天竺德兵卫相差甚远。

3 木曾官和“曾吕利新左卫门”

歌舞伎《天竺德兵卫乡镜》，是上述近松半二等人根据《天竺德兵卫闻书往来》重新创作的作品。《天竺德兵卫乡镜》继承了《天竺德兵卫闻书往来》中德兵卫形象的特征，也添加了一些独特的思考。在作品中德兵卫是“正林贤”的遗腹子，但当时日本人更为熟知的是“木曾官”而非“正林贤”，所以在《天竺德兵卫乡镜》中把木曾官设定为德兵卫的父亲。在木曾官剖腹自尽前，德兵卫继承了父亲木曾官的一切，踏上了谋反之路。作品突出地强调了故事的现实感与悲壮气氛。

作品的概要如下：

---

① 近松门左卫门：《倾城岛原蛙合战》，《近松全集》第11卷，日本岩波书店1989年版，第294页。

② 弁才天（弁财天）：原来是印度的神(Sarasvat)，是音乐、智慧、财物之神，她与吉祥天一样，是人们广为崇拜的女神。

③ 高木元：《戏作者的〈蛤蟆〉》，《江户文学》2(4)，日本鹈鹕社1990年版，第128页。

木曾官刺杀丰臣秀吉的侄子丰臣秀次（到壬辰倭乱初期为止是公认的秀吉继承者）的计划失败后，失踪了一段时间，之后他又以九州领主大友家族家臣吉岗宗观的身份再次出现。他偷出存放于大友家中的将军家（秀吉）宝剑——波切丸，企图颠覆日本。木曾官与儿子天竺德兵卫相见，并将宝剑和妖法传授给儿子，后剖腹自尽。德兵卫便凭借蟾蜍妖术计划谋反，不料妖术被击破，德兵卫身亡。因为蟾蜍和蛇相克，滝川左近是蛇年蛇月蛇日出生，他的牺牲破除了德兵卫的蟾蜍妖术。

在这个作品中，木曾官以朝鲜忠臣和基督教徒的身份登场。吉岗宗观（木曾官）作为基督教徒，虽为当时有名的丰后大友宗林的家臣，但为了复仇，他偷出存放于大友家的将军家（秀吉）宝剑——波切丸。作品将木曾官刻画成一个对日本充满怨恨的、一代朝鲜忠臣形象。木曾官的怨恨无疑源自秀吉对朝鲜的侵略和晋州城的沦陷。剧中木曾官假借曾吕利新左卫门之名接近秀吉将军。据说曾担任秀吉御咄众（谋士兼随从）的谋士中真有名叫曾吕利新左卫门的人物，其内容暗示观众，此故事是秀吉时代的故事。作品中天竺德兵卫以壬辰倭乱中出现的朝鲜人木曾官的分身出现，这为他以后悲壮的谋反行为提供了理由。

4 “三韩的王是日本的狗”

《天竺德兵卫乡镜》是《山城国畜生冢》的后续作品，两部作品交替出演，如同一部上、下两集的大型剧作。其中，前篇《山城国畜生冢》的题目源于关白丰臣秀次及其妻妾的坟冢。当时，秀吉怀疑秀次谋反，所以命秀次自杀。山城国指的是京都的南部地区。

第一段开头以朝鲜国王宫为背景，木曾官以朝鲜国五府将军的身份登场。

> （前略）感安郡五府将军木曾官，微绿头发，帅气胡须，身着黑色武官服，在陛下面前叩头（中略，他接到日本来信，领命打探釜山浦动向）。五府将军挥动偃月刀，威风凛凛地走来道：“出大事了！倭国送函乃是一个阴谋，日本的宰相真柴大领久吉(秀吉)率领大军已经打进蔚山郡了（后略）”①

① 近松半二、竹本三郎兵卫：《山城国畜生冢》，《近松半二净琉璃集》1，“丛书江户文库14”，日本国书刊行会1987年版，第381—383页。

（前略）五府將軍木曾官。緑の髮髭あざやかに。武官の黑衣凜然と陛下に虎拜し。（中略、日本からの一通の書を奉じ、釜山浦での動向探知が命じられた）五府將軍。偃月の矛振り立英氣勃然と馳歸り。「ヤア 御大事こそ候へ。倭國より書を送りしは一つの計略。日本の宰相眞柴大領久吉といふ者。大軍を隨へ蔚山郡迄押し寄せたり。（後略）」と。

这里对秀吉侵略朝鲜的局面描述得相对得体，但剧中最引人注目的是“感安郡五府将军木曾官”之句。准确地说“感安”是“咸安”，离晋州很近，也是日本军攻陷晋州城的据点。木曾官以此处的将军身份登场，这暗示着他就是晋州牧使。进而木曾官又以朝鲜国王最信任的地方武将出现。除此之外，作品中朝鲜第一大臣的角色选择了柳成龙，主要是他的有关壬辰倭乱的记录——《惩毖录》已在日本出版发行，书中表现了他忠君爱国的精神，柳成龙是当时日本社会公认的朝鲜第一忠臣。

木曾官为报国仇，隐姓埋名来到日本，并化名为曾吕利新左卫门，计划暗杀真柴久次（即丰臣秀次）。木曾官冒充传达太阁秀吉命令的使臣，迫真柴久次剖腹自杀，且称其坟冢为“畜生冢”（历史上把丰臣秀次及其妻妾之墓称做——“畜生冢”）。木曾官达到目的后便暴露出了他的真实身份。

脱掉上衣，里面却是陌生的唐装，衣服上是金龙挂云的刺绣图案，他悠然坐在上座说道：“余虽不肖，却是被真柴大领久吉（太阁秀吉）砍头的朝鲜国王的臣子木曾官。一算已近三百年，一向国泰民安的朝鲜国，竟被日本侵占，此怨此恨无以释怀。我想尽办法踏进日本这块土地，试图报仇。无奈我无法接近久吉，只好化名为鞘师曾吕利，伺机而动。也许是我的忠诚感动了上天（中略）。吾国辽阔，却被小国日本屡屡欺辱，其因乃神功皇后曾侵略吾国大陆，留下‘三韩的王是日本的狗’之恶名。之后虽过千百年，现已更名为朝鲜，刻印在石头上无法抹去的字样，依然令人倍感耻辱。被他国鄙视为‘畜生国’的怨恨也久难释怀。吾虽不能向日本王室后裔复仇，至少可予日本的丰臣秀次畜生评名，就算是我国世代宗庙最好的祭物，于是称其坟冢为‘畜生冢’，希望此一畜生诨名亦能传至唐土大陆。”[1]

木曾官言语中流露出的怨恨之情，表达了作为秀吉侵略受害者的愤怒，同时追溯历史说明了两国的关系。“三韩的王是日本的狗”是诸多壬辰倭乱系列作品中经常出现的一句话。“神功皇后三韩征伐”以来，朝鲜一直朝贡于日本。进入战国时期后，秀吉以朝鲜疏于朝贡为由，发动了征伐朝鲜的战争。这一理由其实是捏造出来的。这个没有根据的神功皇后征伐新罗的传说，到近代成为日本支配朝鲜的正当理由，至今日本的对朝观还受到它的影响。在此追溯秀吉侵略朝鲜的根本原因，进而了解从“神功皇后三韩征伐”到“三韩的王是日本的狗”这句令朝鲜人无法接受的话以及它的由来。所谓的“神功皇后三韩征伐”源于《日本书纪》的“气长足姬尊”记事，即日本第14代仲哀天皇猝死后第二年，身怀六甲的皇后出兵征伐新罗，使新罗、高句丽、百济三国国王臣服后回到日本。

遂入其国中，封重宝府库，收图籍文书。即以皇后所杖矛，树于新罗王门，为后叶之印。故其矛今犹树于新罗王之门也（中略）。（新罗王将金银等）载于八十艘船，令从官军。是以新罗王常以八十船之调，贡于日本国，其是之缘也。于是，高丽、百济二国王闻新罗收地图和户籍降于日本国，密令伺其军势。则知不可胜，自来于营外，叩头而款曰：“从今以后，永称西蕃，不绝朝贡。”

《日本书纪》[2]

这个没头没尾的神话故事，在元朝、高丽联军进攻日本后，进一步深化成为国家间的对立意识，造就了“三韩的王是日本的狗”的这一充满极端民族优劣意识的词句。这一论据早在《八幡愚童训》[3]中已有记载，但此处引用了中世以来日本广为流传的《太平记》中“神功皇后攻打新罗”的有关内容。

① 近松半二、竹本三郎兵卫：《山城国畜生冢》，《近松半二净琉璃集》1，“丛书江户文库14”，日本国书刊行会1987年版，第453—454页。

② 成殷九：《日本书纪》，韩国高丽院1987年版，第212页。

③ 参见《寺社缘起》，《日本思想大系》第20卷，日本岩波书店1976年版，第176页。

> 诹访、住吉大明神分别任副将军、裨将军，其他大小神乘坐三千余艘船进军高丽国。闻讯后，高丽人乘坐兵船一万余艘出海迎战，数万高丽人葬身大海。见此三韩王投降，神功皇后用箭头写道——“高丽的王是我们日本的狗”。言毕便返回了日本。从此高丽服从于我国，多年朝贡。
>
> 《太平记》第39卷[①]

这样，日本把三韩与高丽视为一体，在石碑上写道“高丽王是我们日本的狗”。这种形式的演变导致日本对朝鲜半岛的民族优越感越来越膨胀。壬辰倭乱后，在江户时期的随笔《盐尻》第53卷[②]中写道：“离朝鲜平安城一公里左右有个叫做丽妙的地方。江边有很多岩石。两丈大石上刻有‘高丽王是日本的狗’字样。字的大小有一尺左右。户川肥后曾到此处并亲眼所见。”之后关于这段话的有关内容也逐渐具体化，甚至连字体的大小及其目击者的姓名都能一一道出。事实上并不存在那样的石头。近代日本学者寻找有关神功皇后的遗迹，寻遍了朝鲜全土，还是徒劳无功。

由此我们可以看出，日本人对朝鲜社会的认识极其荒唐。在这样的社会环境中，木曾官作为对日本怀有仇恨的朝鲜代表登场。怨恨越深，谋反剧的紧张感就越强烈。

木曾官暴露出真实身份后，气势汹汹地命令做好冲进久吉住宅的准备，那时真正的久次登场并喊道：“过去征伐朝鲜，在丹国未能捕获那个叫木曾官的家伙！”[③]原来之前剖腹自杀的久吉是假的，目的就是要引出木曾官，让他露出真面目。这里的“丹国”正是前述第一次晋州城攻防战中提及的“赤国”，即“赤国晋州城”。

走投无路的木曾官利用妖术隐身逃脱。在后篇《天竺德兵卫乡镜》中他以吉冈宗观的身份再次登场。木曾官的复仇计划虽然落空，但他的怨恨和妖术传给了

---

① 《太平记》第39卷，新潮日本古典文学集成《太平记》，日本新潮社1988年版，第452—453页。

② 《盐尻》第53卷，新版《日本随笔大成》第3期第15卷，日本吉川弘文馆1977年版，第76页。

③ 近松半二、竹本三郎兵卫：《山城国畜生冢》，第455页。

儿子天竺德兵卫，延续了剧本的紧张感。

5 鹤屋南北及其作品的问世

文化元年（1804年）7月3日，鹤屋南北[①]有名的歌舞伎《天竺德兵卫韩噺》在江户河原崎座出演，此后，京都和江户一带描写天竺德兵卫的诸多作品，都按鹤屋南北的作品统一了内容。鹤屋南北的作品有独特之处，其中出演德兵卫角色的尾上松助的早替[②]等，以史无前例的演出吸引了众多观众。此作品在江户末期上演了35场之多，可谓鹤屋南北之名作。继《天竺德兵卫韩噺》之后，又出现了《天竺德兵卫万里入船》（1841年上演），明治以后以《音菊天竺德兵卫》为题，上演至今。[③]

可惜首演剧本已不复存在，我们只能从《天竺德兵卫万里入船》来推测里面的内容。关于吉冈向天竺德兵卫传授妖术的场面，作品里有如下描述："我本非日本出身，而是朝鲜国臣子木曾官，为报国仇来到日本接近足利义满，但运气不好天机泄露，只好逃离并伺机苦练蟾蜍妖术。（中略）大日丸（天竺德兵卫），你要替我举起谋反旗帜，以报主君、国家、父亲之宿仇。"[④]木曾官嘱咐儿子此番话毕剖腹自尽。德兵卫杀害其母，借妖术神出鬼没，踏上了其谋反之路，但德兵卫的妖术最终却因蛇年蛇月出生的人剖腹自杀被破，复仇最终以失败而告终。这样的结构，大部分明显继承了近松半二的《天竺德兵卫乡镜》，也是日本歌舞伎中谋反剧的典型代表作。

除天德系列作品外，在净琉璃名作《彦山权现誓助剑》中，木曾官又曾与明

---

① 鹤屋南北：准确的称呼为四世鹤屋南北（1755—1829），江户出身，也叫大南北，和近松门左卫门并称为日本的两大剧作家。1811年开始使用"南北"的名字。他擅长编写"世话物"，编写了反映幕府末期世态的作品。其作品中"怪谈物"尤多。代表作有《天竺德兵卫韩噺》、《东海道四谷怪谈》等。

② 早替：歌舞伎演出中的一种演出法，一个演员在演出中快速更衣饰演其他角色，在江户后期一人可演二人或三人角色。

③ 据国立剧场上演资料集（248）的《天竺德兵卫韩噺》的上演年表，1804—1857年期间上演35次，明治时代上演20次，从大正时期到1983年上演15次。

④ 鹤屋南北：《天竺德兵卫万里入船》，《鹤屋南北全集》第1卷，日本三一书房1971年版，第34页。

智光秀余党勾结。我们将近世谋反剧中大量登场的所有木曾官作品综合起来，统称为“木曾官”系列作品，可发现作品中以下几个特点：

第一，在“木曾官”系列作品中，晋州牧使主要以木曾官、木曾判官、晋伯之类称谓作为朝鲜的代表性忠将登场。从壬辰倭乱相关记录上可以看出，实际上木曾官不过是朝鲜一个地方官（晋州牧使）的称谓，作品中却被扩大描述为朝鲜忠将的代表性形象。

第二，充满忠义的朝鲜猛将形象，变成了图谋复仇的谋反者。晋州城沦陷过程中，日本侵略者曾尽情地宣泄了当年败北（第一次进攻晋州城）的郁愤。但是，也许是晋州城攻防战的冲击太大的缘故，朝鲜忠臣、晋州牧使金时敏竟然化名、变身成了身在日本的谋反者，这种变化意味深长。

第三，作品中木曾官是一个谋反者，或以基督教徒同谋者或以明智光秀残党同谋者的身份登场。满腹怨恨的受害者曾饱受壬辰倭乱、岛原之乱之苦，却成了谋反剧创作与开展的原动力。

第四，谋反者的复仇心愿并非历经一代即可完成，而是由天竺德兵卫那样的下一代继承下去。

第五，“木曾官”系列作品由非日本国籍的人物来作主人公，其中充满着异国情调。

第六，“木曾官”系列作品整体上讲是由三个要素构成——异国的将军（朝鲜的木曾官最具代表性）、日本谋反者（明智光秀的余党等）以及基督教徒（天草四郎等），这些要素与妖术师（蟾蜍妖术等）的形象巧妙地结合在一起，根据作品的需要或强调某个要素或删除某个要素。

第四节 “日本的将军是三韩的狗”

从“木曾官”系列作品的特点中，我们也可以看出其中的作品与记录秀吉朝鲜侵略的其他作品，尤其在谋反者（朝鲜人或中国人）的出现等方面大都相符。

我们将主要作品按年代顺序罗列如下：

1759年，净琉璃《假名草纸国性爷实录》，副标题“大臣是日本人、嫖客是中国人”，竹田治藏等著，大阪首演。

1761年，歌舞伎《倾城胜尾寺》，並木正三等著，京都首演。

1768年，歌舞伎《倾城桃山锦》，副标题“三韩的王是日本的狗”，並木正三等著，京都首演。

同年，净琉璃《容竞唐土噺》，並木正三等著，京都首演。

1771年，净琉璃《九州与次兵卫滩》，由《本朝三国志》改编，副标题是“朝鲜指南”，竹本三郎兵卫等著，大阪首演。

1772年，歌舞伎《三千世界商往来》，並木正三著，大阪首演。

1788年，净琉璃《韩和闻书帖》， 副标题“山城的畜生冢、摄州的妓女冢”，若竹笛躬等著，大阪首演。

1794年，净琉璃《唐锦艳书功》，由《太阁艳书合》改编，司马芝叟著，大阪首演。

18世纪后期在大阪地区集中上演了上述作品。

我们首先来了解一下《假名草纸国性爷实录》。这个题目来源于记录郑成功的一部名作——近松门左卫门有名的净琉璃剧作《国性爷合战》。但这部作品仅借用了国性爷（郑成功）的名字，内容却截然不同。以丰臣秀吉侵略朝鲜为时代背景，国性爷来到日本改名为七草四郎，利用魔法妖术试图颠覆秀吉的天下，但最终以失败而告终。这部作品的特色，是以“木曾官系列作品”的模式，用国性爷替代了木曾官。

那么，化名为七草四郎试图颠覆日本的国性爷的怨恨到底是什么呢？

离朝鲜不远的常宁府高砂城如今叫大明国，延平王国性爷郑成功占领了这个国家，并以此作为他的据点。被占领的35座城全部由魔法妖术控制。久吉攻城时，用天子赐予的村云剑攻击，魔法幻术不抵日本神力之剑，国性爷的高砂35城顿时被击破，国性爷也下落不明。[①]

① 竹田治藏等：《假名草纸国性爷实录》，《歌舞伎台帐集成》第13卷，日本勉诚社1987年版，第13页。

作品中，国性爷也像木曾官一样被定型为秀吉侵略战争的受害者。“被鞑靼包围住，连一直信任的甘辉和吴三桂也战死，深感无法取得战争的胜利，便与公主一起隐居在高砂台湾城。”[①]现在连最后隐居的台湾城也被秀吉灭亡，为了报仇，国性爷出现了。

作品的主要内容还是谋反者国性爷的一系列谋反活动。国性爷拉拢被秀吉打败的明智光秀之子，试图杀害秀吉，可惜因小西弥十郎（小西行长的小名）等人计划失败。此时又有另外一个想取秀吉性命的朝鲜人（日本名为曾吕利新平）出现。被秀吉识破真实身份后，曾吕利新平的台词如下：

歌舞伎中的小西行长

> 真恨！本想杀掉久吉，痛斥——“日本的将军是三韩的狗”，以此来洗清国耻。我来日本国，改名曾吕利，就是为了杀掉久吉。既已败露，无以苟生！久吉，领死吧！[②]

把“三韩的王是日本的狗”说成“日本的将军是三韩的狗”，流露出朝鲜人对秀吉侵略朝鲜的怨恨。国性爷同朝鲜人一起洗清耻辱的计划，最终以失败而告终。主人公国性爷跟“木曾官”系列作品一样，也是基督教徒、妖术师、心中充满怨恨的异国人。作品中还出现日本的谋反者及朝鲜人，整个故事各种线索结合在一起，结构巧妙。

此外需指出的是，上述“木曾官系列作品”的一些特点，或可广泛适用于日本所有的谋反系列作品。[③]

我们可以在此加以总结，木曾官是壬辰倭乱时期晋州城攻防战中出现的英雄。随着岁月的流逝，在韩、日两国的重新认识中，晋州城攻防战从惨烈的斗争

① 同上书，第131页。

② 同上书，第183页。

③ 例如，以七草四郎、石川五右卫门、儿雷也、雾太郎等为主人公的戏剧，皆与木曾官系列作品有关联。

演变为壬辰倭乱的象征。秀吉的侵略给朝鲜带来无法抹去的伤害。然而作为忠义的模范，晋州城攻防战的故事亦传到日本。朝鲜将军木曾官以日本谋反者的身份在日本传统剧目中登场。“木曾官”系列作品作为壬辰倭乱引发的风波的象征持续上演，并波及了中国国性爷那里。

一方面，江户幕府成立以后，近世日本与外界断绝了联系，日本有了战国时期以来从未有过的和平与安定；另一方面，壬辰倭乱时期惊心动魄的他国经历在日本社会也并非一闪而过。但在幕府严格的出版管制下，当时没有言论自由。侵略朝鲜无疑与秀吉相关，但打败秀吉政权而后成立的江户幕府，同样不肯放任言论自由。不过在宫武外骨的《改订增补笔祸史》中，除有关于基督教的记载外，偶尔还收录了一些濒临绝版的、有关壬辰倭乱及秀吉的记录作品。其中有西村传兵卫的《古状揃》（1649）、堀杏庵的《朝鲜征伐记》（1659）、江户书店鳞形屋出版的《太阁记》（1698）、竹内确斋的《绘本太阁记》（1804）和十返舍一九的《化物太平记》等。[①]

朝鲜通信使的频繁往来促进了日本对邻国朝鲜的认识，也加深了日本社会对壬辰倭乱的认识。这对壬辰倭乱中代表将士的名字出现在文学作品中，起到了很大的推动作用。以朝鲜通信使访日为前提，近松门左卫门的《本草三国志》中登场的木曾判官等也是其中的一个例子。

随着时代的变化，有关壬辰倭乱的记忆渐渐地变得模糊，闭关锁国的日本追求外部世界文明的趋势也越来越明显，平民剧开始流行就是社会发展的产物，以异国的谋反者为主人公，让观众尽情地感受异国情绪。历史上看，国性爷郑成功与其说对日本抱有怨恨，不如说与日本有着频繁的贸易往来，他想借助江户幕府的力量对抗清政府。但以近世平民为对象的谋反剧有异于历史事实，这种差异性激活了特定的人物形象。来自他国的谋反者、基督教徒、非日本化的妖术、咒语等异国情调，很快就融为一体，这也变成了日本谋反剧的重要特点。

在这些作品中，朝鲜将军的形象并非必不可缺，特别是江户后期，在继歌舞伎作家巨匠鹤屋南北之后，日本歌舞伎并没有局限于描述壬辰倭乱战中出现的人

① 参见宫武外骨《改订增补笔祸史》，日本朝香屋书店1926年版。

物的形象，也出现了单纯描写异国情调的作品。但木曾官的名字在日本，却仍旧无形之中保持着旺盛的生命力，并一直延续至今。壬辰倭乱的强烈冲击造就出了木曾官这个人物，即使已演变成半畸形的状态，却仍给日本的近世文化留下了深刻的印记。

第九章 朝鲜妓女与日本豪杰

第一节 义妓论介

1 晋州妓女论介的殉国

论介像

妓女论介，从古至今受到朝鲜民族的尊敬，她是晋州城攻防战中出现的另一位英雄。“妓女”多在酒宴场合以歌舞待客为生。但妓女一词最早却有艺人、有教养者之意。朝鲜王朝时代，妓女属于身份低贱的下等阶层，其中依附官厅的妓女被称为官妓，记录在籍。

晋州城沦陷时，身为官妓的论介抱着倭将跳进南江溺亡。此事迹由当时的目击者口传至今。对她的最初记载，出于同一时代收集有名、无名人士逸话奇谈的柳梦寅（1559—1623）的《於于野谈》（号於于堂），文中有如下描述：

论介者，晋州官妓也。当万历癸巳（1593年）之岁，金千镒倡义之师，入据晋州以抗倭，及城陷军人民俱死。论介凝妆服，立于矗石楼下峭岩之巅，其下万丈直入波心。群倭见而悦之，皆莫敢近，独一将挺然直进，论介笑而迎之倭将，诱而引之。论介遂抱持其倭，投于潭俱死。壬辰之乱，官妓之遇倭不见辱而死者，不可胜记，非止一论介，而多失其名。彼官妓淫娼也，不可以贞烈称，而视死如归不污于贼，亦圣化中一物。不忍背国从贼，无他忠而已矣。欷欤哀哉。

《於于野谈》①

晋州城沦陷时，官妓论介的壮烈牺牲并没有因她低贱的身份受到影响，著者柳梦寅将她塑造成一个忠贞守义的殉国英烈。柳梦寅曾任抚军司（灾害或战乱时奉王命来安抚百姓的官职）一职，他曾在晋州城沦陷当年12月追随王世子光海君来到晋州，在当地进行了实地调查，并慰抚晋州城攻防战中战亡者的家属。次年，柳梦寅又作为视察民情的官吏路过晋州城。论介的殉国谈有可能是那时收集的②。

但在朝廷的正式记录里，并没有记载相关的内容。亦如前述，战乱后朝鲜朝廷为了编写《东国新续三纲行实图》，收集了乱中、乱后的忠、孝、烈事迹。当时从全国各地推荐上来的忠臣、孝子、烈女中，有不少论介这样的官妓，但无一通过编撰员的审核。当时极端崇尚儒教身份制的士大夫审查官认为，“官妓是淫妇，不能称为贞烈”。因而未能突破把官妓看作淫妇的时代限制。

柳梦寅并未参与编辑此书，但受王命写了《东国新续三纲行实图》的跋文。他同当时的士大夫持有不同的观点，对士大夫的编辑方针心怀不满，便另行出版了《於于野谈》，收录了诸如壮烈牺牲的论介等下层人士的故事。但是，柳梦寅后于1624年以叛逆罪被处于死刑，直到1794年平反前，他的《於于野谈》一直作为抄本隐秘地流传。

在晋州论介死后不久，人们在论介与倭将同归于尽的矗石楼下岩石上用篆字

① 柳梦寅：《於于野谈》，《韩国古典文学大系》第13卷，韩国民众书馆1976年版，第243—244页。

② 论介的先行论文有柳承宙的《晋州城的妓女论介考》，《韩国史学丛书》，崔永禧先生花甲纪念论丛刊行委员会1987年版；李命吉的《义妓论介的历史性考察》，《晋州文化》第14辑，韩国晋州文化院1990年版。

刻下了“义岩”二字[①]，论介的壮烈殉国被广为称颂。此后也有不少人不断向朝廷请求表彰论介的英雄事迹。晋州人民褒扬论介的愿望终于在18世纪实现了。被论介事迹感动的庆尚右兵使崔镇汉引用晋州市民的邀请文，于1721年向朝廷提出褒奖论介事宜。

> 矗(石)楼之下，南江之上，有天下伤心处，乃义岩也。岩之义号，昔自龙蛇倭变（壬辰倭乱）后始有其名。则岂非千万古不朽之大义哉！何者当失守城陷之日，师臣及守令（地方官）诸将血战，数三十员与皆抗节死义之后，惟余一妓论介者生为国歼贼之计，（中略，唐朝旁地仙叛乱时）唐薛仁杲之降旁地仙复叛。有王氏女取地仙所佩刀斩地仙，诏封崇义夫人。则惟此论介为公（国）除害（倭贼）之义烈，安有肯落于王女之后哉。当时战亡诸臣，则祠之额之，今无后憾。而至于论介，则百余年来，犹未能上彻天听，前后识者之。心惜义憾（后略）。
>
> 《忠烈实录》卷二[②]

崔镇汉向朝廷提出请求，希望像唐朝封王氏夫人为崇义夫人一样，也给论介以相应的册封，也希望同晋州城攻防战战死的三忠将帅一样，为论介建一处祠堂并为之题词。当时以抄本形式留下的《於于野谈》记录，也以“野记”的题名巧妙地起了作用。晋州士民和右兵使崔镇汉不断向朝廷提出请求，朝廷终于1722年给予了论介“给复”的特别恩典，使其最终成为朝廷公认的正义妓女，并被授予了“义妓”的称号。1740年6月29日亦即晋州城沦陷日这一天，晋州城民众为了纪念论介，特建“义妓祠”，开展祭祀活动。后来与祭祀金时敏的忠愍祠和祭祀金千镒等“晋州三忠”的彰烈祠一样，义妓祠每年都在举行春秋祭，论介被称颂为殉国烈女。朝鲜时代末期，300名朝鲜妓女曾举行为期三天的华丽大祭典——“义岩别祭”。在日本帝国主义殖民时期，有关论介的祭礼活动曾一度被禁止，

① 柳承宙《晋州城义妓论介考》中论证了当时咸镜道义兵将郑文孚的次男郑大隆于1625年写下了“义岩”二字。

② 《两祠宇修改先报备边司状》，《忠烈实录》卷二，韩国精神文化院所藏本，第3—4页。

但解放后再次恢复，如今仍以祭日的形式举行。

晋州城攻防战中，金时敏、金千镒等人体现的“忠”与义妓论介体现的“烈”相结合的“忠烈”象征，被定位在战乱后的朝鲜社会里。

2 朝鲜的“贞德（Jeanned' Arc）”[①]——论介

文化意识强烈的朝鲜连续受到了日本和满族的侵略，因而将日本和满族视为野蛮的民族。战乱的惨祸激发了朝鲜人的民族意识，也赋予了文学新的气象。在战乱后的朝鲜，相关历史小说和英雄小说逐渐增多——前者描写秉承忠义、战功卓著的英雄和名将，后者则以脱离历史背景的虚构人物为中心。这些作品的主人公几乎都被刻画成身具超凡法术能力的人物。此类英雄军记系列作品的出现，与17世纪初开始流入朝鲜的中国演义小说[②]相关，尤其受《三国演义》之影响，但从本质上说，却是悲惨的战乱经历造就了此类文学现象。

全面绍介壬辰倭乱的代表性作品无疑是《壬辰录》。而论介人物的文学化主要是以《壬辰录》为中心展开的。我们首先来了解一下《壬辰录》。《壬辰录》是以壬辰倭乱的历史事件为题材的历史小说，小说表达了朝鲜人的民族意识，体现了朝鲜人民对日本的民族优越感，因此，日本帝国主义殖民时期，此书一度被禁止出版。《壬辰录》如今已发现了七十余种异本（抄本和版本），异本之间差别极大，内容与风格都呈现出截然不同的面貌。[③]其中不少作品是以壬辰倭乱为素材，题目同样都叫《壬辰录》，[④]内容却完全不同。此现象反映出《壬辰录》收录了具有独特风格与意义的各类故事，对特定故事的淘汰或添加变得相对容易。另

---

① 贞德（Jeanned' Arc、JeannelaPucelle、JoanofArc）（1412年1月6日—1431年5月30日），被称为“奥尔良的少女”和“圣女贞德”，法国民族英雄、军事家，天主教会“圣女”。英法百年战争（1337—1453）时，她带领法国军队对抗英军的入侵，支持法国查理七世加冕，为法国胜利作出了巨大贡献。后为勃艮第公国所俘，宗教裁判所以“异端”和“女巫罪”判处她火刑。

② 演义小说也叫章回小说，很长内容分成章或回连续叙述的中国白话长篇小说的统称。

③ 林哲镐：《壬辰录研究》，韩国正音社1986年版，根据其内容将40多篇异本的《壬辰录》分成历史系列、关云长系列、李舜臣系列、历史系列(变异)等7个系列。

④ 作品名为“壬辰录”，把它用韩语表示为『님진록』(Nimjinrok)、『님진녹』(Nimjinnok)、『임진녹』（Imjinnok）、『임질록』（Imjilrok），此外还有《黑龙录》、《黑龙日记》、《壬辰倭乱录》。统称“壬辰录”。

外，这个系列作品还反映了人们对壬辰倭乱不同的历史认识，也揭示了该作由不同时代各个阶层人士编写的事实。①

《壬辰录》

《壬辰录》的作者未详，据推测成书年代是18世纪到19世纪初。虽然它有未详之处，但有朝文本、朝汉混用本、汉文本等许多异本，这说明它是针对朝鲜所有阶层创作的作品，可以说《壬辰录》是定位于壬辰倭乱的国民小说。《壬辰录》大部分是由当时的知识阶层创作的，除了几个汉文本外，其读者群都为平民阶层。它在民间广为流传的同时增添了一些内容，具有民间传说性质。《壬辰录》时至今日仍受到好评，被誉为“民族的文学——使觉醒期的民众形成内在自觉性和外在的愤怒中成长的文学”。②

晋州城沦陷后，论介引诱倭将投身矗石楼下南江的举动，使这位地位低贱的官妓，打破了朝鲜王朝时代严格的身份制度偏见，成为广受称颂的“义妓”。论介的殉国造就了很多传说，时至今日，仍有许多文学作品不时涉及论介的殉国义举。《壬辰录》早将“论介殉国”视为最具民族精神的代表，认为其体现了强烈的民族意识。对于论介形象的塑造，异本之间在内容上具有差异性，但这种不同的论介形象更引起读者的兴趣。此处，我们选取了四种各具特色的异本来解读论介。

首先是《崇田大本 壬辰录》（以下称《崇田大本》）的朝语抄本，作品中把晋州城的沦陷和论介的牺牲联系起来，进行了如下的对比性描写：

> 倭兵首先攻击了晋州，未能攻下，死伤者无数，因此再一次出兵时竭尽全力攻下了晋州。倭兵屠城，连鸡狗都不放过。镇里有个叫论介的妓女，美貌出众，倭兵不忍屠之。倭将带论介到矗石楼试图戏弄。论介想，“我身虽是低贱妓女，但绝不能让倭国盗贼来玷污”。所以设计欲杀贼，便对倭将说:“妾生来惟有一愿。将军若能依我，死亦相从，否则将军撕碎了妾身，也宁死不从。”倭将问：“那是何事？”早有赴死之心的论介便

① 林哲镐：《壬辰录研究》，韩国正音社1986年版，第7页。

② 苏在英：《壬丙两乱和文学意识》，韩国研究院1980年版，第264页。

义岩

说："去那个江中央的岩石上同我一起跳舞的话，我就会服从将军。"倭将曰："那有何难？"随后跟论介岩石上跳舞。倭将陶醉其中，论介突然抱住倭将的腰跳进江里，两人顿时消失在悠悠江水之中。倭兵没了将军，便纷纷弃城逃走，晋州城得以光复。论介虽为低贱的妓女出身，却有无逊于古人的胸怀与智慧。她所体现的才是真正的美。后人将此岩石命名为"义岩"。兹记录令人惊异的论介事迹。

《崇田大本 壬辰录》①

在《於于野谈》的基础上，添加了论介和倭将的对话，进行了文学性的加工修饰。论介与倭将的死，和日军撤出晋州实际上没有任何关系，但在作品中，将晋州光复的功劳全部归之于风尘女子论介，令论介的牺牲变得光彩照人。这种描写跨越了战争的惨败，反而使人感受到一种对日本的精神胜利感。日军攻陷了晋州城，但最后却因朝鲜义妓失去了将军，从而不得不从晋州城撤退。对于惨遭日军蹂躏的朝鲜人民，尤其是阵亡者最多的晋州城军民来说，敌将竟被一名文弱的风尘女子杀掉，使人对此事件更加印象深刻。

与比较注重事实的《崇田大本》相比，朝语版的《黑龙日记 壬辰录》（以下称《黑龙日记》）的虚构性则十分明显，《黑龙日记》中，倭将名为（加藤）清正，文中故事结构较为独特。

平秀吉（指丰臣秀吉）因晋州城的战败而怒，（中略）下令清正和长政二人先放火烧毁宜宁，然后包围、摧毁晋州城。时值朝鲜官军与义兵誓死抵抗并与日军对峙之时，倭将清正在本府（晋州）见到美妓论介，便每天厮守身边。论介是坚守贞节的女子，没有屈服于倭将，却在谋划策略。一天，她与多

① 苏在英：《崇田大本 壬辰录》，《壬辰录》，韩国萤雪出版社1982年版，第143—144页。

名妓女在矗石楼玩耍。清正听到论介悦耳的声音，近前一看，只有几个妓女，所以未存一丝怀疑就加入到酒宴席间一起玩耍。论介引诱清正牵手跳舞一直到楼阁下的岩石上，（中略）从岩石上跳下，成了万丈波涛中的孤魂。对清正的死，人们感到很是痛快，也有一丝同情。身在他乡、为求功名、不顾生死、想做忠臣的清正，却被一女子杀害，岂不是成了千古笑话。说起论介，一名文弱女子，却杀死了堂堂倭国名将，其功劳不小，足令朝鲜的数百名将深感羞愧。

《黑龙日记 壬辰录》[①]

《黑龙日记》中看不到《崇田大本》里描述的有关晋州城沦陷和损失的情况，也没提及晋州城沦陷与否，只是对照性地描写了沉迷于论介美貌的加藤清正的愚昧之死和论介的忠义之死。在朝鲜，加藤清正是攻陷晋州城的日军总指挥，又是火烧庆州、活捉朝鲜两位王子的祸首，他的霸道和骁勇广为人知，已是朝鲜人怨恨和恐惧的对象。如同《俳风柳多留全集3》第38篇里所写“日本的‘虎’（指加藤清正）在他国竟被称为‘鬼’”。加藤清正作为鬼将军恶名远扬。人们对加藤清正有根深蒂固的复仇心愿，所以在数百年后的作品中，他不是在战斗中战死，而是沉迷于妓女美貌、最后溺死在许多晋州城民死去的同一条河流中。

晋州的民谣也表现出对于加藤清正的憎恶：

为了国家的存亡，晋州妓女登义岩；
搂住大将清正脖，跳进了晋州南江。

晋州义妓好姑娘，拯救万民于绝境；
搂住倭将清正脖，死在了晋州南江。

《义岩谣》[②]

---

① 金起东：《壬辰录》，《黑龙日记　壬辰录》，韩国瑞文堂1968年版，第270—271页。

② 李命吉：《义岩谣》，《义妓论介的史迹考察》，《晋州文化》第14辑，韩国晋州文化院1990年版，第88页。

句中“好姑娘”原为“娘”之俗语，意为母亲，朝鲜人民将与倭将同归于尽的论介看作民众之母，这可看出民众对这位奇女子的尊崇。现在与论介有关的祭祀不同于晋州三忠，主要以民间主办的形式举行。

然而，朝鲜人民的怨恨并没有因加藤清正的死而停息，而是扩延到更大的希求——希望发起朝鲜侵略战争的秀吉也以死谢罪。我们来了解一下朝汉混用体抄本《黑龙录 壬辰录》（以下称《黑龙录》）。

> 平秀吉率三万军卒抵庆尚右道后，雄踞晋州城。当时在本邑妓女中有个名为牡丹的妓女对国家忠心耿耿，想出计策带倭将平秀吉上矗石楼，筵宴中尽情玩乐（中略），牡丹边跳舞边撩起红色的裙子，唱着悲情的歌谣（中略），艳丽的姿色让在座者神魂颠倒。平秀吉兴奋异常，搂着牡丹跳起了剑舞。牡丹却紧紧抱住倭将从矗石楼栏杆处跳入深深的蓝色大河中。倭将大惊，赶紧将平秀吉的尸体打捞上来，又把牡丹的尸体捞了上来，立即撤退到清正的阵营里。
>
> 朝鲜国王在苦等援兵到来时，晋州官员送来了上奏文。文中说：“退役宰相李舜臣与倭兵交战时想出妙计杀死闲山岛倭兵无数。但凯旋途中，李舜臣中倭兵弓箭牺牲殉国。另外，妓女牡丹一心忠诚，带倭将到矗石楼筵宴歌舞，却抱着倭将跳河自尽。这般忠诚史无前例。”国王大悦，赞不绝口，命令——“天下太平了，封李舜臣忠烈功，建立书院，春秋祭祀；矗石楼前建碑石，铭记牡丹的忠烈”。
>
> 《黑龙录 壬辰录》[①]

作品中将论介的忠义之死和李舜臣的抗敌牺牲视之为同等壮烈。

在此作品中，秀吉并未在九州名护屋指挥，而是作为亲率兵力攻陷晋州的一线将军登场。《黑龙录》从作品整体上看，日军的总指挥是加藤清正，秀吉是他的部下。此种描写与史实虽有出入，却是为了满足人们杀掉下令毁灭晋州城的秀

① 金基铉校注：《壬辰录》，《黑龙录 壬辰录》，韩国Yegreen出版社1975年版，第113—114页。

吉之愿望，体现了人们愤怒的心情。作品产生于壬辰倭乱两百多年后，仍在虚构的作品中，体现了渴望秀吉去死的意念。

虽然此作中晋州妓女的名字不是“论介”而是“牡丹”，但两者其实是同一个人物，在《壬辰录》异本间经常出现登场人物名字变化的现象。根据异本，名字也不同，如有“论可”、“论哥”，也有更加适合于妓女的名字“玉仙”、“牡丹”等。

如上所述，因论介而死的倭将，除加藤清正、秀吉等人物外，以汉文本为中心，也有称作“昔宗老”（佛名）的人物。在《高丽大汉文本 壬辰录》中，论介从单纯的晋州妓女变成了“晋州三忠”之一崔庆会（在作品中叫崔庆龙）的小妾。金千镒、崔庆会等三忠怀恨跳入南江牺牲后，论可（论介）被捕。

> 倭将（昔宗老）遂登（矗石）楼，大飨赉功。与晋阳妓。论可（论介）拔剑代舞于冲中岩上。论可作歌曰：
>
> 风飘飘兮舞袖翻，
> 江山异兮举目凄。
> 彼狡儿兮不与我好，
> 呜呼痛哉此何皇天！
> 日暮道远世事悲。
>
> 遂抱倭将坠水。宗老同死。
>
> 《高丽大汉文本 壬辰录》①

论介最后唱的“江山异兮举目凄”，取材于《晋书》“王导传”的“风景不殊、举目有江山之异”，令人真切感受到论介在战乱中为国家未来担忧的忠义之心。壬辰倭乱见诸多忠义之死。而身为一名妓女，论介的殉国令人感叹，也让后人感受到抱倭将同归于尽的哀痛感和痛快感。

① 《高丽大汉文本壬辰录》，韩国高丽大学藏本，第3—4页。

如同上述，论介的殉国因《壬辰录》异本之间的不同，呈现出不同的变化且一直延续下来。另外，关于论介还有以下的民间传说，如论介怕力气不够无法紧紧抱住倭将，所以她十个手指上都带了戒指。[①]还有，在河里倭将有十几次试图游上岸，但最终还是溺死。诸如此类。

1781年路过矗石楼“义妓祠”的年轻的丁若镛（1762—1836）被论介的事迹感动，留下了下面的《晋州义妓祠记》：

> 昔倭寇之陷晋州也，有妓义娘者，引倭酋对舞于江中之石（义岩）。舞方合，抱之投渊而死。此其祠也。嗟乎！岂不烈烈贤妇人哉。（中略）而渺小一女子，乃能歼贼酋以报国。则君臣之义，然于天壤之间，而一城之败，不足恤也。岂不快哉！
>
> 《晋州义妓祠记》[②]

如上所述，论介的壮举广受称颂。无论在作品中还是在现实中，她都可以说是壬辰倭乱中的一朵奇葩。论介的殉国触动了后人心弦，同时也使人们一定程度上获得了精神胜利感。作为忠烈象征的论介已不再是低贱的妓女，她化作义妓、贤惠夫人受到人们的尊重。

法国的圣女贞德（Jeanned'Arc）是在英、法百年战争中出现的深受人们尊敬的女性。朝鲜的义妓论介身份低贱，却在战乱中为了祖国奋不顾身，18世纪的朝鲜人也将她视为圣女。在为国牺牲方面，论介绝不比贞德逊色，她是朝鲜的一朵奇葩。

最后，引用朝鲜王朝末期“论介祭”时吟诵的义妓祠“时调（朝鲜传统定型诗）”中的诗：

> 月光照耀在矗石楼上，

---

① 语文研究室编：《韩国口碑文学大系》8—3，韩国正和印刷文化社1981年版，第31—32页。

② 丁若镛：《晋州义妓祠记》，《与犹堂全书》第一卷，韩国国立图书馆藏本，第34页。

宛若红色的论介的坚贞，
永不改变的尽忠报国之心。
赤胆忠肠的女子何止一个论介！

清澈的南江可知晓——
壬辰倭乱众多忠臣义士沉睡于此?
义妓论介最最扣人心弦。

《教坊歌谣》[①]

第二节　豪杰毛谷村六助

1　真实存在的人物

那么，历史上与论介同归于尽的倭将到底是谁？根据两国记录，第二次晋州城攻防战中并未出现战死的日本武将名字。但现在韩国国史大事典的记录里，该倭将名为毛谷村六助。[②]在日本，毛谷村六助是有名的歌舞伎《彦山权现誓助剑》的主人公，是近世日本家喻户晓的孝子、壮士、杰出的剑术家。在现代《日本传奇传说大事典》（角川书店）中，他作为虚构、传说中的人物亦被记载。那么，毛谷村六助到底是否是真实存在的人物？如果是，他会是何样之人呢？

现在大分县下毛郡山国町毛谷村里，有毛谷村六助[后来改名为（贵田或木田、喜田）孙兵卫]的坟墓，墓碑上写着“木田孙兵卫之墓”，日期是明治十四年（1881）甲辰四日，碑文的其他部分字迹模糊，无法认读。此外那个村庄的喜登家族族谱里，有“享保元年（1716年）丙申七月写之”的古文书——“毛谷村

① 郑显爽：《教坊歌谣》。尹学准《朝鲜的心》（日本讲谈社学术文库1992年版）中引用了田中明译成日语的此时调。

② 无明确论据，一般称作毛谷村六助（贵田统治）。在如下著述中有相关记录：李弘稙的《新改正国史大事典》，韩国百万社1976年版，第393页。柳洪烈：《改订增补版图史大事典》，韩国教育图书出版社1989年版，第356页。

六助略缘起”抄本，它能够说明毛谷村六助的实际活动。

> 毛谷村六助是佐竹勘兵卫之子。（勘兵卫之）妻是“丰前国中津郡”今井村商户园部弥卫门之女。佐竹原为流浪武士，（中略）六助长大27岁时即文禄4年乙未，太阁发动朝鲜征伐时参战，乃古今无双勇将，□□终于胜利，太阁凯旋时随太阁返回故地，62岁时病故。
>
> 《毛谷村六助略缘起》①

如上所述，毛谷村六助是实际存在的人物，其父是流浪武士（浪人），他们曾在毛谷村生活。但上引“文禄四年乙未，太阁朝鲜征伐（后略）”之记载却与事实截然不同。文禄四年（1595），在壬辰倭乱中并未发生多少大的战斗，日军多已回国，只剩下与明军和平交涉的人，这是最稳定的一个时期。由此可见，所谓毛谷村六助回到日本并于62岁病故的真实性值得怀疑。

对于毛谷村六助，韩、日两国有着不同的记述。在日本对毛谷村六助形象的定型起决定性作用的作品是《彦山权现誓助剑》。首先，我们通过《彦山权现誓助剑》来解读他的死亡之谜。

2　孝子、壮士、剑术师——毛谷村六助

很早以前，在毛谷村六助的故乡彦山周边就有他的传说。他以传闻中的壮士、孝子而闻名。自1786年净琉璃《彦山权现誓助剑》首演大获成功以来，在包括歌舞伎的很多演出中都出现了叫作毛谷村六助的人物。而且，此人物通过1803年发行的《绘本彦山权现灵验记》等作品在近世日本广为流传。

《彦山权现誓助剑》是由《丰臣镇西军记》改编的作品。从副标题“御阵九州地理八道”中可以得知，《彦山权现誓助剑》以丰臣秀吉侵略朝鲜为时代背景，以1586年（天正十四年）发生的毛谷村六助复仇的故事为题材。作品中，毛谷村六助得知他的剑术师傅吉冈一味斋被京极内匠冤枉杀害的事实后，便决定为

① 喜登家所藏，芦马丰云编写：《毛谷村六助略缘起》、《“史录”毛谷村六助“贵田孙兵卫”传》，日本吟咏道无相丰云流总本部1991年版，第39—44页。

师傅报仇，他要求进行对决（决斗）。如果想对决，就必须在当时平定九州的秀吉面前进行相扑比赛，取得好成绩者才有资格进行对决。由此展开了毛谷村六助独自与地方壮士间的相扑对决。毛谷村六助利索地打败了各地方壮士37名（在《丰臣镇西军记》里写的是35名），令观者赞叹不已，但他却惜败于第38个相扑对手——加藤正清（指的是加藤清正）的部下三浦又藏（指的是木村又藏）。

正清看了比赛非常感动："在数次比赛中我看到了六助的勇猛，从现在开始你是我的忠实部下，我要你改名为贵田孙兵卫，你要尽忠尽责。"毛谷村六助感动地流下了眼泪。（后略）[①]

这样，毛谷村六助改名为贵田孙兵卫，成为加藤正清的部下。当然，在毛谷村六助帮助下，师傅吉冈一味斋之妻御幸和女儿御园顺利地实现了复仇计划，了却心愿。但是，此作品未以其复仇的实现而终结，却以点出欲向朝鲜出兵的意图收尾。

正清连说："漂亮！漂亮！那支队伍像大将出航时坐的一艘船。（中略）不，孙卫兵应赴此阵地。"加藤虎之助以勇敢的步伐急于准备三韩征伐。[②]

如上，作品以住吉神社的木曾官登场拉开序幕，以加藤正清的朝鲜出兵降下帷幕。朝鲜的战争和死亡的时代氛围塑造了毛谷村六助的孝子、壮士、剑术师的形象。

3 论介和毛谷村六助的死亡之谜

毛谷村六助是毛谷村人，六助是他的平民称呼，他成为武士之后，正式名字叫贵田统治或贵田孙兵卫。在《清正行状（正）》中，贵田孙兵卫是"高丽国

① 喜登家所藏，芦马丰云编写：《毛谷村六助略缘起》，载《"史录"毛谷村六助"贵田孙兵卫"传》，日本吟咏道无相丰云流总本部1991年版，第551页。

② 同上书，第555页。

出征武者分配规定（高麗國出陣武者分備定）”里率领40名火绳枪兵的队长。在《六木记录文》的“清正代侍略记”篇中他则以享受900石粮俸禄的武将登场。以此可以判断，他确实是加藤清正的家臣，改名为“贵田孙兵卫”后参加了朝鲜出兵。

但在朝鲜活动的贵田孙兵卫的死亡有些不明之处。前面提过“毛谷村六助略缘起”中记录的是他回国后病故，但在《清正记》里记录的是他在兀良哈（豆满江北部地区）阵亡，相关记录截然不同。受《清正记》影响，后代广泛流传的是他在兀良哈战死之说。这一说法在《朝鲜军记大全》等壬辰倭乱系列作品及《绘本太阁记》中也广泛体现。除此之外，还有在晋州阵亡的说法和在蔚山阵亡的说法等。总之，毛谷村六助的死亡一直是一个谜。

我们先了解一下大家普遍认可的兀良哈战死的根据——《清正记》的内容。

> 森本仪太夫和贵田孙兵卫在决定攻打兀良哈的那天晚上，两人竟发生了争论。清正跟他们详细说明了情况：“明天在意丹城谁第一个冲进敌阵？”仪太夫说：“如果您这么问，我可以担此大任。”听到此话，孙兵卫说：“你在首领面前这样说话，好像除你以外无人可担此任。”两人互不相让，清正却说：“你俩果然是武士，今晚你们的命都交给我吧。”（中略，第二天仪太夫）冲进意丹城正门，与兀良哈人战斗，终于打败对方。紧接着进攻的孙兵卫与8尺巨人交战，最后被兀良哈人杀死。（中略）孙兵卫没有子女，所以回国后找到他的弟弟，将其职位传给了弟弟。
>
> 《清正记》第2卷[①]

加藤清正军的勇士贵田孙兵卫在攻打意丹城时，先与森本仪太夫争先冲进敌阵，结果被兀良哈的巨汉杀死。在后来的晋州城攻防战中，森本仪太夫也是第一个冲进敌阵立了战功。

这种战死的说法一直传下来，在《绘本太阁记》6篇第5卷中说：“贵田孙卫

---

① 《清正记》第2卷，《续群书类从》第23辑上，日本续群书类丛完成会1990年版，第337—338页。

兵善用长枪，他抓住长枪，往右边飞过去，再往左边一转身，（中略）看起来他往前迈进了一步，他用长枪刺穿了那个高个儿（兀良哈的巨汉）的牙。这怎么能挺得住？巨汉倒在地下，顺手将刀抛向孙兵卫就死了。命运极其可悲，巨人扔过来的刀正好深深地刺进了孙兵卫的左肩膀，孙兵卫身负重伤倒在了地上。”[①]《绘本太阁记》中详细描述了孙兵卫死前的场景。

喜田孙兵卫为争先锋而死亡
《绘本朝鲜军记》收录
（《绘本太阁记》也有收录）

这记录记载的是贵田孙兵卫已经在兀良哈战死，不过另一些记录却记载着孙兵卫并未战死。加藤清正军从兀良哈回到咸镜道后，有他活着的证据。我们调查加藤军的行迹可知，他们攻打兀良哈的时间是从7月末到8月初，8月13日他们回到钟城，在咸镜道的重要基地安排部下，9月11日在咸镜南道安边布阵。加藤清正曾下发命令书，收信人名单中还有贵田孙兵卫的名字——10月27日书信中的6个收信人名单中列出了“贵田孙兵卫”。[②]也就是说，我们可以判断从兀良哈回来两个月后，孙兵卫依然活着，并进驻咸镜道。其后再也没有发现记录贵田孙兵卫死亡的文献资料。

第二年，1593年年初，加藤军从咸镜道回到汉城，再从汉城南下，6月参加激烈的晋州城防攻战，并立下战功。从此以后直到1597年的“丁酉再乱”为止，加藤军并没有参加过真正的战斗。但是，战乱结束之后，在侵略朝鲜的总基地——九州名护屋城下面的麦原里，出现了祭拜毛谷村孙兵卫的“贵田神社”，每年8月24日孙兵卫忌日时，村里人举行祭祀。后来贵田神社迁到1公里外的天神神社（名护屋的守护神），并作为分寺院一直保存到现在。毛谷村孙兵卫只不过是加藤手下的一个家臣，死后人们居然为他建了神社，还把他当作神来祭拜，而且神社还位于名护屋城旁边。孙兵卫生前与九州名护屋地区毫无关系。在这样的神社里祭拜毛谷村孙兵卫——此等奇怪的现象当如何解释？

在名护屋地区，到近代为止一直有祭拜“毛谷村六助”的风俗。《名护屋

① 《绘本太阁记》下，日本有朋堂1917年版，第170页。

② 参谋本部：《日本战史 朝鲜战争 文书》，日本偕行社1924年版，第67—69页。

祭拜毛谷村六助和喜田孙兵卫的神社

读本》编写于1937年，是名护屋小学的乡土教育教科书。书中写道："在蔚山奋战后，年仅39岁的勇士离开人世，其首级葬于麦原，当时只立了一个石碑，人们将他供奉在天神神社里。另有传说，他的头发和佩刀埋在此处。以前在毛谷村六助忌日里，村民为祭神举行相扑比赛，以这种形式慰藉亡灵，但现今忌日按照惯例举行活动。还有，据说毛谷村孙兵卫在治愈手脚痛方面很灵验，所以不仅村里人参拜，还有很多其他地区的人前来参拜。"孙兵卫好像的确走路很快，他作加藤清正报告使节时，向秀吉报告汉城陷落的第一个战报，仅用了两周时间。当时，人们就对他的行走速度惊讶不已。有关毛谷村孙兵卫的信仰，很早便因其有手与脚上的神通，在名护屋地区传播开来。

那么《名护屋读本》里记载的蔚山战死的消息是否准确？答案是否定的。加藤清正军在蔚山守城的时候是庆长二年（1597）冬天，那时名护屋已不是出征基地，所以不可能把尸体或首级运到此地。如果运到的时间是8月24日的话，在季节方面与寒冬的蔚山守城也不相符。当时，朝鲜和日本之间的运输需要一个月左右的时间，那么孙兵卫的战死应该是6月或7月才符合史实。

朝鲜出兵基地名护屋离贵田孙兵卫的故乡彦山很远，在远离故乡的名护屋建立祭拜他的神社，说明他归国后死亡的说法与事实不符。那么，孙兵卫并非领主级别人物，为何会在名护屋为一个武将修建神社呢？

作为答案，需要说明的是，这或许与日本的民间信仰——"御灵信仰"有很深的关联。所谓御灵信仰，乃指死于非命或含冤死去的人，其冤魂会给现世的人们带来灾祸。人们怕有灾祸，便祭拜冤魂以发挥镇魂之作用。日本古代最高学者菅原道真①曾被卷入政治斗争，含冤死在流放地，他的魂魄狠狠地诅咒他的政敌，此后御灵信仰便在日本深深地扎下了根。孙兵卫若在他国死于非命，日本人就会认定必须为他修建一个神社，以慰安他的灵魂，可以说，这就是当时日本人的想法。

① 菅原道真（845—903）：平安时代前期的学者、政治家，在日本被称为菅公、菅丞相等。

基于这样的观点，壬辰倭乱时期他在朝鲜死于非命的时间似可推测为6月或7月。那么在6月末的第二次晋州城攻防战中战死的说法，最有可能性。但是除此之外没有其他文献记录，所以也不能断定和晋州妓女论介同归于尽的倭将是贵田孙兵卫。朝方的史料中根本找不到贵田孙兵卫或毛谷村六助的名字。为贵田孙兵卫修建神社的原因，是他死得冤枉。但从日本的立场上看，一个出色的武将却在他国为了一个妓女而死，或许正可说是死于非命。基于这样的观点，孙兵卫之死和论介之死有关联的说法，或许显得更加自然一些。这一方面的学术问题尚待笔者日后进一步研究。

数百年后的今天，韩、日两国的活动倾向于将论介和毛谷村六助联系起来，以慰藉两人的魂灵。毛谷村六助的故乡彦山山脚有他们的坟墓以及祭拜他们的庙宇。①

进一步说明，平凡社发行的《大人名事典》里，有贵田孙兵卫的后代——近世山鹿派（始于江户初期学者山鹿素行的兵法流派）兵法家贵田正亲（？-1689）的相关记载。还有贵田家侍奉细川家的记录。1874年（明治七年）的俸禄修订报告书《有禄士族基本帐》中，还有孙兵卫的子孙贵田权内的名字。

① 现在日本福冈县田川郡添田町里建了毛谷村六助和论介的墓以及韩日两军官民共同慰灵碑，那里还有为论介和毛谷村六助祭祀的宝寿院。

第十章 郑成功与东亚
——以近松的《国性爷合战》为中心

第一节 郑成功与日本

众所周知，郑成功(1624—1662)是中国明清交替时期的英雄风云人物，在台湾和中国的大陆地区，至今仍备受尊崇。在台湾，郑成功作为一名晚明时与异民族的清战斗的汉族英雄，驱除了荷兰军队，开拓了台湾，他以“开台圣王”之名被神化。他在中国台湾被视为一名文官，中国内地则视之为“解放台湾”的武将。在日本，则作为《国性爷合战》[①](近松)的主人公而闻名。

郑成功的本名为郑森，儿时的名字为福松，出生于日本平户。其父亲是郑芝龙，从事海上贸易；母亲是日本人，乃田川七左卫门之女。郑成功作为郑芝龙嫡子，7岁时来到中国并在中国长大。后考上秀才，进南京国子监学习。父亲郑芝龙在明清交替混乱期被明朝廷封为高官。因李自成造反和后金（清）攻击，明崇祯皇帝最终自缢，首都北京被满族占领。华南地区拥立明皇族的残余势力，以殊死的战斗对抗、扼制了华北地区的清军。反清复明（或灭清复明）运动在各地展开。政治漩涡也决定了郑氏父子的命运。在郑芝龙的支援下，1645年唐王朱

① 因其与“国姓爷”的发音相同，作品《国性爷合战》中取其名为“国性爷”。

聿键承袭明朝正统成为隆武帝。隆武帝赐郑森国姓为“朱”，改名 “成功”。从此郑成功（未敢用国姓“朱”）被称为国姓爷，忠心为重建明朝而努力奋斗。隆武帝军北伐失败后，父亲郑芝龙向清政府投降，但郑成功继续抵抗。之后郑成功掌控了郑氏一族的武力。1652年郑成功被永历帝封为延平王，所以他也被称为延平郡王。郑成功雄心勃勃的南京攻略失败后，将战略目标转至台湾，突袭了当时侵占台湾的荷兰军队，驱除后掌控了台湾。郑成功在连接东南亚和日本的海上贸易中具有强大的实力，他试图以台湾为踏板开展反清复明运动。但到台湾后未及一年即病故，享年39岁。儿子郑经继承父业，孙子却投降了清朝。郑成功没有实现明朝再兴之梦，但他的尽忠之举仍令后世感动。

郑成功《国姓爷忠义传》收录

台湾台南市郑成功像

民族英雄郑成功去世五十余年后，竟在近世日本的文艺作品中得以再生，在日本成为社会关注的人物。郑成功是中国父亲和日本母亲的混血儿，郑氏父子曾屡次向江户幕府要求派遣援军，郑氏管辖内的贸易船也在长崎展开了活跃的交易。由于以上诸多方面，他都引起了日本社会的广泛关注。在这样的背景下，1715年以郑成功故事为线索改编上演的人偶净琉璃名作《国性爷合战》（近松门左卫门）取得了巨大成功。

第二节 近松的《国性爷合战》

近松被称作日本的莎士比亚，《国性爷合战》是他晚年的辉煌代表作。这部作品不仅是历史剧的代表作，而且具有以下几个突出的特点，在日本文学史上获得了很高的评价。作品的特点如下：

第一，把舞台背景设定为日本和中国，规模宏大。同时，剧中登场的人物为日本人、明朝人、鞑靼人、明朝人和日本人的混血儿等，这在日本文学史上是十分罕见的，因而别具特色。近松通过17世纪后期发行的《明清斗记》了解了郑成功的生平与事迹，基于郑成功的传奇经历，创造出日本（和）、中国（唐）皆不存在的卓越人物——和藤内（日语中“内”与表示无的“ない[NAYI]”同音），且在作品中深入细致地描写了主人公和藤内在日本和中国的相关活动，作品内容别具特色。

第二，本作品中废止了一向在段与段之间插入的所谓“间狂言”。[①]即作品分由5段构成，编排得体，各段衔接紧密，没有插进与事件毫无关联的“间狂言”的空间，因而是一部戏剧上讲完成度极高的作品。

第三，1715年11月在大阪竹本座首演后，三年间连续上演了17个月，创造了长盛不衰的记录。当时大阪人口约30万，可以说80%的人都看过演出，获得了空前的成功。[②]

正因有了上述特色，关于此作品的研究领域相对较宽，可分为以主人公和藤内为中心的研究、作品结构研究、历史事实与作品之间的关联性研究、关于竹本座的研究等。论及此作品成功的原因和背景，日本的研究提出了如下观点，“此作品涉及积极、消极两方面内容，作品中呈示了人类的极限发挥”；[③]或“在（锁国政策）状况下，主人公在国外自由施展了自己的才华，给当时忧郁的人们带来了释放感，这种释放感是开放时代的人们所无法想象的”；或称“中国是日本的文明之师，受到日本的尊敬，通过中国与长崎的贸易往来，中国成为包括普通百

① 间狂言：夹在演剧各段之间，与演剧内容本身无关的一种狂言短剧。

② 寺尾善雄：《郑成功》，日本东方书店1986年版，第236页。竹本义太夫于1684年创办竹本座时，作为揭幕作品上演了近松的《世继曾我》，两人关系密切，至义太夫离开人世前，几十年期间两人合作，立足于净琉璃繁荣时代。1714年义太夫决定让竹本政太夫继承他的伟业，去世后竹本座陷入经济危机。那时近松为政太夫执笔的作品就是《国性爷合战》。该作品的上演取得了爆炸性的成功，竹本座再次兴起，近松的位置也确定下来了。

③ 重友毅：《论〈国性爷合战〉的成功》，《重友毅著作集 近松研究》第三卷，日本文理书院1972年版。

姓在内的日本人感兴趣、憧憬和向往的地方”[1]。诸如此类。以上观点出自日本有关这部作品的先行研究，主要探究的是主人公“和藤内”的个性、当时锁国政策下的民众心理以及对中国的关心。与上述研究不同的是，本书将从东亚的角度来研究壬辰倭乱与该作的关联性。

第三节 近松、和藤内与壬辰倭乱

调查近松门左卫门（1653—1724）得知，他是侍奉丰臣家的武士家族出身，离开京都后在竹本座的根据地大阪度过了后半生。这一点引人注目。[2]大阪是在丰臣秀吉的影响下飞跃成长的城市，因此丰臣家灭亡后，很多大阪人依然崇拜太阁秀吉。1719年朝鲜通信使访日之际上演的《本朝三国志》（近松门左卫门）是描写壬辰倭乱的作品，剧中将丰臣秀吉神化为“男神功皇后”[3]（也称“男神宫皇后”），这与大阪的前述背景和作者的家族传统有关。

作品《国性爷合战》使日本深刻意识到中国大陆已是清朝的天下，体现了日本人的对外认识。作品中随处可见的是日本与朝鲜、明朝的冲突——壬辰倭乱的痕迹。例如，在作品的第二段中，将壬辰倭乱时日军在朝鲜的“猎虎”事件改编为“和藤内”在中国“猎虎”。众所周知，日本没有老虎，但在壬辰倭乱时期，老虎却成为在朝倭将献给秀吉或朝廷的具有特色的贡物。因此在朝倭将赴各地狩猎老虎，其中加藤清正降伏老虎的传说在近世日本社会广为流传。近松把壬辰倭乱时狩猎老虎的故事，巧妙地改编为“和藤内”在中国猎虎。剧中为呈现神国日本的武威，降伏老虎的场面描写如下：

---

① 寺尾善雄：《郑成功》，日本东方书店1986年版，第237页。

② 近松原名为杉森信盛，为1653年(承应二年) 越前吉江藩武士信义之次子，出生于福井。原来杉森家是京都的官家，从近松的高祖父起成为武士家。

③ 近松门左卫门的《本朝三国志》[1719年(享保四年)2月14日， 在大阪竹本座初演]，作为太阁记系列作品之嚆矢引人注目。参见崔官《关于近松门左卫门的<本朝三国志>的考察》，《日本文化学报》第3辑，韩国日本文化学会1997年版。

日本刀被赋予神力。（和藤内母亲说）持刀杀敌缺少英雄气魄。和藤内的气魄别说是老虎，连大象、鬼神都能一举击败。(中略) 和藤内母亲说："和藤内，你出生神国，身体发肤亦授之于神。与猛兽争斗莫要受伤才好。距日本虽遥远，但我们身上都有伊势神宫的护身符，神会襄助你实现心愿。"遂将身上的护身符递了过去。和藤内说："您讲得千真万确。"并接过护身符向老虎高举。神奇的是，老虎凶猛的气势竟顿然消失，垂下尾巴和耳朵，慢慢地缩起四肢，战战兢兢地想要藏进洞穴里。（中略）此乃天照大御神之威德也。[①]

如上所述，作品内"和藤内"是受神国日本保佑的日本人。近松成功创作本作品后接着完成了续篇《国性爷后日合战》（1717年）。此作同样明确地体现了作者对秀吉或壬辰倭乱的认识。在《国性爷后日合战》的初段中，作为此作品的时代背景，作者介绍了与秀吉有关的内容，将和藤内的武勇比喻为在朝鲜炫耀日本武威的秀吉的武勇。以下内容关乎《国性爷后日合战》的初段中登场的秀吉。

兵吉（指秀吉）兼备才智和武勇，军功、武功古今未闻。掌控日本六十余州，官至关白。关白武功高强，为击败朝鲜，率数百万日军和数千艘兵船顶狂风迎巨浪进攻釜山浦。[②]

近松露骨地把活跃在中国的和藤内的武勇比喻成发动壬辰倭乱、弘扬日本武威的秀吉的武勇。和藤内与中国的郑成功不同，在此作品中他代表了秀吉一类的人物。

---

① 近松门左卫门：《近松门左卫门集3、国性爷合战》，日本小学馆2000年版，第291—292页。

② 近松门左卫门：《国性爷后日合战》，《近松全集》第10卷，日本岩波书店1989年版，第18—19页。

第四节 从郑成功到和藤内

到日本的中世为止，日本人的世界观为本朝、震旦、天竺三国世界观。在这里，本朝是日本，震旦是大陆，即包括朝鲜半岛在内的中国，天竺是佛教发源地印度。但受16世纪大航海时代余波的影响及随后西洋人到来和日本人活跃的海外进出等，一系列事件使日本人的世界观发生了变化。

特别是壬辰倭乱后，日本与朝鲜、明王朝之间的战争结束，之后中国汉族建立的明王朝灭亡，开始了满族的统治，东亚国际社会发生了根本的变化，日本人的对外认识逐渐带有日本中心主义倾向。这种倾向与神功皇后的三韩征伐神话、蒙古入侵时的神风、丰臣对外标榜的优越的日本神国观等神国意识结合起来，形成了以日本为中心的“日本型华夷意识”。由此，日本自古以来的三国世界观转变成本朝（日本）、唐（中国）、西洋的世界观，朝鲜、阿伊努、琉球等皆变成了日本蔑视的对象。

在这样的日本中心的华夷意识下，近松借助郑成功创造了日本的和藤内。和藤内在中国的勇猛和活跃，全部表现为日本的神力之德，夸张地强调了神国守护神——天照大御神的威力。不仅是有关和藤内在中国狩猎老虎的描写，作品中有关和藤内母亲将日本美化为神国之类的描写也处处可见。这是近松站在日本中心主义立场上的民族意识之体现。[①]总之在近松的笔下，中国父亲和日本母亲所生的郑成功，在日本变成了象征日本优越意识的和藤内似的人物形象。

在壬辰倭乱这种国家间的战争中，诞生了许多民族英雄人物。然而为国捐躯的英雄，在敌对国看来则是反英雄。根据本国的时代状况，这些英雄或被刻印在各类作品中，或已成为遭到遗忘的对象。而，所谓英雄、反英雄，有时则脱离了历史的事实，仅仅通过后代作品创造的形象而为人们所认识。问题在于，当代

---

① 和藤内的母亲：“中国和日本的太阳光并无差异。但太阳的本源在日本——太阳升起的地方，有仁、义、礼、智、信之道。”（《国性爷合战》，《近松全集》第10卷，日本岩波书店1989年版，第704页）。此等方式把“日本”的国名解释为太阳升起的神国。

世界或当代社会不容许仅仅强调本国的英雄，而仇视敌对国的英雄或歪曲历史的事实。东亚人民的交流日益频繁，现在需要的是跨越过去之标准，对共通认可的英雄示以崇敬之情。有一点可以肯定，英雄不应该仅仅是“我”的英雄，而应是“我们”的英雄，真正的英雄不应只是本国的英雄，而应是国际社会认可和尊敬的具有普遍意义的英雄。基于这样的观点，需要我们努力发掘东亚历史及战争中产生的共同的英雄。具有悠久历史传统且民族意识强烈的中、韩、日三国，共同承认的英雄会有多少？究竟何人堪称中、韩、日三国的真正英雄呢？

第四部

战争、国家、和平

第十一章 芥川龙之介笔下的壬辰倭乱

第一节 芥川龙之介和《壬辰录》

1 作品《金将军》

芥川龙之介[①]作为日本的代表性作家，通过“芥川奖”和《罗生门》等奖项和作品广为人知。然而，在韩国却很少有人论及他与朝鲜的关系，抑或被认为是与朝鲜没有太多关联的作家。实际上也的确如此，芥川短暂的一生中唯一堪称朝鲜体验的是，1921年3月，时年29岁的芥川作为大阪每日新闻社海外视察员被派遣到中国，同年7月在从中国回国的途中，坐火车从奉天到釜山横跨过朝鲜半岛。芥川龙之介后来根据在中国的体验写了《支那游记》，在朝鲜的体验也许过于短暂，没有留下相关的记录。

芥川龙之介

短篇小说《金将军》是芥川龙之介唯一与朝鲜相关的作品。《金将军》发表在《新小说》杂志的1924年2月

① 芥川龙之介（1892—1927）：日本著名小说家，东京出生，毕业于东京大学英文系。在校期间，与久米正雄、菊池宽等一起创刊了第3次《新思潮》，并在《新思潮》杂志发表了处女作《老年》，后又发表了名作《鼻子》，得到了文坛的好评。

号上，收录在同年7月第7短篇集《5月东南风》（《黄雀风》）中，内容主要涉及壬辰倭乱时朝鲜金应瑞将军的故事。芥川龙之介在作品《金将军》里写道，“这就是朝鲜流传下来的小西行长之死”。可见小说取材于朝鲜的传说。芥川巧妙地利用有名的传说故事创作了这部作品——以壬辰倭乱的激战地平壤城为舞台，金应瑞将军籍妓女桂月香之力成功地杀死倭将。《金将军》中的部分内容，与描写壬辰倭乱的朝鲜代表作《壬辰录》中的内容一致。在这里，“将军”一词不是日本通常所指的幕府首长，而是韩国通常所指的将军。

芥川龙之介的创作借鉴了既存文献中的故事已获得证实，[①]但至今还没有他借鉴朝鲜有关壬辰倭乱传说的说法。目前对于芥川龙之介的出典研究，以及芥川龙之介与古典的相关研究中均没有涉及《金将军》。《芥川龙之介事典》(明治书院)中对其作品的出典，也仅解释为出自“朝鲜的传说”。

因此，这里以韩、日两国的芥川研究中被人疏忽的作品《金将军》为例，论证其作品同样也借鉴了《壬辰录》等作品。并且，拟初步考察芥川龙之介和朝鲜的相关性。

2 金应瑞与行长、清正的相遇

《金将军》是一部短篇小说，有八张四百字原稿纸的分量。下面将全文分为三个部分进行分析。故事的序幕是丰臣秀吉侵略朝鲜的30年前，加藤清正和小西行长与幼儿时期的金应瑞在朝鲜相遇。

> 某个夏日，两个僧人戴着斗笠走在朝鲜平安南道龙冈郡桐隅里的乡村小路上。两人并非单纯的流浪僧人，其实是从日本到朝鲜侦查的加藤肥后守清正和小西摄津守行长。
>
> 两人观望四周，走进绿色的田野里。突然发现路旁貌似农夫之子的小孩儿，头枕着圆石睡得很香。加藤清正悄悄把目光从斗笠下转移到孩子身上。
>
> “这孩子有奇怪的面象。”

---

① 例如，以泷泽马琴为主人公的《戏作三昧》，从《今昔物语集》中取材的《罗生门》和《竹丛中》等广为人知。

鬼上官（指加藤清正）二话不说踢掉孩子枕下的石头。奇怪的是那孩子不仅头未落地，反而保持着原来的姿势睡着！

“这孩子绝对不是普通的家伙。”

清正把手伸进染有香味的法衣兜里抓住了刀把。他觉得这孩子有可能成为倭国的祸根，应及早除掉。行长嘲笑着按住了清正的手，阻止他说：

“一个孩子能有多大作用？莫要无谓杀生。”

两个僧人重新走进绿色田野里。但蓄着老虎胡子的鬼上官仍然感到不安，不时回头看那孩子。（中略）

30年后，当时的两人——加藤清正和小西行长率8兆8亿兵袭击朝鲜八道。家园被烧毁、无家可归的八道百姓仓惶逃亡——父母失去了孩子，妻子被敌人抢走，丈夫惊慌失措地逃亡。汉城沦陷。平壤也不再是国王的土地。宣祖好不容易逃到了义州，苦苦等待大明的援军。若这样束手待毙，任由倭军横行霸道，美丽的八道山川瞬间就会变成横尸遍地的荒野。但是，上天并没有抛弃朝鲜，从前在绿色田野里出现的那个神奇的孩子——金应瑞挽救了国家。[①]

从这里已可看出这篇小说的内容是虚构的。历史上根本不曾有过朝鲜八道日本侦探，发生战乱时加藤清正31岁，行长35岁，金应瑞28岁，作品中的“30年后”也与事实不符。但《壬辰录》的异本中确曾有对战乱前倭军八名将军侦探朝鲜八道的描写，[②]也曾出现过密探加藤清正，以及苏摄（或小摄，意指小西行长）之类的名字。小西摄津守行长与《壬辰录》中登场的平秀吉（丰臣秀吉）或平清正(加藤清正)等人物名字不同，被记录为苏摄或小摄，也许这与他们的官职名相关。但是，《壬辰录》中根本没有芥川龙之介所描写的日本密探与朝鲜孺子的相遇或对决。就是说，战乱前清正、行长与幼儿时期的金应瑞的相遇，还有故事中的清正和行长的性格差异等，完全出自芥川龙之介虚构的创作。这种虚构与战乱

① 芥川龙之介：《金将军》，《芥川龙之介全集》第6卷，日本岩波书店1977年版，第327—328页。

② 汉文本韩国国立图书馆所藏本、京板本、黑龙日记等《壬辰录》异本中对倭将的朝鲜侦探均有描写。

中金应瑞歼杀小西行长的场面首尾呼应，对作品的整体结构起到了积极的作用。

另外，芥川龙之介把金应瑞和行长的相遇地点设定为平安南道龙冈郡桐隅里，龙冈郡是金应瑞的故乡，在《壬辰录》异本系列作品中广泛出现。芥川龙之介直接借鉴了朝鲜作品中的实际地名，令自身的创作具体化。在此，简单对金应瑞（1564—1624）做个说明。壬辰倭乱时期，他在平壤西部地区设防，以阻止小西行长军的攻击。因夺回平壤城立功，1593年被任命为平安道防御使，之后提升为庆尚道右兵使。战乱后的1619年，为阻挡满族的攻击，受中国明朝之邀，作为副元帅出兵满洲。后向满族努尔哈赤投降，但他私下向朝鲜透露了满族的内部情报，事情泄露后被杀。其投降据说是执行了当时光海君的密令，总之其满洲出兵和投降乃至满洲之死等一系列事件，在后来的《壬辰录》中皆以不同形式出现过。经文学润色，金应瑞将军成为一个传奇中的人物——先因秀吉侵略朝鲜而复仇，后则开始征伐日本。这里虚构的痕迹非常明显。他先是出征日本，后中了倭王的怀柔计谋，与倭王的公主或妹妹结婚，最后战死或自杀。

3 有关小西行长被杀的传说

但是不管怎样，关于金应瑞将军的故事，最著名的情节是他在平壤城取得妓女桂月香的帮助杀掉了小西行长。下面是芥川龙之介取材于在《壬辰录》中小西行长临死的场面。

> 倭将小西行长在平壤的大同馆仍然宠爱着妓女桂月香。桂月香是8000名妓女中独一无二的美人。（中略）某一个冬天夜晚，行长让桂月香斟酒，与其兄筵宴共处。（中略）
>
> 过了一会儿，桂月香及其兄留下喝醉的行长，悄悄地没了踪影。行长把宝剑挂在翠金帘外，沉睡于梦乡。这并非行长掉以轻心，因为这帘带着铃铛，有人进入帘内，铃铛就会突然地摇响，并将行长从睡梦中唤醒。但是行长并不知道桂月香为了不让这个宝铃响起，已悄悄在铃铛里放入了棉花。
>
> 桂月香和他的哥哥再次返回。今晚刺绣的裙子里已装好了炉灰。她的哥哥——不，不是她哥哥，领受王命的金应瑞高高卷起袖子，拿出青龙

刀。（中略）金应瑞断喝一声，挥起青龙刀，将行长的头砍下。但这可怕的倭将头颅露出十分愤恨的表情，咬牙切齿奋力想要回到原来的身体。桂月香看到这不可思议的场面，把手放进裙子里，随即将炉灰洒在行长被砍掉的头颅上。行长的头颅几次上下飞移，但是已经变成灰烬的部分无法重新合为一体。

小西行长 铜像

无头行长的身体还在摸索宝剑，瞬间将宝剑扔向了金将军。受到意外袭击的金将军将桂月香夹在腋下跳上房梁。但行长扔出的宝剑却在空中飞向金将军，把他的小脚趾砍了下来。（中略）金将军突然想起桂月香已怀孕之事。倭将的孩子如毒蛇，现在不杀掉，将来不知道会有怎样的灾难。想到这里，金将军如30年前的清正，下决心无论如何也要杀掉桂月香母子。

英雄自古以来是将感伤踩踏于脚下的怪物。金将军随即杀掉桂月香，把她肚子里的孩子取出。残月下的孩子仍是包在膜里的血块，但这血块突然浑身颤抖，像人一样大声叫喊。

"你这家伙，等3个月，我会为父报仇！"

像水牛一样的叫声，在黑漆漆的原野里回响。残月也不知何时消失在山坡的阴影里。①

写到这里是作品整体的6/7的部分。怪异氛围中小西行长之死让人联想起怪谈。这样，可以说本作品的中心事件是壬辰倭乱，在平壤，金应瑞和桂月香杀掉了小西行长。故事的叙述与朝鲜《壬辰录》中描写的金应瑞杀死小西行长的场面如出一辙。据说芥川龙之介不会朝鲜语，与朝鲜毫无瓜葛，那他又如何写出了这样的作品呢？

分析这两个作品之前，我们先看一下朝鲜的历史记录。首先作为上述故事基

① 芥川龙之介：《金将军》，《芥川龙之介全集》第6卷，日本岩波书店1977年版，第329—331页。

本构成的有关金应瑞的记事，可从《平壤志》中找到。这个记事在1912年《练藜室记述》中亦有记载，从时间上推算，芥川龙之介或有接触的可能性。

1592年8月1日，朝军攻击小西行长已经占领的平壤城，在此战斗中，金应瑞部队也曾参战。朝军攻击失败，人们以为金应瑞已经阵亡，不料他却提着敌将的首级凯旋而归。

> 薄（平壤城）普通门外，遇贼先锋，射杀数十。俄贼大至，我军四溃，死者盈野，江边勇兵多折伤。元翼（巡察使）败还顺安，应瑞一军不返。元翼等曰：应瑞死矣。及日暮，应瑞斩贼将夺白马，全军而还。元帅驰启，升拜防御使。时行长副将有勇力绝人者，尝先登陷阵，行长倚重而委任焉。府妓桂月香，为其所获，极见爱幸，欲脱不得，请往西门，审问亲属。倭将许之。桂月香登城哀呼曰，吾兄何在，连呼不已，应瑞应声往赴。桂月香迎谓曰，若使我得脱，以死报之。应瑞许之。自称桂月香之亲兄而入城，桂月香伺倭将之中夜睡熟，引应瑞入账下。倭将方据椅坐宿，张两目按双剑，满面通红，有若斫人者然。应瑞拔剑斩之，倭将头已落地，犹掷剑一着壁一着柱，没入半刃。应瑞佩其头出门，桂月香随后，应瑞度不能两全，挥剑斩之，踰城而还。翌晓贼知死，大惊扰夺其气。
>
> 《平壤志》[①]

这一记录是1912年朝鲜古书刊行会发行的《练藜室记述》里记载的《平壤志》的一部分。从出版时期看，不能排除芥川龙之介曾经阅读的可能性。[②]金应瑞在平壤城与妓女桂月香一起杀倭将的故事，除《平壤志》外，在《壬辰录》、口传故事等材料中亦可看到。但确否为历史真相不得而知，因为在《平壤志》这样的历史文献中已添加了许多传说的成分。[③]

① 《壬辰倭乱 大驾西狩》，《练藜室记述》15卷，《练藜室记述》第3辑，朝鲜古书刊行会大正元年版，第194页。这是在发行《金将军》之前发行的。

② 在此之前，1911年朝鲜研究会发行的《平壤续志》2卷，第120—121页也有同样的记录。

③ 在这些文献中登场的妓女桂月香与金应瑞一样，都是平安南道龙冈郡出生，名叫月香，幼名叫花月。

整体上看，《平壤志》与《金将军》相通的地方很多。但《平壤志》的内容并不包括行长的副将之死，也没有《金将军》中的棉花、针、炉灰的使用和肚中胎儿等相关故事。芥川仅依上述《平壤志》的内容创作《金将军》，应是十分困难的。

不过，《平壤志》中的传奇要素在《壬辰录》异本系列中也有变异或以更加多样的形式出现。这些异本中内容和人名变化很大，特别是金应瑞杀小西行长的部分，呈现出多样性的变化。如金应瑞（或金德龄）将军在桂月香（或月川、月仙、花月、华月、妓女）的帮助下杀掉苏摄（或称小摄、调摄、鸟西飞意指小西行长）或其副将宗一，其后桂月香也被金应瑞（或倭兵）杀害之类的相关记述。《壬辰录》的研究者林哲镐教授以文献传奇和口传故事两个系统为主线，研究了桂月香故事的变异及其意义。[①]

4 芥川龙之介和《壬辰录》

那么记载《金将军》所有内容的《壬辰录》异本是否存在呢？芥川龙之介以汉文见长，上述内容若有汉文版，便不成问题，可至今并未发现此类异本。最终只能认为，芥川龙之介或通过某种形式直接接触过《壬辰录》。但这等情况未得到证实。

在此，为明确《金将军》是以《壬辰录》为来源，我们不妨分析一下《壬辰录》与《金将军》中独特描写的几个相通部分，例如用棉花堵住铃铛、为了防止砍掉的头粘回原来的身体而撒灰，以及肚子里的胎儿要三个月后复仇等部分。下面选引了《壬辰录》异本中与《金将军》的描述最为一致的部分内容。

首先是金应瑞成为桂月香哥哥的相关描述。除《平壤志》外，在《壬辰录》的几个版本中也可以看到。且看其中一处记述——金应瑞为桂月香出谋划策。

> 既然如此，别无他法，你对苏摄（小西行长）说，“我哥哥住龙冈，得知将军雄踞城中，不远千里来此，愿得一见”，然后你按我说的去做。
>
> 《韩国国立图书馆所藏本 壬辰录》[②]

① 林哲镐：《壬辰倭乱的传说和民众的历史意识》，韩国集文堂1989年版，第174页。

② 金起东：《韩国国立图书馆所藏本 壬辰录》，韩国瑞文堂1978年版，第186页。

为了不让铃铛发响，桂月香在铃铛里塞了棉花。关于此情节，《壬辰录》里桂月香对金应瑞所言曾有如下详细的记述。

> 宗一（小西行长副将名）在阵营里有住所，住所四面有帘围，帘的各角都挂着铃铛，只要稍微晃动，铃铛就会叮当响起。这可以防备意外事态。三更前，耳朵睡觉，眼睛看；三更后，眼睛睡觉，耳朵听。但是到了四更，耳朵、眼睛都会入睡。现在，先由我这卑贱的妓女进去等到他睡着，用棉花堵住铃铛之后我出来，再请将军进入。
>
> 《京板本 壬辰录》①

另外关于行长被砍掉头、桂月香往他的颈部撒灰的描写如下。

> 金应瑞持刀挥舞，唱咒文，抬左脚，吐三口唾沫，进入（敌住所）。……（中略）闪电一般砍掉调摄（小西行长）的头。失去头的调摄举起鸣天剑，砍掉练光亭的房梁。房梁折断。调摄的头想要回到身体上，但月仙（桂月香）将藏在裙子里的辣灰撒向他，他随即倒下。
>
> 《韩国国立图书馆藏本 壬辰录》②

往被砍掉的头颅撒灰的描写备受瞩目，此乃东西怪谈中常有的类型之一，根据某类咒述：撒上炉灰便无法重新粘连。《金将军》的相关内容叙述道，“往被砍掉的部位撒了几把炉灰”。前述《壬辰录》中也有“撒灰”的记述。但《壬辰录》中的人物如何认识到炉灰的作用并使用这一方法？尚存疑问。《高丽大韩文版壬辰录》中叙述月仙（桂月香）：“拿着一把灰撒在苏摄(小西行长)的头上，躯体随即来回转悠，举起刀砍练光亭的房梁③ 。”

关于跳上房梁的“金将军小脚趾被砍掉”，《壬辰录》中的描写却是“应瑞

---

① 金起东：《韩国国立图书馆所藏本 壬辰录》（《京板本 壬辰录》），韩国瑞文堂1978年版，第54页。

② 同上书，第187—188页。

③ 《高丽大韩文本 壬辰录》，韩国高丽大学藏本，第19页。

迅速用刀砍掉宗一的头，跳上去坐在房梁上。没有头的宗一愤怒地站起来举起宝剑砍向房梁，应瑞的军服袖子被砍掉”。也就是说，《京板本壬辰录》[①]不同于《金将军》，前者砍掉的是“军服袖子”。

关于桂月香怀孕和凄惨血块的情节，可以查到与《金将军》中完全一致的描写。

> “不要惜我(桂月香)生命，杀我之后切腹吧。”于是砍掉月川(桂月香)的头，切腹后从肚子里出来三胞胎，三个孩子跑了十步便道：“只要等三个月就会为父亲报仇。”
>
> 《李能雨本壬辰录》[②]

从《壬辰录》异本系列的引用中明确获知，《金将军》的创作来源的确是《壬辰录》。

问题在于，《壬辰录》异本间在描写和内容上有很大差异，至今并未发现记载有《金将军》全部内容的《壬辰录》。《壬辰录》多数是朝文版，涉及反日或民族主义等内容。在当时日本殖民主义之下的朝鲜，根本不可能得以出版。考虑到这样的情况，芥川龙之介博览《壬辰录》异本系列似无可能。但是，从《金将军》和《壬辰录》之间描写上的一致性似可确认，在没有详细了解《壬辰录》中金应瑞和桂月香关系前是无法创作《金将军》的。能够推断出的可能性如下：第一，芥川龙之介接触过记载《金将军》所有内容的《壬辰录》异本；第二，他从某处详细听说过关于金应瑞和桂月香的口传故事。但在迄今为止的70多种《壬辰录》异本中，并没有找到此般证据。如此看来，对《壬辰录》异本和口传故事做进一步的研究，仍是非常必要的。[③]

---

① 金起东：《韩国国立图书馆所藏本 壬辰录》（《京板本 壬辰录》），韩国瑞文堂1978年版，第50页。

② 《李能雨本 壬辰录》第18页。这种描写在汉文本《壬辰录》异本系列中查不到，只有在韩文本《李能雨本壬辰录》中能查到，具有独特性。

③ 笔者在1992年春季日本比较文学学术大会上发表了论文，论证了《金将军》的出处是《壬辰录》(参考崔官“芥川龙之介《金将军》与朝鲜的关联”，《比较文学》第35卷，日本比较文学会1992年版)。之后为确定《金将军》的出处在于《壬辰录》，对《壬辰录》异本系列进行了调查，但至今未找到芥川龙之介读过《壬辰录》的可靠证据。

芥川龙之介对壬辰倭乱似乎很有兴趣，日本近代文学馆收藏的“芥川龙之介文库”中包含附报“征伐朝鲜”，这是在他两岁时，1894年（明治二十七年）日本出版的中央报第3535号到3600号的附录，主要描写的是在朝鲜的战斗。当然，那里也包括碧蹄馆之战、晋州城攻防战和平壤城之战，却没有金应瑞和桂月香的故事。

回到芥川龙之介的作品中来。那么，《金将军》是引用了《壬辰录》的一部分拼凑而成的作品吗？答案并非如此。由此更能了解芥川龙之介的高明之处，即作品内容皆为芥川龙之介的创作，这一点已有叙述。但在作品结构上，《壬辰录》对《金将军》故事情节的发展无疑有着很大的作用。例如作为故事的开端，幼小的金应瑞和行长、清正相遇，这样的创作与行长及其胎儿之死等事件，如同一条引线巧妙地形成呼应。芥川龙之介的虚构并没有让人感到不自然，反而因其对事件的传奇性描述，对读者更具有吸引力。

5 芥川龙之介的历史观点

这一作品并没有就此结束。芥川龙之介在作品结尾部分记述道——“这就是朝鲜流传下来的小西行长之死”。芥川龙之介貌似在引用朝鲜的传说，却在创作中隐藏了自己的虚构成分，努力展开了新的故事情节。

> 这是朝鲜有关小西行长之死的传闻。当然，行长在征韩之战（壬辰倭乱）中并未阵亡。但粉饰历史者并不仅仅是朝鲜。日本历史教育同样如此，（中略）例如，日本的历史教科书似乎从来都没有记载过下面这样的失败。
>
> “明朝的将军率170多艘战舰进入白村江，戊申（天智天皇2年秋8月27日），日本的兵船第一次抵达朝鲜，与明军展开了战斗，战况不利于日军，日军随即后退。己酉（28日），（中略）日本的散兵游勇（分散队伍）带领中军的士兵再度攻击明军。明军随即左右夹攻，起锚应战。瞬时间日军战败，落水溺死者无数，无法调回船头。”
>
> 《日本书纪》[①]

① 芥川龙之介：《金将军》，《芥川龙之介全集》第6卷，日本岩波书店1977年版，第331页。

从前引文字可以看出，芥川龙之介的构想和历史认识关联于350多年前的壬辰倭乱，而且从壬辰倭乱再次追溯到九百余年前的历史事件。芥川龙之介在《日本书纪》中找出了公元663年的白村江之战，批判了当时日本只教授胜利的历史教育方式。这里表达了芥川龙之介理性看待历史的愿望——希望日本接受本国的战败，在如实看待历史的正确认识中得到发展。

芥川龙之介的作品取材于过去，对此他在《昔》中写道："单纯依据现今日本的素材是很难完成作品的。"为了避开这一难题，"只能借鉴过去的素材（未来也许更少吧）、日本国外的素材，以及过去日本国外的素材。（中略）历史小说从任何意义上都不以'昔日'的重现为目的，这一点（与我的作品）不同"。[①] 文中的理念，与《金将军》的创作理念正相符合。

芥川龙之介在小说的结尾处写道："任何国家的历史对于其国民肯定是光荣的历史。所以，不能对金将军的传说一笑置之。"[②]当时的朝鲜正受着日本的殖民统治。我们似可这样评价芥川，不管是认识敌对国还是认识日本本国，他都倡导一种相对主义的立场。

小说《金将军》的创作时间，很可能是1923年9月1日关东大地震后到第二年正月的这个时期。关东大地震时，芥川龙之介的行动与《金将军》之间有很大的差异。当时，芥川作为"勇敢自警团的一员"，参加了许多活动。东京公布戒严令的时候，我们从他与菊池宽的对话中，可以窥见芥川龙之介的某些观点。

> 我们并没有说地震以外的事。我对他说，大火的原因可能是○○○○○○○○。菊池扬起眉毛喊道："那是谎言！"我听了之后，只好说："那么，也许是谎言吧。"但是，后来我又说了一次——可能○○○○是共产党的走狗。菊池又扬起眉毛大发雷霆道："谎言！你怎么能相信那个？"我又说："哦？那也是谎言？"我赶紧撤回了自己的说法（？）。
>
> 依我所见，所谓的善良的市民是应该相信共产党和○○○○之间的阴

① 芥川龙之介：《昔》，《芥川龙之介全集》第2卷，日本岩波书店1977年版，第124页。

② 芥川龙之介：《金将军》，《芥川龙之介全集》第6卷，日本岩波书店1977年版，第331页。

谋的。（中略）我作为善良的市民、作为勇敢自警团的一员，为菊池感到惋惜。

《大震杂记》①

地震以外の話の出た訣ではない。その內に僕は大火の原因は○○○○○○○○さうだと云つた。すると菊池は眉を擧げながら、「嘘だよ、君」と一喝した。僕は勿論さう云はれて見れば、「ぢや嘘だらう」と云ふ外はなかつた。しかし次手にもう一度、何でも○○○○はボルシエヴィツキの手先だそうだと云つた。菊池は今度も眉を擧げると、「嘘さ、君、そんなことは」と叱りつけた。僕は又「へええ、それも嘘か」と忽ち自說（？）を撤回した。

再び僕の所見によれば、善良なる市民と云うものはボルシエヴィツキと○○○○との陰謀の存在を信ずるものである。……善良なる市民たると同時に勇敢なる自警团の一員たる僕は菊池の為に惜しまざるを得ない。

在这里芥川龙之介所说的○○○○是指当时蔑视朝鲜人的称呼——“不逞之徒”。当时，日本政府主导散播了关于朝鲜人和共产党的各种流言蜚语，说什么趁着大地震的混乱，朝鲜人放火、暴动、往井里撒毒药，其背后有共产党的策动，诸如此类。所以，这个时期有六千多名朝鲜人被无辜地杀害。在这样的状况下，芥川龙之介开始也相信那类传言，并且主张相信传言的人是善良的市民，几次对菊池提出过自己的观点。

但是，或许在关东大地震的混乱和朝鲜人被杀戮的事态大致收场后创作的《金将军》中，芥川龙之介却持有完全不同的立场。即从“勇敢的自警团，相信朝鲜人放火的善良的日本市民”转变为“持有相对主义历史观的市民”。芥川龙之介作为具有特殊感性和文明认识论的作家，回顾大地震时自己的言行后，会感受到什么呢？当他最后知道自己所相信的一切都是虚假的，得知没有任何罪过的

① 芥川龙之介：《大震杂记》，《芥川龙之介全集》第2卷，日本岩波书店1977年版，第176—177页。

无数朝鲜人惨遭杀害的事实后，他是否会反省自己，以相对主义立场看待朝鲜呢？芥川龙之介在这种认识的影响下形成的作品，可能正是《金将军》。

第二节 中岛敦的历史观点

从两国关系立场上认识壬辰倭乱的作者，除芥川龙之介外还有中岛敦。在殖民地朝鲜度过青少年期（汉城中学校4年结业）的中岛敦根据自身的体验，发表了《猎虎》（虎狩）、《有警察的风景》（巡查の居る風景）等作品。短篇小说《有警察的风景》（1929年6月《校友会杂志》第322号），描写的是朝鲜警察眼中映现的1923年秋天的汉城风景，以及其日常生活。其中有如下描写：

> 普通中学的校园里，从内地（指日本）新上任的校长以傲慢的姿态演说顺从之德。（他回想着迄今为止内地中学里，把独立、自尊的精神立为校规且感到问心有愧）。
>
> 在普通中学的历史课上，年轻的教师有些困惑、迟疑不决地说起征韩之役。——于是秀吉决定进攻朝鲜。
>
> 但在孩子们看来，那仿佛是与自己毫无关联的、其他国家的故事，沉闷的回答像鹦鹉学舌。
>
> ——所以秀吉决定进攻朝鲜。
>
> ——所以秀吉决定进攻朝鲜。
>
> 《有警察的风景》①

日本人的立场是两面性的——对日本国民讲独立自尊，对朝鲜人则讲顺从。而朝鲜人的立场，却是鹦鹉学舌般地了解秀吉的侵略战争。这样的立场差异，形成了当时的两国关系格局。中岛敦在很短的文章中，揭露了当时殖民地朝鲜和日

① 中岛敦：《巡查风景》，《中岛敦全集》第一卷，日本筑摩文库1993年版，第333—334页。

本帝国的差异。他还跟芥川龙之介一样，以文学家的嗅觉正确判断出对壬辰倭乱的历史认识的差异性。

另一方面，如第二部中所述，近、现代日本曾有相当多的文学作品致力于剖析、研究壬辰倭乱。迄今为止，韩、日两国毕竟出现了许多以壬辰倭乱为主题或素材的作品，但与之相关的比较文学或比较文化方面的研究还处于初步阶段。今后对壬辰倭乱的比较研究还应进一步加深。

第十二章 李舜臣将军在日本

第一节 木曾官和李舜臣

从悠久的韩、日关系史或东亚历史上看，中、韩、日三国动员了整体国力进行的长期战争，可以说只有壬辰倭乱。近世将朝鲜半岛染成血海的壬辰倭乱，并不会单单作为某一历史事件而结束，它必将成为近世以后两国关系的出发点，由之显现新的对立。战争英雄的卓越表现与敌对国的认识结合起来得以传承，更在文学作品中获得了润色，代表性的例子正是壬辰倭乱中出现的朝鲜英雄——李舜臣将军。李舜臣将军通过无数的民间传说和《壬辰录》等作品被英雄化，代代流传。在经历了日本帝国主义殖民统治的今天，李舜臣被尊崇为民族圣雄。解放后在汉城中心景福宫（日本帝国殖民时代朝鲜总督府曾位于此）前面，朝鲜人民筑造了李舜臣将军的铜像。

首尔市中心的《李舜臣铜像》

李舜臣击败了日军，打击了丰臣秀吉的野心。那么曾为战争敌对国的日本，对李舜臣或龟船是怎样评价的呢？文学作品又是怎样描写李舜臣的呢？

在幕府的统治下，壬辰倭乱完全没有机会显现其真面目，在这样的近世日本社会中，最为出名的朝鲜将军是谁呢？和朝鲜一样，会是李舜臣将军吗？在对现存壬辰倭乱时的命令书或书信等古文献的整理考察中，几乎找不到朝鲜人的名字，唯独对“MOKUSO、牧司、木曾”这个人物涉及很多。另外如前所述，木曾从晋州牧使的角色转变为朝鲜猛将，又转变为针对日本的谋反人，这种形象在日本的各种作品中广泛登场。

如前所述，壬辰倭乱时期，晋州牧使威名远扬，在近世日本社会中广为流传，其形象被润色后出现在作品中。与之相比，对其他武将的认识是怎样的呢？当时日本的古文献和近世初期壬辰倭乱系列作品中，对沈惟敬(游击沈惟敬)、李如松、石星、李宗城、陈璘等明朝人物有具体、明确记载，却很难找到朝鲜将帅的名字，只是在几个作品中零星出现过元均、金应瑞等真实姓名。

那么，与日军作战并给予决定性打击的李舜臣和龟船完全没有受到关注吗？据至今为止的调查结果显示，直到近世初期，都没找到明确的有关李舜臣和龟船的资料。例如与朝鲜水军交战的胁坂安治的武勋谈《胁坂记》和《岛津高丽军记》以及近世广为流传的小濑甫庵的《太阁记》(1625年自序)等，竟完全没有关于李舜臣和龟船的描写。

只是在收录了很多朝鲜人名的堀杏庵的《朝鲜征伐记》(1659年发行)和大关定祐的《朝鲜征伐记》(1665年自序)中，李舜臣被称为“李统制”，相关记载述及他在歼灭岛津、小西的海战中，为了拯救明朝武将邓子龙而被小西行长杀害，有关记述如下：

> 10月16日，获悉岛津、小西过海撤退的口信，便告知明朝海将陈蚕(当时陈璘麾下的副总兵)。陈蚕闻讯十分高兴，言称击退倭寇立功的时辰已到，急于切断敌人的退路，让邓子龙与朝鲜的李统制一同率领一千余人水兵，乘三艘大船先锋在前。(中略)邓子龙为了最先立功，带领手下两百多名水兵乘小船转移到日本船上抢夺了许多船只，后面(我军的)大船开炮，击中邓子龙乘坐的船，桅杆折断漂流在水上。小西迅速转移到那艘船

上，将船上两百多名水兵全部杀害。李统制目睹此状，为救邓子龙而冲锋在前，结果也被杀害了。

《朝鲜征伐记》第9卷[①]

《朝鲜征伐记》并没有集中描写朝鲜名将的牺牲，而是在描写明朝武将之死的敷衍式的说明中轻描淡写地一笔带过。这与历史事实有所不同。李舜臣和邓子龙在露梁海战中战死虽为事实，但实际战斗的敌方并非小西行长军，而是帮小西撤退的岛津义弘、立花宗茂、宗义智的联合海军。当时的明朝都督是陈璘，李舜臣战斗中曾解救过他和遭到包围的船只。最后独自血战，终被击倒而死。

如同上述，日本几乎没有关于李舜臣的相关记录，就算略有涉及也并非重要的内容。但不能说壬辰倭乱时日本武将不知李舜臣的存在。小西行长告诉朝鲜朝廷加藤清正的登陆地点及日期，让朝鲜的强力水军突袭加藤军。另外1592年11月10日，秀吉让胁坂安治停止与朝鲜水军交战，命令兵船回国。由此可以看出，他们强烈地意识到朝鲜卓越的水军及其司令官李舜臣的强大战斗能力。

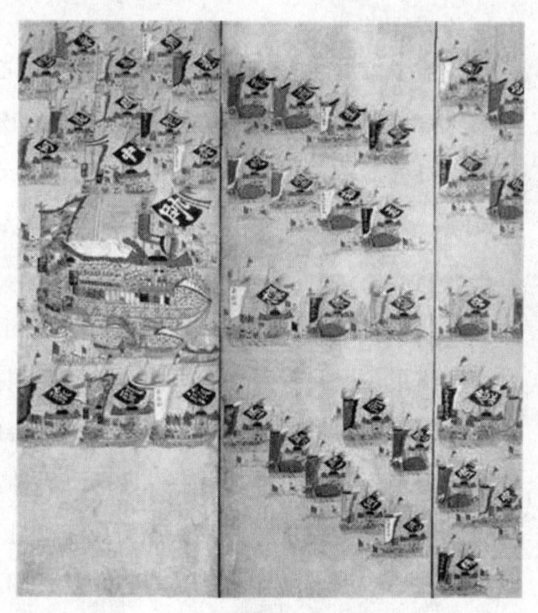

《水操图屏风》忠烈祠藏

日本武将以胜战和勇猛来品评战功，并未留下多少战败的具体记述。最终，人们在不知道李舜臣真名实姓的情况下，口头传颂着勇猛无敌的朝鲜水军司令官和特异的龟船构造。或许，由日本水军寥寥无几的、关于战败的记述中亦可描摹出朝鲜水军的战斗状态。可是，相关记述在近世初期的日本社会中，并未发生太大的影响力或广为流传。

① 堀杏庵：《朝鲜征伐记》第9卷，《通俗日本全史》第20卷，日本早稻田大学出版社1913年版，第84页。

第二节　龟船的戏剧化

不过，在称作日本莎士比亚的近松门左卫门(1653—1724)的剧作《本朝三国志》中，还是出现了以李舜臣和龟船为模型的场面。如本书第三部所述，1719年2月14日在大阪竹本座首演的5段构成历史剧净琉璃《本朝三国志》，是朝鲜通信使访日之际创作的作品，作为描写丰臣秀吉的系列作品，《本朝三国志》如今被评价为太阁记系列中具有先驱性的重要作品。近松作为丰臣家族祖先的侍臣后代，在作品中将秀吉英雄化，尤其在第5段剧中描写了“男神宫皇后”在朝鲜的故事。

在“男神宫皇后”序幕中，近松通过朝鲜国王的话表明了日本侵略朝鲜的理由。

> 高丽国辽东大王（即朝鲜国王对大臣）说：“但是，大日本的武将高富久吉（即丰臣秀吉）认为，我国每年怠惰朝贡，因之愤怒，派日本兵船数万艘靠近釜山码头。正面对抗难于抵挡。怎么办？沐海潜，你是水中的勇士，我们要把你做成毒鱼的形状派到大海里，你去颠覆日本大将的战船吧。”①

所谓的“神功皇后的三韩征伐”后，朝鲜每年朝贡，却趁日本战国时代的混乱有意懈怠，因此当受惩罚。像这样毫无根据地编造侵略朝鲜之理由，作为壬辰倭乱系列作品常见的逻辑而为近世日本社会所熟知，近松站在这样的立场，将丰臣秀吉命名为“第二神功皇后”，即“男神宫皇后”。

听到日本侵略的消息后，朝鲜国王想让擅长海战的沐海潜击退日军。毒鱼形状的沐海潜，据说能在海里摧毁日本的舰船，在近松眼中沐海潜究竟是怎样的一个存在？其形象是依据什么刻画的呢？下面了解一下有关沐海潜的描写。

---

① 近松门左卫门：《本朝三国志》，《近松全集》第11卷，日本岩波书店1989年版，第102—103页。

日本名古屋城的鯱

在白帆上涂上住吉太神宫（帮助神功皇后的三韩征伐之神）的是小西弥十郎（即小西行长）所乘之船——不敌丸。它领先于其他船只，以雄川为目标航行，风平浪静的海上突然波涛翻涌，出现了鯱（想象中的鱼，头像老虎，背上长刺，尾巴竖起），它晃动着刀一样的背鳍，将船抬起又放下，情况十分危险。小西怒视了片刻，伸出双臂将其拉上了船，发现竟是披着鯱状皮衣的高丽人。沐海潜扑将过去，（小西）迅速抓住他，说道没有盐的鯱不需要筷子就可以用手料理，随后将（沐海潜）的脖子扭歪后砍掉。[①]

在这里没有明确说明沐海潜是谁，象征着什么。只是说在海上攻击日军，最终被小西行长抓住后杀死。由前面描述的沐海潜熟悉水性这一点，可以想到壬辰倭乱时随明朝军队参战的葡萄牙士兵。他们从遥远的异国来到这里，水性很好，可以潜到敌人的船下挖洞，被朝鲜人称为“海鬼”（《朝鲜王朝实录》宣祖31年5月26日）。但这只是少数，实际上在与日军的海战中，海鬼活动并没有在朝、日两国留下记录，直到近代将朝鲜殖民地化为止，日本人也完全不知道他们的存在。

我们来考察一下沐海潜的形状及其为小西行长所灭的情况。沐海潜头部长得像老虎，背上有刺，尾巴竖起呈鱼形，对日本舰船造成威胁，由此可以推测，它是经过文学润色的李舜臣建造的龟船。在与日本水军的无数海战中，龟船特异的形状想必通过多种渠道传到日本，历史上李舜臣实际在与岛津军的海战中战死，但在上述《朝鲜征伐记》之类的著述中，却认定他为小西所杀。

这样怪异的鱼状体攻击了日本水军，最终却为小西所破灭。沐海潜究竟存在与否，以现在的调查尚难以断定。但不论怎样讲，描写的素材基本可以确定是李舜臣的龟船。

① 藤居信雄：《李舜臣备忘录》，日本古川书房1982年版，第266页。

第三节　近代日本的李舜臣崇拜

1695年，在日本关乎壬辰倭乱和李舜臣发生了划时代的事件。记录壬辰倭乱朝鲜国家机密的柳成龙的《惩毖录》正式发行。4卷本《惩毖录》于1695年刊行于京都，同时附加了近世日本著名儒学家贝原益轩的序文和朝鲜地图，由此公开了壬辰倭乱时朝鲜的实况和相关人物。壬辰倭乱系列作品的内容也开始受到《惩毖录》的影响或被如实地引用（参见本书第二部内容）。

日本版《惩毖录》发行于1695年，书中记录了李舜臣将军的实名与龟船的活动情况，受其影响，1705年日本发行了《朝鲜太平记》和《朝鲜军记大全》。那么直到1719年，近松完全没有涉猎过此类作品是不可想象的。虽然至今为止，尚无人发现《惩毖录》和近松的直接关联。论及《本朝三国志》，也没有相关证据证明该作受到《惩毖录》之影响。但是不难推测，近松在考虑以平民为对象的传统戏剧的特征时，在突出传统朝鲜形象的表现中可能有意回避了那种关联性。

在《惩毖录》中，详细记录了李舜臣的升迁、龟船以及他的忧国忧民之情，也记述了他的卓越战术和壮烈殉国等。可以说，《惩毖录》及引用《惩毖录》内容的壬辰倭乱系列作品之持续发行，令朝鲜的殉国忠将李舜臣，闻名于近世后期的日本社会历史文化中。在近世后期的平民剧中，木曾官以谋反人的形象登场。而另一方面，近世后期日本社会在考察壬辰倭乱始末时，也令朝鲜名将李舜臣将军重新引起了日本社会的关注。

日俄战争中使日本取得胜利的海军大将 东乡平八郎

近代日本海军对李舜臣的崇拜别具一格。例如日俄战争时，在日本人建造的军港——镇海，正准备突袭波罗的海舰队的东乡平八郎联合舰队，启航前竟有拜祭李舜臣将军的海军将校。日本海军的要塞司令部在镇海时，每年都举行李舜臣的安魂祭。每当此时，日本海军特意到李舜臣率领朝鲜水军击破胁坂安治水军的闲山岛大捷领地——“统营”，举行祭祀。[①]当然，现在的统营取自李舜臣的号“忠武”，成为忠武市。击退波罗的海舰队的日本英雄东乡提督后来访问英国时，被称作“日本的纳尔逊”，他在祝贺胜利的宴席上面对无数赞誉，回答如下：

> 将不肖东乡比喻为纳尔逊或李舜臣，这样称赞我真是无尚光荣。不过，喻为纳尔逊倒是没关系，喻为李舜臣却是不恰当的。不肖东乡距李舜臣脚下还有很大的距离啊！[②]

李舜臣将军成为日本海军崇拜的对象，受到东乡提督的尊敬，由此可以看出壬辰倭乱留下的特殊记忆——日本人对敌国将军的印象。李舜臣脱离《惩毖录》与壬辰倭乱系列作品的世界，从朝鲜名将变成受人崇拜的世界名将。

在近代日本，丰臣秀吉作为东洋三国中弘扬日本武威的“英雄”受到赞扬，而击退秀吉野心的李舜臣则作为真正武将的典范威名远扬。

---

① 近松门左卫门：《本朝三国志》，《近松全集》第11卷，日本岩波书店1989年版，第103—104页。

② 金泰俊：《李舜臣在日本的名声》，《比较文学研究》40号，日本东京大学比较文学会1981年版。

第十三章 壬辰倭乱和国家意识

第一节 “忠”文学和“武”文学

壬辰倭乱是韩日关系史上最大的悲剧事件，深深刻印在两国历史、文化中。例如，从晋州城攻防战的两国相关记录和作品中可以看出，邻国之间的战争所带来的敌对国印象及国民感情，形成于近世亦投影于现在。这些认识上的差异可被如实地看作两国文化的各自特征之一。

又如，述及朝鲜晋州牧使金时敏、晋州三忠乃至晋州妓生论介，不必拘泥于战斗的胜败或身份的贵贱，而只是高度评价并颂扬其忠义和殉国精神。为殉国忠烈修建祠堂、例行祭祀等，皆为有力的证明。在向往纯正儒教社会的朝鲜王朝时代，以忠、孝、烈的价值观为最高美德，特别是在与异国发生战争时，忠烈精神得到绝对的颂扬。壬辰倭乱时期全国各处的义兵起义乃至烈女的出现，正是前述精神的必然产物。晋州城忠烈志士永垂不朽。如前所述，殉国的忠臣、烈女成为战乱后朝鲜社会的典范或《壬辰录》等作品的素材。作品多以现实的历史为基础，同时也有一些虚构。从金时敏和“三忠”的战死以及论介的殉国可以看出，忠诚国家的价值观在壬辰倭乱的惨烈厮杀中，得到了强烈而充分的体现。朝鲜王朝时代的人们深受儒教之影响，这种影响表现为历经数百次他民族侵略的、战争中得以存活的朝鲜民族本能的价值观。

对此，朝鲜的相关作品中提出的是“忠”，而日本提出的则是“武”。从记录上看，日本的军记系列作品几乎没有提起过第一次晋州城攻防战——无论战斗规模还是战乱史地位都是无法忽视的重大战役。《太阁记》的记载比较详细，也将重点放在朝鲜军的强势和特定人物的介绍上。比之日本落败的第一次晋州城攻防战记录，日本取得胜利的第二次战役记录则完全不同。在所有的壬辰倭乱系列作品中，都详细记载了晋州城陷落始末，包括冲入敌阵到第一颗敌人的头颅被砍下，相关内容都记录得十分详细。“冲进敌阵”、“砍下第一颗头颅”的说法，在以防御为中心的朝鲜不会出现，其实在朝军主动发起攻击的其他的战斗记录中也没有出现，这是仅有日本作品中才会出现的概念。

壬辰倭乱系列作品中炫耀日本武威、武勋精神的倾向，同样体现在秀吉侵略朝鲜的其他戏剧作品中。近代日本平民剧中有木曾官登场。作为背景、前提出现的则是日军攻陷晋州城和木曾官的死亡。木曾官等谋反人的法术和叛逆，最终皆因神国日本的武威或作为日本武威象征的秀吉和日本忠臣的压制而以失败告终。

两国对于壬辰倭乱的认识差异直接表现在相关的文学作品中，朝鲜的“忠”和日本的“武”，反映了朝日两国对壬辰倭乱的不同认识。

第二节 民众和对外意识

战乱之后直到近代，不断地出版、发行了有关壬辰倭乱的各种记录和文艺系列作品。随着战乱的伤痕在某种程度上渐趋愈合，其内容更趋多样化和虚构化。

到18世纪，经历壬辰倭乱和丙子胡乱两次异族侵略惨祸的朝鲜重整旗鼓，迎来了新的振兴期。随着平民阶层的成长，维持当时社会的士农工商制身份秩序开始崩溃，迎来了实学勃兴等社会巨变的时代。实事求是的新学风——“实学”思想在“自我”觉醒与自主历史意识的构成方面，对本国意识和平民文化的形成发生了很大的影响。文学方面，从以前中国小说的大量流入到改编的系列作品流行，变为平民阶层参与的、以平民阶层为对象编写的故事和说唱盛行。贯册家（18、19世纪在汉城以妇女为对象的租书处，以朝鲜朝文小说及中国小说的翻译、改编书为主）的出现推动了许多朝文小说的出版，迎来了小说的鼎盛时代。在这样的时代氛围中，根据壬辰倭乱的野史记录系列作品及纪事本末体编写的庞大的历史书《燃藜室记述》（李肯翊）[①]、李舜臣的《忠武公全书》获得了发行，以壬辰倭乱为素材的代表性名作《壬辰录》也已完成大部分内容。

随着朝鲜社会的发展，朝鲜社会的平民阶层意识从《壬辰录》中也可看出。《壬辰录》异本之间的差异虽然很大，但作为思想的共同基础，都在批判诱发了民族惨状的执政者，以及对于日本的怨恨乃至催生民族优越意识的胜利感。在对内的批判中表现出对外的胜利感。

一方面，日本德川幕府政权建立后，严格管制与外国的交流（对马岛人的朝鲜滞留和贸易除外），特别是1635年日本实施海外通航禁令以及海外日本人的归国禁令，日本人无法自由去国外体验生活。宽永（1624—1643）年间开始，长崎与荷兰、中国的贸易，在长崎奉行的严格监视下进行。此外日本的近世社会与外国完全隔离开来，只能形成自己独自的文化。但又不能说完全没有异国色彩。实际上，与外国的交流虽被管制，但时至16世纪和17世纪初，日本人活跃的国外经验和外国人的到来，反而在孤立中催生了对异国的丰富的想象力，进而创造出丰富的文化作品。

日本对朝鲜——从昔日的战争敌对国变为今天唯一与日本建立邦交关系的邻国，其看法与其他国家是有所区别的。偶尔到来的数百名朝鲜通信使及其华丽的队列，让人联想起异国情绪及与战争有关的复杂印象。很早以前，就出现了展现武威于朝鲜的、各武将的武勋谈，以及从军武士和僧侣的相关记录。从表面上看，德川幕府的出版管制是十分严格的，反复颁布的出版管制令，致使描写丰臣秀吉故事或德川家康创业事迹的书籍濒临绝版。这种情况下，各种太阁记系列作品及壬辰倭乱系列作品的出现，不能不说是令人惊讶的事情。随着以平民为对象的戏剧净琉璃和歌舞伎的发展，以大阪、京都等上方地区为中心，陆续上演了以秀吉侵略朝鲜为背景的谋反剧。充满异国情绪的谋反剧——“木曾官系列作

① 《燃藜室记述》：朝鲜后期的学者李肯翊（1736—1806）编写的朝鲜王朝时代的野史丛书，1911年发行，共59卷，42册。

品”，正是其中最具代表性的例证。

与朝鲜相同，日本18世纪后期是商人文艺融合的时代，同时也是一系列不安定因素频出的变革时期——田沼意次[①]登场、天明的大饥荒和宽政改革等。这一时期流行的作品有木曾官等异国谋反者登场的叛逆系列，基本原因在于锁国令下的日本社会，对基督教徒、妖术、外语、异国服装等非日本的要素充满好奇心。另一方面在当时不安定的时代背景下，平民们把社会改革的渴望、期望寄托在谋反者身上。这里登场的木曾官、天竺德兵卫等谋反者并非为了个人的目的而谋反，而是设定为大义而战，为报复国家仇敌秀吉而战。谋反剧系列作品对木曾官激烈战斗后壮烈阵亡的描述，甚至给人一种安抚亡者灵魂的感觉。

他们并不是单纯的他国人，而是战争敌对国的朝鲜人，也是意欲征服日本的大恶人。然而最终全都在日本的武威下战败。对于生活在各藩的近世日本人来说，此类壬辰倭乱系列作品及谋反剧不仅唤起了他们的异国情绪，还刺激了日本人之于异国（即朝鲜）的国家意识，进而突破各藩的界限，将日本看做一个生存共同体。壬辰倭乱的文艺系列作品表现出日本对外的本国优越感，还刺激了近代国家意识（national identity）的形成。江户幕府对他国出版物的管制十分严格，对秀吉的朝鲜侵略也是持批判的态度。但到明治时代，政府又公然称颂秀吉之武威，终于形成了日本对于朝鲜的、优越性的国家意识。当然另一方面反之亦然，因为近代日本的征韩论和日本的殖民时代，朝鲜国民的反日情绪也经久不衰——潜伏在壬辰倭乱带来的、对于敌对国的印象之中。

与他国的战争无论其胜败与否，都会将对敌对国的印象刻印在两国国民的内心之中。特别是那些特殊的战斗、战役，使人们强烈地产生了敌对意识。这种意识并不因时间的流逝而褪色，相反却代代流传。在近世，激化中、朝、日三国人民冲突的秀吉对朝鲜的侵略，并未以一场盲目的战斗结束而终结，而是带来了新的对立。

---

① 江户時代中期武士・大名，远江相良藩初代藩主，相良藩田沼家初代。原为纪州藩下级武士，跟随德川吉宗来到江户，一路攀升，俸禄从六百俵增加到一万石，成为御用人。家重将军宝历十年（1762）传位给儿子德川家治，家治将军格外宠信田沼意次，安永元年（1772）竟把他破格提拔为老中。从此田沼意次大权在握，开始按照自己的理想改革幕政。从1767年（明和四年）至1786年（天明六年）约20年间，在田沼意次的改革下，江户幕府采取重商主义的政策。史称“田沼時代”。

第三节 壬辰倭乱与乌托邦

朝鲜时代后期出现了各种野谈集。在这里分析朝鲜时代具有代表性的野谈集《青邱野谈》中关于壬辰倭乱的故事。故事大概如下。

书生李生家在汉城南山下，虽贫穷但很满足且喜好读书，一天他对夫人说："我要用10年时间读《周易》，你能一直管我饭吃么？"妻子答应他。李生把自己关在屋里，不分昼夜地读书。第7年从窗隙看窗外，发现有个光头躺在那里。妻子侍奉丈夫7年，头发一根未剩下。李生悲叹着出门，随即去找富人洪同知，借钱3万两。洪同知看了一会儿从未见过的陌生面孔后答应了。李生对妻子说，"这里是钱。我要继续读《周易》，填满10年的期限，你能让这些钱增值，为我准备早晚饭吗？"然后像以前一样把自己关进门里。李生的妻子用这些钱在物价低时买货，物价涨时把货卖出，3年期间赚了数万两。读完《周易》的李生把钱还给洪同知后，与妻子一起到江原道的小山沟里买了很多地，并建了许多房子，聚集人们组建了一个村子。那里土地肥沃，收获很多，衣食充足，乃安度一生。[①]

于此引出壬辰倭乱，作品自然收尾。

壬辰之乱，生民鱼肉而生之，一村独不经兵灾，此是山桃源云。[②]

这篇作品以"安贫穷十年读书"为题，登载到《青邱野谈》。这里《周易》与其说是儒教经典、哲学书，不如说是作为世间变化、天文、地理等占卜的易经

① 安贫穷十年读书：《青邱野谈》(上)，《栖碧外史海外搜佚本》28，韩国亚细亚文化社1985年版，第559—560页。

② 同上书，第560页。

来使用。主人公李生十年读书所领悟到的《周易》的精髓是什么，这是十分明确的。《周易》以深刻的道理使其预想到日本的侵略，因此移居到没有战乱惨祸、可以自给自足的地方。

面对异族的不断侵略，朝鲜民族心目中的乌托邦是不受兵祸影响、得以安稳生活的地方。200年长时间和平生活到后来的战乱，加之短时间内壬辰倭乱令朝鲜全境变成战场，不知所措的民众遭遇了惨绝人寰的灾难。此时，作为乌托邦的武陵桃源便具有了重大的意义。

武陵桃源，从陶渊明的著书中传来的“桃园”这个词在中国、朝鲜、日本十个世纪的岁月里，在多重意义上受到人们的喜爱。期冀没有战争的乌托邦，应该不仅是朝鲜民众的追求。对于曾经被壬辰倭乱席卷的东亚这一巨大文化圈的民众来说，那是他们共同的追求。

参考文献

1. 相关资料及作品，按照书名排列，相关论著或论文按照作者名排列。
2. 日本资料按日语假名的顺序排列，韩国资料按韩国语的辅音顺序排列。

《有关壬辰倭乱的史料及作品》

*日本

『史料綜覧』卷十二、十三，東京大学出版会1954年版。

『清正記』、『清正行状』、『長曾我部元親記』、『黒田長政記』等，『続群書類従』第二十三輯（上），続群書類従完成会1990年版。

『続善隣国宝記』，『新訂増補　史籍集覧』第二十八卷，臨川書店1967年版。

『多聞院日記』，『増補　続史料大成』，三教書院1938年版。

小瀬甫庵：『太閤記』，岩波文庫1984年版。

『中国. 朝鮮の史籍における日本史料集成，明実録之部(三)』，国書刊行会1975年版。

田中健夫ら 校訂：『朝鮮通交大紀』，名著出版1978年版。

柳成竜：『懲毖録』，東京大学所蔵本。

『東照宮御実記』，『新訂増補　国史大系』第三十八巻，吉川弘文館1964年版。

『豊鑑』，『群書類従』第二十輯，続群書類従完成会1988年版。

『豊臣記』，『続群書類従』第二十輯上，続群書類従完成会1988年版。

山鹿高興：『武家事紀』，原書房1982年版。

吉田蒼生雄 訳注：『武功夜話』第三巻，新人物往來社1989年版。

木村高敦：『武徳編年集成』第四十三巻，東京大学所蔵本。

松田毅一他訳：『日本史』第一、二巻フロイス，中央公論社1981年版。

『明史藁』第一.五巻，汲古書院1978年版。

「毛利家文書」，『大日本古文書』，東京帝国大学史料編纂掛1922年版。

『吉野甚五左衛門覚書』.『細川忠興軍功記』等，『続群書類従』第二十輯（下），続群書類従完成会1988年版。

『天草四郎島原物語』，『古浄瑠璃正本集』第七巻，角川書店1979年版。

武内確斎：『絵本太閤記』，有朋堂文庫1917年版。

秋里離島：『絵本朝鮮軍記』，慶応大学所蔵本。

竹田治蔵：『仮名草紙国性爺実録』，『歌舞伎台帳集成』第十三巻，勉誠社1987年版。

伊原敏郎編：『歌舞伎年表』，岩波書店1973年版。

『馭戎慨言』，『本居宣長全集』第八巻，筑摩書房1929年版。

『義太夫年表　近世篇』，八木書店1990年版。

『金将軍』，『芥川竜之介全集』第六巻，岩波書店1977年版。

『近世邦樂年表　義太夫節之部』，六合舘1927年版。

並木正三：『傾城勝尾寺』，『歌舞伎台帳集成』第十四巻、前掲。

並木正三：『傾城桃山錦』，『歌舞伎台帳集成』第二十二巻、前掲。

並木正三：『三千世界商往來』，『日本戯曲全集』第四巻，春陽堂1929年版。

『塩尻』，『日本随筆大成』第三期十五，吉川弘文館1977年版。

『征韓録』，『島津史料集』，人物往来社1966年版。

『朝鮮軍記大全』，慶応大学所蔵本。

大関定祐：『朝鲜征伐記』，国史研究会1916年版。

堀杏庵：『朝鲜征伐记』（堀杏庵）、『豊臣鎮西軍記』『朝鲜物語』，『通俗日本全史』第二十巻，早稲田大学出版部1913年版。

馬場信意：『朝鮮太平記』，内閣文庫本。

鶴屋南北：『天竺徳兵衛万里入船』，『鶴屋南北全集』第一卷，三一書房1971年版。

近松半二他：『大竺徳兵衛郷鏡』，未翻刻戯曲集五 国立劇場.芸能調査室1979年版。

『天竺徳兵衛万里入船』，『鶴屋南北全集』第一卷，三一書房1971年版。

石井研堂 校訂：「天竺徳兵卫物语」.『漂流奇谈全集』（石井研堂 校订），続帝国文库第二十二编，博文馆1900年版。

『八幡愚童訓』.『寺社縁起』，『日本思想大系』第二十卷，岩波書店1976年版。

梅野下風：『彦山権現誓助劍』，『浄瑠璃名作集』上，有朋堂文庫1914年版。

『本朝三国志』，『近松全集』第十一卷，岩波書店1989年版。

『安安言』，『上田秋成全集』第一卷，中央公論社1990年版。

近松半二他：『山城の国牲畜塚』，『近松半二浄瑠璃集（一）』叢書江戸文庫十四，国書刊行会1987年版。

山崎尚長：『両国壬辰実記』，内閣文庫本。

*韩国・中国

姜沆：《看羊錄》，文藝出版社2006年版。

赵庆南：《乱中杂录》，《大东野乘》第6、7辑，民族文化推进会1982年版。

丁若镛：《备御考、民保议》，丁海廉译注，现代实学社2001年版。

《宣祖昭敬大王实录》，东京大学所藏本及《李朝实录》，学习院东洋文化参考文献203研究所刊第27、28卷。

李肯翊：《燃藜室记述》第4卷，民族文化推进会1988年版。

《龙蛇日记》，韩日文化研究所 译注，韩日文化研究所1960年版。

《李忠武公全书》，成文阁1989年版。

黄慎：《日本往还日记》，《海行总载》第8辑，民族文化推进会1985年版。

申炅：《再造藩邦志》，《大东野乘》第9辑，民族文化推进1982年版。

朝鲜史学会编：《朝鲜史》第21、22、23卷，景仁文化社1982年版。

李睟光：《芝峰类说》，乙酉文化社1982年版。

《晋州牧邑志》，晋州文化院1991年版。

《晋州城文记》，晋州文化院1992年版。

郑德善:《忠烈实录》，韩国精神文化院所藏本。

金诚一：《海槎录》，《海行总载》第一辑，民族文化推进会1985年版。

朴钟和：《论介和桂月香》，三中堂1962年版。

尹继善：《达川梦游录》，《大东野乘》第7辑、前揭。

《东国新续三纲行实图》，大提阁1988年版。

《安贫穷十年读书》，《青邱野谈》(上)，《栖碧外史海外搜佚本》，亚洲文化社1985年版。

柳梦寅：《於于野谈》，《韩国古典文学大系》第13卷，民众书馆1976年版。

郑显：《义岩别祭歌舞》，《教坊歌谣》，高丽大学所藏本。

《高丽大韩文本　壬辰录》，高丽大学所藏本。

《高丽大汉文本　壬辰录》，高丽大学所藏本。

小田实：《小说 壬辰倭乱 上下》，熊津出版1992年版。

金起东:《壬辰录》，瑞文堂1978年版。

金基铉 校注：《壬辰录》，Yegreen出版社1975年版。

苏在英：《壬辰录》，萤雪出版社1982年版。

苏在英：《壬辰录、朴氏传》，正音社1986年版。

李明善 校正：《壬辰录》，国际文化馆1948年版。

《壬辰录》，《韩国古典文学全集》第5卷，世仁文化社1975年版。

金声翰：《壬辰倭乱》，杏林出版社1990年版。

朴钟和：《壬辰倭乱 1-10》，月宫2004年版。

《忠武公金时敏将军史料集》，忠武公金時敏將軍祠堂建立推進委員會2000年版。

郑政大：《忠武公金时敏》，Indienet2005年版。

语文研究室编：《韩国口碑文学大系》813，正和印刷文化社1981年版。

辛永吉：《汉阳五百年歌》，泛友社1985年版。

《明神宗实录》，中央研究院历史语言研究所1966年版。

宋应昌：《经略复国要编》，《四库禁毁书丛刊》史部第38卷，北京出版社2000年版。

诸葛元声：《两朝平攘录》，《壬辰之役史料汇辑(下)》，新华书店北京发行所1990年版。

松下见林：《異称日本传》，国书刊行会1975年版。

《论著》

***日本**

青柳綱太郎：『豊太閤朝鮮役』，京城新聞社1929年版。

芦馬豊雲 编：『史錄毛谷村六助「貴田孫兵衛」伝』，吟詠道無相豊雲流総本部1991年版。

阿部吉雄：『日本の朱子学と朝鮮』，東京大学出版会1978年版。

荒野泰典：『近世日本と東アジア』，東京大学出版会1989年版。

網野善彦：『中世の罪と罰』，東京大学出版会1992年版。

李元植他：『朝鮮通信使と日本人』，学生社1992年版。

井草利夫：『鶴屋南北の研究』，桜楓社1991年版。

石原道博：『文祿.慶長の役』，塙書房1963年版。

磯貝治良：『戦後日本文学のなかの朝鮮韓国』，大和書房1992年版。

井上泰至，金時德：『秀吉の對外戰爭- 變容する語りとイメージ』，笠間参考文献205書院2011年版。

岩田九郎：『江戸川柳を読む』，有精堂1991年版。

海老沢有道他 校注：『キリシタン書 排耶書』，岩波書店1970年版。

大崎一郎：『実説天竺徳兵衛』，浅原印刷1983年版。

小和田哲男：『豊臣秀吉』，中公新書1985年版。

上垣外憲一：『空虚なる出兵』，徳武書店1989年版。

北島万次：『朝鮮日々記.高麗日記』，そしえて1982年版。

北島万次：『豊臣政権の對外認識と朝鮮侵略』，校倉書房1990年版。

北島万次：『壬辰倭乱と秀吉.島津.李舜臣』，校倉書房2002年版。

北島万次：『秀吉の朝鮮侵略』，山川出版社2002年版。

北島万次：『加藤清正ー朝鮮侵略の実像（歴史文化ライブラリー)』，吉川弘文2007年版。

琴秉洞：『耳塚』，二月社1978年版。

桑田忠親：『太閤記の研究』，徳間書店1965年版。

G．B．サンソム：『西欧世界と日本』，金井圓,芳賀徹,平川祐弘他訳，筑摩書房1987年版。

参謀本部 編纂：『日本戦史　朝鮮役』本文，文書補伝，偕行社1924年版。

田中優子：『近世アジアの漂流』，朝日新聞社1990年版。

張玉祥：『織豊政権と東アジア』，六興出版1989年版。

津田左右吉：『文学に現われたる我が国民思想の研究(四)』，岩波書店1977年版。

鄭生：『明日関係史の研究』，雄山閣出版1985年版。

徳富猪一郎：『朝鮮役』，明治書院1935年版。

徳富蘇峰：『文祿慶長以後日本に於ける朝鮮の感化』，中央朝鮮協会1930年版。

内藤雋輔：『文祿.慶長役における被擄人の研究』，東京大学出版会1976年版。

中野等：『文禄•慶長の役（戦争の日本史16)』，吉川弘文館2008年版。

中村栄孝：『日鮮関係史の研究』中.下，吉川弘文館1970年版。

貫井正之：『秀吉が勝てなかった朝鮮武将』，同時代社1992年版。

野口武彦：『「悪」と江戸文学』，朝日選書1980年版。

藤居信雄：『李舜臣覚書』，古川書房1982年版。

松田毅一.川崎桃太 編訳：『秀吉と文禄の役』，中公新書1964年版。

松田毅一：『南蛮太閤記』，朝日文庫1991年版。

三宅英利：『近世アジアの日本と朝鮮半島』，朝日新聞社1993年版。

宮武外骨：『改訂増補　筆禍史』，朝香屋書店1926年版。

宮本徳蔵：『河原花妖』，小沢書店1991年版。

村井章介：『中世倭人伝』，岩波新書1993年版。

山室恭子：『黄金太閤』，中公新書1992年版。

金時徳：『異国征伐戦記の世界』，笠間書院2010年版。

崔官：『文禄.慶長の役(壬辰.丁酉倭乱)』，講談社メチエ1994年版。

*韩国

国立壬辰倭乱（晋州）博物馆：《壬辰倭乱》，国立晋州博物馆1997年版。

国立壬辰倭乱（晋州）博物馆：《壬辰倭乱和晋州城攻防战》，国立晋州博物馆2010年版。

国立壬辰倭乱（晋州）博物馆：《壬辰倭乱，朝鲜人俘虏的记忆》，国立晋州博物馆2010年版。

权赫来：《朝鲜后期历史小说的性格》，Pijbook2000年版。

权赫来：《朝鲜后期历史小说探究》，图书出版月印2001年版。

金起东：《韩国古典小说研究》，教学社1983年版。

金容德：《朝鲜后期思想史研究》，乙酉文化社1981年版。

金容稷等：《韩国文化研究入门》，知识产业社1982年版。

金泰俊：《壬辰乱和朝鲜文化的共同点》，韩国研究院1977年版。

金泰俊：《比较文化散考》，民族文化刊行物1985年版。

金泰俊等：《壬辰倭乱和韩国文学》，民音社1992年版。

鲁成焕：《留在日本的壬辰倭乱》，J&C2011年版。

闵庚培：《韩国基督教会史》，大韩基督教出版社1993年版。

朴性植：《壬辰倭乱研究》，岭南大博士论文1985年版。

朴珠：《朝鲜时代的旌表政策》，一潮阁1990年版。

朴赞基：《朝鲜通信使和日本近世文学》，报告社2001年版。

朴昌基：《壬辰倭乱的元凶，日本人的英雄、丰臣秀吉》，新雅社2009年版。

朴哲：《Ce′spedes, Gregorio de》，西江大学出版部1987年版。

苏在英：《壬丙两乱和文学意识》，韩国研究院1980年版。

大谷森繁：《朝鲜后期小说读者研究》，高丽大民族文化研究所出版部1985年版。

丽水海洋文化研究所，韩日关系史学会编《壬辰倭乱和全罗左水营，以及龟船》，景仁文化社2011年版。

刘吉万：《李舜臣和丰臣秀吉》，京乡媒体2005年版。

李炯锡：《壬辰战乱史》，新现实社1976年版。

李敏雄：《壬辰倭乱海战史》，Chungarammedia2004年版。

李相宝：《芦溪诗歌研究》，二友出版社1980年版。

李章熙：《壬辰倭乱史研究》，亚洲文化社2007年版。

李俊杰：《朝鲜时代与日本的书籍交流研究》，弘益齋1986年版。

林哲镐：《壬辰录研究》，正音社1986年版。

林哲镐：《传说和民众的历史意识》，集文堂1989年版。

林哲镐：《壬辰录 异本研究》Ⅰ,Ⅱ,Ⅲ,Ⅳ，全州大学出版部1996年版。

张庚男：《壬辰倭乱的文学形象化》，亚洲文化社2000年版。

郑杜熙 等编：西江大学国际韩国学中心企划《壬辰倭乱 东亚三国战争》，Humanistbooks2007年版。

赵东一：《韩国文学通史》第3卷，知识产业社1989年版。

晋州市：《我们地区的传统》，东亚出版社1992年版。

河宇凤：《朝鲜后期实学者的日本观研究》，一志社1989年版。

韩国古典小说编纂委员会编：《韩国古典小说论》，Saemoonbook2000年版。

韩明基：《壬辰倭乱和韩中关系》，历史批评社2001年版。

韩日关系史学会：《韩日两国的相互认识》，国学资料院1998年版。

韩日关系史研究论集编纂委员会：《东亚世界和壬辰倭乱》，景仁文化社2010年版。

韩日关系史研究论集编纂委员会：《壬辰倭乱和韩日关系》，景仁文化社2005年版。

韩日文化交流基金等：《壬辰倭乱和东亚世界的变动》，景仁文化社2010年版。

黄浿江：《壬辰倭乱和实记文学》，一志社1992年版。

韦旭升：《抗倭演义（壬辰录）研究》，亚洲文化社1990年版。

片野次雄 著：《李舜臣和秀吉》，又石1997年版。

川村湊 著： 《妓女》，Sodambooks2002年版。

崔官：《日本和壬辰倭乱》，高丽大学出版部2003年版。

崔官(共著)：《有关壬辰倭乱的文献解析，近世篇》，图书出版文2010年版。

《论文》

*日本

李鉉淙：「壬辰の倭亂と東南アジア人の來援」，『アジア公論』1975年第2号。

岩沢愿彦：「秀吉の唐入りに関する文書」，『日本歴史』1962年第163号。

上保国良：「文化元年の出版統制をめぐって」，『日本大学文理学部研究年表』第27集1979年2月版。

上保国良：「『太閤記』の発禁と江戸幕府」，『別冊歴史読本』3巻3号1978年7月版。

浦山正雄：「『けいせい勝尾寺』について」，『実践国文学』第6号，実践国文学会1974年7月版。

乙葉弘：「再び竹田治蔵について」，『東京学芸大学紀要』第19集第2部門1968年3月版。

かねこ　ひさかず：「ノングゲ悲話における毛谷村六助」，『国文学解釈と鑑賞』1995年1月版。

木村八重子：「蛙に乗った七草四郎」，『江戸の出版文化』第四号，たばこと塩の博物館 研究紀要1991年3月版。

金文子：「豊臣政権期の日•明和議交渉と朝鮮」，『お茶の水史学』第37号，お茶の水女子大学読史会1993年版。

金泰俊：「日本における李舜臣の名声」，『比較文学研究』第40号，東大比較文学会1991年版。

金漢植：「朝鮮朝における韓国人の対明観に関する一考察」，『広島大学文学部紀要』第37巻1977年版。

小池正胤：「いわゆる「天竺徳兵衛」ものについてのノート」，『国文学言語と文芸』80号，東京教育大学国語国文学会1975年版。

古田島洋介：「中国文学の日本人像」，平川祐弘. 鶴田欣也編『内なる壁』，ティビーエス. ブリタニカ1990年版。

高木元：「戯作者たちの『蝦蟆』」，『江戸文学』第2巻第4号，ぺりかん社1990年11月版。

高橋盛孝：「壬辰倭亂の伝説」，『朝鮮学報』第37. 38輯。

池明観：「壬辰倭亂と近代朝鮮ナショナリズム」，『社会科学討究』第2号24巻，早稲田大学 社会科学研究所1979年2月版。

郑洁西：「明代万暦時期の中日関係史の研究」，関西大学文学研究科博士論文2011年版。

長友千代治：「近世における通俗軍書の流行と馬場信武、馬場信意」，『説林』25号，1976年12月版。

日野竜夫：「近世文学に現われた異国像」，朝尾直弘編『日本の近世』第1巻，中央公論社1991年版。

松崎仁：「『三千世界商往來』と先生金左衛門」，『日本文学研究』第28号，梅光女学院 大学日本文学会1992年11月版。

三鬼清一郎：「江戸時代における朝鮮役の評価について」，『歴史評論』373号，歴史科学　協議会編集1981年4月版。

矢沢康祐：「壬辰倭亂と朝鮮民衆のたたかい」，『人文学報』118号，東京都立大学人文学部1977年2月版。

吉岡新一：「文禄.慶長の役における火器についての研究」，『朝鮮学報』第108号，1983年7月版。

崔官：「壬辰倭亂の記録に現れた「天」の特性——『懲毖録』と『太閤記』を中心に」，『比較文学.文化論集』第8号，東京大比較文学.文化研究会1991年6月版。

崔官：「江戸文学に現れる壬辰倭亂——木曾官の変容をめぐって」，『比較文学研究』第62号，東京大比較文学会1992年12月版。

崔官：「芥川竜之介の『金将軍』と朝鮮との関わり」，『比較文学』第35号，日本比較文学会1993年3月版。

崔官：「朝鮮軍記物の展開様相についての考察」，『語文』第108号，日本大学国文学会2004年3月版。

崔官：「鄭成功から和藤内へ」，『東アジア文化交渉研究』別巻8，関西大学文化交渉学教育研究拠点2012年2月版。

*韩国

金时德：《江户后期作品〈读本〉中出现的壬辰倭乱相关的叙述》，《韩日军事文化研究》，韩日军事文化学会2004年版。

金时德：《近世初期日本的壬辰倭乱谈论的形成过程》，《日本学研究》32集，檀国大学日本研究所2011年版。

金元龙：《三纲行实图刊本考》，《东亚文化》第4辑，首尔大学出版部1965年10月版。

柳承宙：《晋州城的义妓 论介考》，《韩国史学论丛》，崔永禧先生花甲纪念论丛刊行委员会1987年版。

李命吉：《义妓论介的史迹考察》，《晋州文化》第14辑，晋州文化院1990年版。

李崇宁：《壬辰倭乱与民间人遭受的损失》，《历史学报》第17、18合辑，1962年6年版。

张德顺：《古典文学中出现的对日感情》，《东亚文化》第4辑，首尔大学出版部1965年10月版。

张孝铉：《17世纪梦游录的历史性格》，韩国古典小说研究会编《韩国古典小说的再照明》，亚洲文化社1996年版。

郑弘俊：《壬辰倭乱之后的统治体制整备过程》，《奎章阁》11号，首尔大学出版部1988年12月版。

崔永禧：《壬辰倭乱的再照明》，《国史馆论丛》第30辑，国史编纂委员会1991年版。

许善道：《壬辰倭乱论》，《纪念千宽宇先生花甲韩国史学论丛》，正音文化社1985年版。

崔官：《日本近世文学的又一个系谱》，《日本学报》36号，韩国日本学会1996年4月版。

崔官：《近松门左卫门的〈本朝三国志〉考察》，《日本文化学报》3集，韩国日本文化学会1997年5月版。

崔官：《日本近世文学中的壬辰倭乱和毛谷村六助》，《日本语文学》3集，韩国日本语文学会1997年6月版。

崔官：《日本文学中出现的壬辰倭乱的影响》，《南冥学研究》，庆尚大学南冥学研究所1998年3月版。

崔官：《日本近世文学中的李舜臣将军》，《比较文学98 别卷》23辑，韩国比较文学会1998年12月版。

崔官：《天竺德兵卫系列作品的考察》，《日语日文学》11辑，大韩日语日文学会1999年5月版。

崔官：《木曾的文学化》，《日本文学研究》创刊号，韩国日本文学会1999年6月版。

崔官：《关于<三韩的王是日本的狗>》，《日本语文学》8辑，韩国日本语文学会2000年3月版。

崔官：《关于近松的<国性爷合战>的考察》，《日本学报》53辑，韩国日本学会2002年12月版。

崔官：《关于金如铁,日本名胁田直贤的考察》，《日本学报》65辑，韩国日本学会2005年11月版。

崔官：《近现代日本的壬辰倭乱文学化》，《日本学报》67辑，韩国日本学会2006年8月版。

崔官：《日本对壬辰倭乱的认识》，《亚洲文化研究》15辑，暻园大亚洲文化研究所2008年11月版。

崔官：《郑成功和东亚》，《日本学报》74辑，韩国日本学会2008年2月版。

崔官：《关于<征韩录>的考察》，《日本学报》90辑，韩国日本学会2012年2月版。

CHOI Gwan：《War, Memory, Imagination》，《Cultural Interaction Studies in East Asia》，Kansai Univ2012.3